La historia de Airbnb

Leigh Gallagher

conecta

La historia de Airbnb

Cómo tres chicos comunes trastornaron una industria, ganaron miles de millones y crearon controversia

Título original: *The Airbnb Story*
Publicado por acuerdo con Houghton Mifflin Harcourt Publishing Company

Primera edición: octubre, 2018

D. R. © 2017, Leigh Gallagher

D. R. © 2018, derechos de edición mundiales en lengua castellana:
Penguin Random House Grupo Editorial, S. A. de C. V.
Blvd. Miguel de Cervantes Saavedra núm. 301, 1er piso,
colonia Granada, delegación Miguel Hidalgo, C. P. 11520,
Ciudad de México

www.megustaleer.mx

D. R. © Michaela Sullivan, por el diseño de cubierta
D. R. © Getty Images, por las ilustraciones de cubierta
D. R. © Christos Karantzolas, por la fotografía de la autora
D. R. © 2018, Elena Preciado, por la traducción

ISBN: 978-607-317-196-0

Impreso en México – *Printed in Mexico*

El papel utilizado para la impresión de este libro ha sido fabricado a partir de madera procedente
de bosques y plantaciones gestionadas con los más altos estándares ambientales, garantizando
una explotación de los recursos sostenible con el medio ambiente y beneficiosa para las personas.

Penguin
Random House
Grupo Editorial

Para Gil, Zeb, Anna, Noa y Ava,
los mejores compañeros de casa

Índice

Introducción

Brian Chesky y yo, sentados uno frente al otro en las sillas de terciopelo y alto respaldo, nos sentíamos de la realeza en el bar del hotel Fairmont San Francisco.

Eran los primeros días de noviembre de 2015 y nos reunimos para proponerle la idea de escribir un libro acerca de su compañía, la plataforma Airbnb para "compartir casa" (frase que la compañía hizo famosa). Era un poco irónico que estuviéramos en un hotel, aunque no era cualquier hotel. Estábamos en el mismo lugar que albergó al congreso internacional de diseño en 2007, justo el que saturó la oferta hotelera de San Francisco y les dio a Chesky y su cofundador Joe Gebbia la tonta idea de rentar colchones inflables en el piso de su departamento, en el distrito South of Market (SoMa).

De hecho, a menos de 10 metros de donde estábamos sentados, en aquella ocasión Chesky se acercó a uno de sus diseñadores favoritos para contarle sobre su nueva idea de negocio, sólo para que la descartara como ridícula. ("Espero que no sea lo único en lo que estés trabajando", fueron sus palabras.) Este comentario marcaría el inicio de un largo camino de rechazos dolorosos y burlas. Pero también marcó el inicio de Airbnb, la compañía que ahora dirige Chesky, una empresa gigante valuada en la actualidad en 30mil millones de dólares en el mercado privado, con 140 millones de "llegadas de huéspedes" (término de la compañía para registrar a los viajeros que reservan en su plataforma) y un inventario de tres millones de alojamientos. (Nota: la frase "llegadas de huéspedes" se refiere al número de personas que llegan a un alojamiento de Airbnb en un viaje nuevo, un término que la compañía usa para ser coherente con los estándares internacionales de turismo. De ahora en adelante nos referiremos a este número como "llegadas de huéspedes" o "huéspedes".) En la actualidad Chesky sólo va a los hoteles cuando tiene una reunión. Vino a éste para asistir al Fortune Global Forum, la reunión anual de los CEO de todo el mundo, realizada por mi lugar de trabajo: la revista *Fortune*. La charla de Chesky estaba entre Leon Panetta, el ex secretario de la Defensa de Estados Unidos, y Jamie Dimon, CEO de JPMorgan Chase.

Chesky y yo nos reunimos en el salón para hablar sobre el proyecto que le quería proponer. Pensé que estaría abierto a mi idea, y lo estaba, pero con algunas reservas. "El problema con un libro —me dijo, después de pensarlo— es que se trata de la huella fija de una compañía en un momento particular en el tiempo." No estaba muy segura de qué quería decir, así que le pedí que me explicara más. "Tengo 34 años. Nuestra compañía es joven. Todavía vamos a hacer muchas cosas." Su punto era que estaban al principio del juego. Lo que publicara en 2017 sobre Airbnb pronto sería obsoleto y eso recordarían los lectores. Las redes sociales, señaló, ya estaban atrasadas: "Donde todo el mundo piensa que Airbnb está en la actualidad, es donde estábamos hace dos años."

El pensamiento de Chesky reflejaba su ambición tanto como su pragmatismo. Pero dijo que estaba abierto a cooperar con el libro y que confiaba en mí para hacerlo bien. La reunión duró 10 minutos. Era un buen día: la noche anterior, después de una larga batalla, Airbnb había vencido con éxito una iniciativa de votación para restringir sus operaciones de forma dramática en San Francisco. Pronto, Chesky se iría a París para asistir al Open de Airbnb, la celebración anual de la compañía para sus "anfitriones" (la gente que entrega el producto sobre el que se basa la plataforma de Airbnb). Cuando dejábamos el salón me contó lo que habían planeado: en una sola noche cientos de anfitriones parisinos se programaron para abrir sus hogares y hacer una serie de cenas coordinadas por toda la Ciudad de la Luz. "Será una de las fiestas simultáneas más grandes del mundo", me dijo con emoción.

Y así, sin más, el multimillonario de 34 años salió del salón.

La primera vez que escuché hablar de Airbnb fue en 2008. En aquella época estaba a cargo de la sección que cubría el lado más extravagante de los negocios en la revista *Fortune*. Nos enteramos de que durante las elecciones presidenciales de 2008 una pareja de emprendedores recibió mucha atención por vender cajas de cereales ficticios llamados Obama O's y Cap'n McCain's (ediciones para coleccionistas). Estos jóvenes se acababan de graduar de la Facultad de Diseño de Rhode Island (RISD, por sus siglas en inglés). Estaban tratando de generar publicidad de boca en boca para su *startup* recién formada. Se llamaba AirBed & Breakfast y permitía que la gente rentara cuartos en sus casas a las personas que necesitaban un lugar donde quedarse. Pensé que la idea de negocio en sí no era nada nueva, pero el truco de los cereales fue audaz y ganó un poco de atención nacional, así que publicamos un pequeño artículo en *Fortune*. No le dediqué más que un pensamiento pasajero.

Pero durante los siguientes dos años la compañía empezó a hacer más ruido, subiendo al radar de nuestro equipo de reporteros de tecnología. De manera interna, alguien dijo que debíamos ponerles atención. Espera un minuto, pensé. ¿*Esos* jóvenes? No estaba involucrada con la cobertura tecnológica de *Fortune*, lo que significaba que no siempre sabía lo que decía cuando se trataba de compañías que surgían de Silicon Valley. Pero también sentía que esa distancia me daba una perspectiva sana sobre la euforia vanidosa que parecía flotar en la región. Como la guardiana de la lista "40 under 40" de *Fortune*, también estaba acostumbrada a las presentaciones apasionantes de compañías que aseguraban que cambiarían el mundo en 12 meses, sólo para terminar con los humos abajo de manera significativa al año siguiente. A veces sentía un poco de placer en señalar que ciertas ideas eran exageradas, pretenciosas y demasiado publicitadas. Pensé que esta nueva compañía era una de ellas.

Hice una lista mental de otras empresas existentes que ofrecían la posibilidad de rentar la casa de alguien o un espacio dentro de ella: HomeAway.com, VRBO.com, Couchsurfing.com, BedandBreakfast.com. Me pregunté qué tendría de diferente esta nueva compañía. Recuerdo que un día me quejé con un colega y le dije: ¿De verdad esas *startups* tecnológicas creen que pueden tomar una idea antigua y poco original, arreglarla con un sitio web minimalista, fácil, moderno, diseñado de forma amigable… y lanzarla de regreso al mercado como algo nuevo?

Pero esta compañía sería diferente de todas las demás… y en poco tiempo eso se volvería claro. Pronto, Airbnb se volvió una "cosa". Podías rentar la casa de alguien por una noche, pero también la gente empezó a subir espacios más extravagantes: una casa de árbol, una casa en un bote, un castillo, un tipi. En especial, los millennials se sintieron atraídos por esta nueva forma de viajar accesible y aventurera; podías quedarte en casas de personas en colonias fuera del turismo convencional y conectar con almas de ideas afines, todo por un costo mucho menor que el de un hotel. Los alojamientos y las reservaciones se prendieron. Ya desde los primeros años, por ejemplo 2011, Airbnb recaudó 112 millones de patrocinadores, fue valuada por los inversionistas en más de mil millones de dólares y reservó un millón de noches en su plataforma. En los siguientes años esas cifras quedarían hechas polvo: un millón de reservaciones se convertirían en cinco, 10, 50… y luego 140 millones de "llegadas de huéspedes" al final de 2016 (de las cuales alrededor de 70 millones ocurrieron en los últimos 12 meses). Su valuación saltó de uno a 10, luego a 25 y después a 30 mil millones de dólares, donde se encuentra al momento de escribir este libro. Pero esta compañía todavía tiene una conciencia baja y poca penetración en el mercado de los alojamientos. Los análisis predicen que será mucho más grande que ahora.

Es difícil observar un fenómeno con este tipo de crecimiento sin tratar de entender por qué despegó así. Parte de las razones fueron económicas: al surgir justo después de la Gran Recesión ofrecía una forma de ganar dinero para la gente común (a través de sus casas) y una manera mucho más accesible de viajar. Sus primeros adeptos fueron millennials, la creciente demografía que tomaba posesión como habitantes de departamentos, aunque, de manera curiosa, la edad promedio de un anfitrión en Estados Unidos es de 43 años. En años recientes, cuando los ingresos empezaron a bajar y los precios de las casas en las ciudades comenzaron a subir, cualquiera podía monetizar su casa por medio de Airbnb, incluso si no era suya. El anfitrión promedio de Estados Unidos ganó alrededor de seis mil dólares al año en 2015, pero muchos obtuvieron más. (Al igual que "compartir casa", los términos "anfitrión" y "huésped" son usados por Airbnb, pero ya se han adoptado como estándares, así que los usaré sin ironía.) Además, a los viajeros les encantó, tanto por los precios como por las experiencias únicas que les brindaba. Los estudios demuestran que aunque mucha gente sigue sin usar Airbnb, cuando lo prueban se vuelven usuarios regulares.

Pero Airbnb aprovechó algo más grande que los precios bajos y una abundancia de inventario disponible. Ofreció una experiencia especial y diferente. Incluso sus imperfecciones alimentaban el deseo creciente de una experiencia de viaje a una escala más pequeña y más "artesanal" que alojarse en un hotel estándar. También dio acceso a diferentes tipos de colonias además de las zonas turísticas tradicionales, de manera que podías tener una experiencia que se sentía más local, una ventaja que Airbnb impulsó con mucha fuerza. Estos elementos fueron poderosos, en especial para los millennials, quienes han mostrado una insatisfacción creciente por las grandes marcas, un mayor sentido de aventura y crecieron tan acostumbrados a las interacciones digitales, que aventurarse en casa de alguien que conocieron por internet no parecía tan descabellado. A la mayoría de nosotros estas características también nos parecen atractivas.

Pero esta nueva oportunidad de quedarse en casa de otras personas también alimentaba una necesidad más grande: la de una experiencia que ofrecía más conexión humana. Hospedarse en Airbnb o alojar a alguien en tu casa es un intercambio muy íntimo; aun si la persona que vive ahí no está, él o ella hizo un esfuerzo y preparó una experiencia para ti. Caminar dudoso en el espacio privado de alguien, en la esquina de una ciudad a la que por lo general no tendrías acceso, de verdad puede ofrecer un sentimiento, aunque sea ligero, de conectar con otra persona. Si el residente está ahí, estas condiciones son más fuertes. (Uno de los primeros eslóganes de la compañía fue "viaja como un humano".)

Claro, hay cosas que pueden salir mal y ha pasado. Pero cada vez que todo sale bien (lo cual ocurre casi siempre) se produce un pequeño voto de confianza en la humanidad. Esto llegó en un momento en el que nuestra sociedad se ha vuelto más desconectada que nunca, con cifras récords de gente que vive sola, pasa más tiempo aislada en su auto, dispersa en casas suburbanas, perdida en su trabajo o simplemente deambulando con la cabeza gacha y los audífonos puestos.

Airbnb tiene un dicho para esto: "Pertenecer a cualquier lugar." Esta frase es la misión de la compañía y la defiende de manera incansable. Dice que su plataforma permite una experiencia "transformadora" llamada el "viaje de transformación para pertenecer a cualquier lugar". El idealismo exagerado de la compañía es fácil de descartar, pero la experiencia que ofrece se ocupa de algo que se ha perdido a medida que nos vamos separando unos de otros. Quedarse en un espacio único, auténtico, que fue preparado para ti por una persona real (incluso si lo hizo una empresa de administración de propiedades, las cuales han aumentado en estos días, sobre todo en destinos turísticos tradicionales), toca algo que quizá no habíamos notado que faltaba.

Claro, no todo el mundo se siente de esta forma y el crecimiento de Airbnb ha tenido complicaciones. En muchas ciudades y distritos alrededor del mundo es ilegal la actividad fundamental de Airbnb (que las personas renten una habitación o toda su casa a otros individuos por un periodo corto). Las leyes varían de ciudad en ciudad y de país en país, pero conforme Airbnb crece, también lo hace la oposición de críticos que empiezan a usar estas leyes para frenar al gran disruptor en su puerta. La batalla ha reunido una extraña coalición de políticos liberales, grupos de presión inmobiliarios, sindicatos de trabajadores y la industria hotelera, donde cualquier mención de Airbnb se ha vuelto un tercer riel. Mientras tanto, en muchas ciudades, asociaciones de condominios y residentes han protestado por el desfile de visitantes transitorios que Airbnb ha creado en sus edificios y los cambios que han llevado a sus colonias. Entre otras cosas, estos opositores dicen que Airbnb está llena de operadores profesionales de bienes raíces que acumulan unidades de vivienda para rentarlas completas en Airbnb. Afirman que esto mantiene las casas fuera del mercado y empeora la crisis de vivienda accesible en muchos mercados. En un puñado de ciudades, incluyendo Nueva York y San Francisco, están legislando para frenar el crecimiento de la compañía. Mientras más grande se vuelve Airbnb, más fuerte y ruda es la batalla.

A lo largo de los años Airbnb también ha lidiado con todas las consecuencias involuntarias de reunir extraños, incluyendo saqueos, ataques y falta de responsabilidad por parte de los anfitriones que han guiado a trágicos accidentes del peor tipo posible. En años recientes la compañía tuvo que enfrentar otro mal en su sitio: la presencia de discriminación racial y de otros tipos en su plataforma.

Quizá esto no sorprendió a nadie. Cuando creas un mercado abierto que guía al público a relacionarse con otros, lo que se ve en la sociedad se refleja en la plataforma. Puede que la compañía haya creado su marca a partir de la bondad de los extraños, pero a pesar de lo que crea Airbnb, no toda la humanidad es amable.

Este tipo de encabezados alimentó una especie de histeria en las mentes de los que sólo conocen Airbnb por lo que ven en las noticias. "Será mejor que escribas sobre esto antes de que se vaya a pique", me recomendó una persona a la que le platiqué de ese proyecto. En el punto más alto de la controversia por discriminación, recibí un correo de voz de mi padre: "Espero que no contestes porque estás escuchando el reporte de NPR sobre cómo Airbnb discrimina a los negros." Airbnb no estaba discriminando (la gente en su plataforma sí), pero demostró tal incapacidad para vislumbrar estos grandes problemas que muchos sintieron que merecía la crítica.

Al mismo tiempo, el uso de Airbnb se disparó más allá de la demografía millennial. En la actualidad, Airbnb es usado por *baby boomers*, adultos y tanta gente (incluyendo famosos como Gwyneth Paltrow y Beyoncé), que algunos de sus primeros usuarios, aquellos que se consideraban a la vanguardia de un experimento social, ahora sienten que se ha vuelto *mainstream*.

Y, nos guste o no, Airbnb atrapó nuestra imaginación. Se volvió parte del *zeitgeist*. Ya fue chiste en *Saturday Night Live*, trama de la serie *Silicon Valley* de HBO, respuesta a una pregunta en *Jeopardy!* No está lejos el día que salga una comedia romántica sobre la historia de unos anfitriones de Airbnb con identidades equivocadas (o algo así). Los publicistas lo usan para crear hábiles extensiones de marcas: por ejemplo, en 2016, durante unas semanas antes del estreno de la última película *Tortugas Ninja*, aparecía en Airbnb la "guarida" actual de las tortugas, un departamento en Tribeca que los productores de la película, Nickelodeon y Paramount Pictures, habían convertido en un escondite temático. También puede ser un escaparate para la creatividad individual: a principios de 2016, durante una tormenta de nieve épica que cubrió el Noreste, un hípster audaz de Brooklyn construyó y publicó en el sitio un "iglú *boutique* de invierno para dos personas". (Escribió: "El ingenio y un aura de estilo alternativo se extiende sobre el alojamiento más deseado para el Nievapocalipsis." Airbnb quitó su anuncio porque no cumplía con las reglas, pero le dio un cupón de 50 dólares por su creatividad.)

La idea básica detrás de lo que hace Airbnb no es nueva. A Chesky le gusta señalar que la única persona que al inicio no dijo que Airbnb era una idea horrible fue su abuelo, quien, cuando escuchó lo que estaba haciendo su nieto, sólo asintió y recordó: "Ay, claro, así es como acostumbrábamos viajar."

Y es cierto: ya sea como inquilinos, huéspedes, *au pairs* u otras formas, gran cantidad de gente te dirá que vivió una situación de "compartir casa" mucho antes de que existiera Airbnb o internet. Muchos famosos de la historia fueron usuarios del equivalente a Airbnb de la época. Desde principios de octubre hasta el 22 de noviembre de 1963 Larry Harvey Oswald pagó ocho dólares a la semana por una habitación en una residencia en el barrio Oak Cliff de Dallas (en la actualidad la casa es un museo y está disponible para hacer *tours*). Isadore "Issy" Sharp, fundador y presidente de la cadena hotelera Four Seasons, afirmó que sus primeras pruebas de hospitalidad fueron cuando sus padres aceptaban inquilinos mientras crecía en el gueto judío de Toronto. También Warren Buffett dijo que durante muchos años su familia tenía viajeros que se quedaban en su casa como huéspedes (incluyendo a George McGovern cuando andaba de campaña por la presidencia). De hecho, hay una página en inglés de Wikipedia para *homeshare* (casa compartida), pero Airbnb ni siquiera es citada como referencia.

Mi pareja, criado por una madre soltera en Nueva York, creció acostumbrado a tener huéspedes en la segunda habitación de la familia. Décadas después él hizo lo mismo, llenando su casa de tres pisos en Brooklyn con estudiantes que rentaban por dos o más semestres. Pronto conocí a Lucien, el experto en tecnología de la información de los Países Bajos que ocupaba el dormitorio de abajo, y Arien, la estudiante francesa de cine que estaba en el de arriba, así como su comida compartida en el refri y extraños artículos de aseo personal europeos en los baños. Todo el espacio extra podía ponerse a trabajar, decía mi compañero (y de verdad le gustaba recibir estudiantes de todo el mundo para tener conversaciones interesantes y una perspectiva más amplia).

Y claro, luego viene la era moderna de alquileres vacacionales a corto plazo, que ha estado con nosotros desde hace décadas, ya sea a través de grandes jugadores como HomeAway o VRBO, sitios especializados como BedandBreakfast.com o, antes que ésos, anuncios clasificados en las listas de Craigslist. "Uno de los elementos distintivos de la economía colaborativa es que la ideas no son nuevas", dice Arun Sundararajan, profesor de la Universidad de Nueva York y autor del libro *The Sharing Economy: The End of Employment and the Rise of Crowd-Based Capitalism*.

Pero lo nuevo y lo que hizo Airbnb de manera específica fue tirar las barreras y construir una plataforma fácil, amigable, accesible, que invitaba a todo el mundo. A diferencia de los sitios web anteriores, las publicaciones de Airbnb fueron diseñadas para mostrar las personalidades de los huéspedes; la compañía invirtió en servicios de fotografía profesional para asegurarse de que sus espacios se vieran exuberantes y acogedores, y la búsqueda, los mensajes y los pagos fueron independientes, sin interrupciones ni desacuerdos. Mucha gente sugiere que Airbnb no es una compañía tecnológica porque comercia con casas y espacios, pero tiene una de las infraestructuras de soporte más sofisticadas en Silicon Valley. Construyó una serie de herramientas para reforzar la confianza, como las evaluaciones bilaterales, que sólo pueden realizar los clientes que pagaron y completaron una estancia y un sistema de verificación de identidad. Y una de las razones más grandes, pero menos discutidas, que hacen tan diferente a Airbnb es que es urbana. Antes, la mayoría de las compañías que alquilaban hogares se enfocaba en segundas casas, alojamientos o resorts en destinos tradicionales para vacacionar. A pesar de la atención puesta a las casas de árbol y los botes en Airbnb, la mayoría de los alojamientos es estudio o departamento de una o dos habitaciones; por eso es tan atractivo para los viajeros y tan amenazante para las compañías hoteleras. Airbnb invitó a la gente común a sacar provecho de sus espacios y esto tuvo un impacto transformador tanto en los que viajan como en los que rentan. Fue urbano, fácil y millennial, y en los asuntos del mercado en internet, la escala crea escala, por eso cuando alcanzó cierto tamaño su predominio fue difícil de desplazar.

Si Airbnb convulsionó hoteles, viajes, espacio y confianza, también fue un disruptor para la teoría de la administración convencional. Uno de los aspectos extraordinarios del crecimiento de la compañía es la auténtica falta de experiencia corporativa que tuvieron sus fundadores cuando empezaron y el periodo acelerado en el que Chesky, Gebbia y Nathan Blecharczyk (a quien después de aquel primer fin de semana Chesky y Gebbia establecieron como su cofundador tecnológico) tuvieron que aprender a convertirse en líderes. Airbnb se convirtió demasiado rápido en una empresa madura con altas valuaciones, grandes expectativas y enormes problemas. Aunque, a diferencia de otras compañías que crecieron de tamaño sólo para que el equipo fundador se separara o tuviera que contratar administración "profesional", los tres líderes de Airbnb siguen juntos, al frente del cohete espacial que construyeron.

La evolución fue más impresionante en Chesky, el CEO de la compañía que ahora tiene 35 años. No sólo le faltaban los conocimientos de negocios, sino las habilidades tecnológicas para construir cualquier cosa más allá de un sitio web básico. Tuvo que evolucionar muy rápido de no saber qué era un inversionista ángel o una presentación *slide deck* a dirigir una compañía de 30 mil millones de dólares con más de dos mil 500 empleados.

Pero aunque Chesky reciba la mayor parte del crédito, Airbnb nunca habría existido sin la combinación de los tres fundadores. Gebbia, también de 35, es un disruptor del diseño con ideas audaces que ha mostrado madera de empresario desde la infancia. Blecharczyk, de 33, es un talentoso ingeniero que generó un millón de dólares construyendo y vendiendo software en internet mientras estaba en preparatoria y que, sin ayuda de nadie, construyó la columna vertebral y la infraestructura responsable de mucho del éxito de Airbnb. Los tres son diferentes en casi todas las formas imaginables. En los últimos años, mientras Chesky escala como el líder de la compañía, Gebbia y Blecharczyk han forjado sus respectivos caminos y se establecieron en puestos de liderazgo que se ajustan a sus fortalezas.

Cuando salió al mercado la edición en inglés de este libro la compañía preparaba un anuncio importante. Chesky prometió que sería el movimiento más significativo en la corta vida de Airbnb y que marcaría el inicio de un reposicionamiento dramático: un esfuerzo ambicioso para ir más allá del alojamiento y adentrarse en el "resto del viaje" con una serie de productos, herramientas y experiencias nuevas. Ahora, en vez de sólo reservar tu estancia en una casa, Airbnb será una plataforma para actividades únicas y extraordinarias, como entrenar con ultramaratonistas en Kenia o podar árboles bonsái con entusiastas similares a ti en la ciudad donde vives. Ofrecerá reservaciones en restaurantes, transportes terrestres y, pronto, algo que involucra vuelos. Una enorme línea nueva de mercado para una compañía tan joven es un movimiento audaz, en especial para una empresa cuyo negocio central se sigue duplicando casi cada año.

De hecho, Airbnb está creciendo y cambiando tan rápido que luego de que este libro sea enviado a imprenta y publicado, y después de eso, vendrán más cambios grandes. Sólo cerca del final del proceso de presentar este libro entendí lo que quiso decir Chesky cuando me senté con él en Fairmont aquel día. Cuando supe más sobre la introducción de estos nuevos proyectos le dije en broma a Chesky que los negocios normales de ofrecer alojamiento me empezaban a parecer "viejos". Me miró con seriedad, haciendo un gesto hacia la presentación *slide deck* que acababa de mostrarme y dijo: "Espero que pronto *esto* sea el Airbnb 'viejo'."

Para estos tres fundadores crear y hacer crecer Airbnb no fue fácil y llegó con grandes baches en el camino. Y habrá muchos más: las batallas legales están lejos de terminar, ocurrirán más historias malas y más ejemplos del terrible comportamiento humano. Los fundadores enfrentarán algunas pruebas grandes en el futuro conforme se expandan a nuevos negocios y alisten la compañía para una futura oferta pública de venta (OPV). Hasta ahora la empresa ha podido avanzar con este delicado balance entre el crecimiento masivo y la conservación de su "misión", en gran parte porque ha elegido sólo a los inversionistas que comparten su perspectiva a largo plazo. Pero conforme se dirige hacia su debut en los mercados públicos, la compañía se verá forzada a conciliar cómo seguir manteniendo su propósito original mientras maneja la presión de grandes inversionistas institucionales a quienes no podrá elegir.

Pase lo que pase, Airbnb ya tuvo un impacto enorme y duradero. Estableció récords con lo rápido que escaló y alteró la noción de lo que se necesita para dirigir una compañía de 30 mil millones de dólares. Redefinió cómo percibimos el espacio que nos rodea y cómo vemos a los extraños. Cambió la forma en que viajamos, abriendo un mercado nuevo de "alojamientos alternativos" que llaman la atención tanto de docenas de arribistas como de las compañías hoteleras más grandes. Y ahora Airbnb aspira a cambiar cómo experimentamos nuevos lugares y cómo vivimos nuestra vida en casa. Ha logrado todo esto contra viento y marea, después de que mucha gente le dijo que no y aun cuando las fuerzas bien financiadas de la industria tradicional han lanzado todo su poderío contra ella. Y todo porque tres chicos con poca experiencia tuvieron una idea extraña y audaz. El relato de cómo Chesky, Gebbia y Blecharczyk llegaron tan lejos es para la posteridad. También servirá como inspiración para cualquiera al que le digan que su idea nunca funcionará.

Ésta es su historia.

1
El ajetreo

Debo decirte algo: algún día haremos una compañía
y escribirán un libro sobre ella.
Joe Gebbia

La historia básica de cómo se creó Airbnb ya es parte del acervo popular en Silicon Valley y más allá: en octubre de 2007, dos graduados desempleados de la escuela de arte que vivían en un departamento de tres habitaciones en San Francisco y necesitaban pagar la renta, hicieron el chiste de alquilar algunos colchones inflables durante un gran congreso de diseño que vino a la ciudad y saturó los hoteles. En ciertos círculos este relato ya alcanzó la misma altura mítica que otras historias de fundación legendarias, por ejemplo: cuando Bill Bowerman tiró uretano líquido sobre la *wafflera* de su esposa y así nacieron las suelas tipo *waffle* de Nike, o cuando Bill Hewlett y Dave Packard construyeron un oscilador de audio en el ahora famoso garaje de Packard.

En realidad la historia de Airbnb empieza unos años antes, en el verano de 2004, casi a cinco mil kilómetros de distancia, en Providence, en un estudio del campus de la RISD. Brian Chesky y Joe Gebbia eran dos estudiantes (Gebbia estaba en el cuarto año de la carrera dual de diseño gráfico e industrial, que duraba cinco, y Chesky acababa de graduarse) que participaban en un proyecto de investigación financiado por la RISD y la corporación Conair, compañía muy conocida por sus secadoras de cabello y otros productos de cuidado personal. Muchas veces las empresas se asociaban con la RISD para acceder a sus estudiantes de diseño industrial. Bajo este programa en particular

Conair había contratado a la RISD, la cual asignó un grupo de estudiantes para laborar sólo en el diseño de productos para la compañía durante seis semanas. La mayoría del trabajo se hacía en el campus de la RISD, pero la compañía tendría los derechos sobre los productos y los estudiantes ganarían la experiencia de un trabajo de verdad y un salario. Al final presentarían sus ideas a los ejecutivos de Conair.

Los estudiantes trabajaban en parejas. Chesky y Gebbia formaron equipo. Ya se conocían bien por su interés compartido en los deportes. Chesky dirigía el equipo de hockey de la facultad y Gebbia había empezado el de basquetbol. El deporte era una idea adicional entre el cuerpo de estudiantes, casi nadie hacía caso, pero se decidieron a reforzar las imágenes de sus equipos y conspiraron en un plan publicitario ambicioso: recaudaron fondos, establecieron un horario, diseñaron uniformes nuevos y tramaron otras sutilezas creativas (incluyendo el uso liberal de humor atrevido en el baño)[1] para dar a los equipos un sentido de irreverencia. Tuvieron éxito: los partidos de la RISD se volvieron eventos populares entre el cuerpo estudiantil, incluso atrajeron a los estudiantes vecinos de la Universidad Brown y al entonces alcalde de la ciudad, el activo Buddy Cianci, quien estuvo de acuerdo en ser nombrado "entrenador honorario" del equipo de hockey. "Creo que es uno de los retos de publicidad más difíciles que puedes enfrentar", diría más tarde Gebbia a *Fast Company*. "¿Cómo consigues estudiantes de la escuela de arte para un evento deportivo en un viernes por la noche?"[2]

A pesar de todos sus disparates, las prácticas de Conair marcaron la primera vez que Chesky y Gebbia trabajaron juntos en un proyecto de diseño. El equipo de estudiantes viajaba en autobús a las oficinas de Conair, en Stamford, Connecticut, una vez a la semana, para sesiones informativas con el equipo de publicidad de la compañía. Después regresaba a los talleres de la RISD para trabajar en sus diseños. Gebbia y Chesky se esforzaron mucho en sus ideas, desvelándose toda la noche en el estudio varias veces. Dejaron que su creatividad se desbordara, pero hasta que presentaron sus ideas se dieron cuenta de lo desenfrenada que estaba esa creatividad. Mientras el resto de los equipos regresó con diferentes diseños para secadoras de pelo, Chesky y Gebbia volvieron con una visión distinta de toda la compañía, presentando productos originales, como una camisa hecha de jabón que se lavaba. "La apariencia de sus caras expresaba todo", comenta Gebbia. El gerente de publicidad que dirigía el proyecto le dijo a Chesky que había bebido demasiado café. "Pero no había tomado ningún café", confiesa Chesky. Para los dos esto fue una epifanía, una revelación, no sobre las secadoras de pelo, sino sobre lo que podían lograr cuando sus cabezas trabajaban juntas. "Seguimos construyendo sobre las ideas del otro", dice Chesky. "Cuando Joe y yo nos reunimos, las ideas se vuelven más grandes en lugar de más pequeñas." Gebbia siente lo mismo: "Comprobé que cuando [Brian y yo] nos reunimos en el mismo cuarto y trabajamos en una idea, podemos hacer cosas diferentes a todos los demás."

Gebbia ya había sentido esto. El mes anterior había ido a la ceremonia de graduación de Chesky. Fue un evento memorable: el cuerpo estudiantil eligió a Chesky para ser el orador. Antes de subir al podio hizo una actuación: se acercó al escenario al ritmo de *Billie Jean*, de Michael Jackson, se arrancó la toga para revelar una chaqueta blanca y bailó al estilo Jackson frente a la audiencia. Días después Gebbia invitó a su buen amigo y alma gemela por una pizza. Su tiempo juntos en el campus pronto terminaría y Gebbia tenía una premonición que debía sacar de su pecho: "Debo decirte algo: algún día haremos una compañía y escribirán un libro sobre ella."

Chesky apreció el sentimiento. ("Me miró y rio con amabilidad", dice Gebbia.) A pesar de lo que después llamarían su "momento Casablanca", Chesky sabía que necesitaba seguir su vida y conseguir un trabajo respetable. Después de todo, ¿no se trata de eso? Al crecer en el estado de Nueva York, Chesky era hijo de dos trabajadores sociales que hicieron todo lo posible por dar a sus pequeños la libertad de perseguir las pasiones y los pasatiempos que eligieran. Su madre, Deb, ahora recaudadora de fondos para el Instituto Politécnico Rensselaer, y su padre, Bob Chesky, quien se retiró en 2015 tras laborar 45 años para el estado de Nueva York, apoyaron el interés de su hijo en el diseño. Su maestra de arte de la preparatoria les había dicho que algún día sería un artista famoso. Sus padres se emocionaron cuando lo aceptaron en la RISD, pero estaban recelosos de las posibilidades de empleo que tendría su hijo con un título de arte. ("Teníamos miedo de que fuera un artista muerto de hambre", dice Deb.) Al no querer decepcionarlos, Chesky cambió de carrera a la mitad, de ilustración a diseño industrial, justo porque había un mercado laboral mucho más grande. Entonces Chesky y Gebbia se despidieron y, aunque se reunieron un tiempo por el programa Conair, al final Chesky se mudó a Los Ángeles para empezar su nueva vida como diseñador industrial.

Antes de enviarlo, sus padres le compraron un traje y un automóvil, un Honda Civic que acordaron que se entregaría en el aeropuerto cuando él aterrizara. Deb coordinó la logística de todo eso, ajustando la entrega por teléfono con el vendedor de autos desde el vestidor en Macy's, mientras Chesky se probaba trajes. Le explicó al vendedor que estaba comprando un auto para su hijo que se mudaba a Hollywood. "Me preguntó: 'Será actor, ¿verdad?', y yo contesté: 'No, es muy malo, más bien será diseñador'."

Cuando estuvo en Los Ángeles, Chesky se mudó con unos amigos de la RISD y empezó a trabajar en la firma de diseño industrial 3DID. Durante los primeros meses le gustó su trabajo: diseñar productos de verdad para compañías como ESPN y Mattel. Pero pronto empezó a ser evidente que no era lo que esperaba. Soñaba con volverse el próximo Jony Ive o Yves Béhar, diseñadores famosos que le dieron una nueva imagen a compañías como Apple y Jawbone, la firma de tecnología de consumo, pero descubrió que su trabajo diario era poco estimulante y casi lo realizaba de memoria. "No era una cosa absurda, pero obviamente no era la promesa de la RISD", dice. La famosa institución lo había llenado del espíritu idealista "cambia el mundo". Le dijeron que casi cualquier problema del mundo podía solucionarse con diseño creativo; si podías concebir algo podías diseñarlo, y era posible diseñar el mundo en el que querías vivir. Como diseñador, literalmente, podías *cambiar* el mundo. "Pero cuando llegué a Los Ángeles fue como un golpe de realidad gigante", dijo después. "Muy bien, éste es el mundo real. No es como pensabas."

Tampoco se sentía a gusto en Los Ángeles. "Pasaba hora y media en un auto vacío para llegar [al trabajo]", recuerda. Estaba desilusionado y pensaba que había tomado la decisión equivocada. En 2013, durante una charla con Sarah Lacy, la reportera de tecnología y fundadora de *PandoDaily*, Chesky dijo: "Sentía que mi vida era como estar en el auto, podía ver el camino desapareciendo en el horizonte frente a mí y lo mismo en el espejo retrovisor. Pensaba que eso era todo lo que terminaría haciendo. No era como decían en la RISD."[3]

Mientras tanto, Gebbia terminó sus estudios en la RISD y con el tiempo se mudó a San Francisco, donde trabajaba como diseñador gráfico para Chronicle Books y vivía en un departamento de tres habitaciones en la calle Rausch, en el distrito South of Market de la ciudad. Probó suerte como emprendedor y lanzó una línea de cojines para asiento que diseñó en la RISD. Creado para los estudiantes de la escuela de artes, era un cojín cómodo para aguantar las largas críticas o "crits". Los llamó descaradamente CritBuns y se diseñaron en forma de ocho (como un trasero). Ganaron un prestigioso premio en la RISD, la cual pagaría el desarrollo del producto y le daría uno como regalo de graduación a cada miembro de la generación. Gebbia se apuró para encontrar un fabricante y un productor de moldes. Quería producir 800 CritBuns en las siguientes cuatro semanas de manera que estuvieran listos para el día de la graduación. Al día siguiente convirtió el proyecto en una empresa. Gebbia había mostrado madera para combinar arte con espíritu emprendedor desde pequeño: cuando vivía en Atlanta e iba en tercero de primaria vendía dibujos de las Tortugas Ninja por dos dólares. Hasta que un día los papás de sus compañeros hablaron con los maestros para que dejara de hacerlo.

Los dos hablaban con frecuencia; Gebbia le contaba las novedades de CritBuns y los dos hacían lluvias de ideas para cualquier producto que pudieran inventar juntos para 3DID. Gebbia siempre terminaba diciéndole que considerara mudarse a San Francisco para que pudieran empezar una compañía. Chesky estaba renuente por una razón: si no había seguro médico, no se mudaba. Un día llegó un paquete de Gebbia por correo al trabajo. Al abrirlo, Chesky encontró un par de CritBuns producidos de manera comercial. Gebbia había logrado lanzarlos al mercado, cerrando un gran pedido para la tienda del Museum of Modern Art Design, un Santo Grial para los diseñadores. "De verdad lo logró", pensó Chesky. ("Fue un empujón sutil —dice Gebbia—. Era un recordatorio: no lo olvides. Podemos crear cosas juntos de manera potencial.")

Fue suficiente para que Chesky empezara a buscar trabajo en San Francisco. A principios de 2007 escuchó sobre un empleo en Method, una compañía de productos para el hogar, de rápido crecimiento, enfocada en la sustentabilidad y que había ganado un premio por su forma de presentar los productos. Chesky pensó que esto podría ser su respuesta: lo llevaría a San Francisco y era una compañía orientada al diseño cuyos valores estaban mucho más alineados con los suyos. Llegó muy lejos en el proceso de selección: pasó varias rondas de entrevistas, completó un desafío de diseño y se presentó frente a un panel de cinco ejecutivos. A cada paso se emocionaba más por la oportunidad. Pero al final no consiguió el trabajo. Se lo dieron a otro candidato. Estaba muy desanimado.

Sin embargo, las entrevistas hicieron que visitara San Francisco varias veces y de inmediato se enamoró de la ciudad. Su energía y los tipos creativos y emprendedores que encontró en los círculos de Gebbia le recordaban el espíritu que sentía en la RISD. (Gebbia era el inquilino principal del departamento de la calle Rausch y lo había arreglado para ser una especie de colectivo de diseñadores, entrevistando con cuidado y "curando" a los compañeros de cuarto para que tuvieran ideas en común.) Él y Gebbia empezaron a pensar más en serio sobre qué tipo de compañía podían crear. En ese momento Chesky ya había dejado su empleo (para disgusto de sus padres) y comenzó a crear un plan diferente para él. Le pidieron que diera clases de diseño industrial en la Universidad Estatal de California en Long Beach y empezó a involucrarse en la comunidad de diseño de Los Ángeles. Pensó que podía seguir allí y viajar a San Francisco unos días a la semana para trabajar con Gebbia.

De repente, ese septiembre, los dos compañeros de cuarto de Gebbia se mudaron porque el dueño les subió la renta. Gebbia se metió en un "modo de ventas" más fuerte para convencer a Chesky de que se mudara a San Francisco y ocupara una de las habitaciones. Gebbia ya había llenado una habitación y su amigo encajaría perfecto en la otra. Pero él no quería. No podía pagarla y los dos tendrían que asumir la renta completa de un mes porque el tercer compañero de cuarto se mudaba hasta noviembre. Chesky le propuso a Gebbia que lo dejara rentar su sofá tres días a la semana para que pudiera viajar al trabajo y vivir en las dos partes. Gebbia pensó que era ridículo. Con la fecha límite cerca y ningún compañero de cuarto a la vista, por fin decidió renunciar al departamento. Pero la mañana en que debía llamar al dueño Chesky le habló y le dijo que sí: él ocuparía una de las habitaciones.

Y así se despidió de su vida en Los Ángeles, cortó con su novia, avisó a sus compañeros de piso, dejó su departamento y la mayoría de sus posesiones, y un martes en la noche se fue a San Francisco en su Honda. Al manejar por la costa en la noche apenas podía ver el camino frente a él, aunque todo lo que pensaba era que no se parecía al camino vacío que había estado viendo en su cabeza durante tanto tiempo cuando se sentía atrapado en el trabajo.[4] Éste no era aquel camino. En esta ruta sólo se veía el camino de la posibilidad.

"Como Craigslist y Couchsurfing.com, pero con más estilo"

Como cuenta la versión mitificada de la historia, cuando Chesky llegó al departamento de la calle Rausch, Gebbia le informó que estaba a punto de perder el lugar porque la renta había subido a mil 150 dólares y debía pagarse en una semana. Chesky tenía mil en su cuenta bancaria. En realidad ya sabían del aumento y que tenían que pagar la habitación vacía, por lo que habían hecho una lluvia de ideas para obtener fondos cuando Chesky todavía estaba en Los Ángeles. Una idea se centró en el congreso mundial de la International Council of Societies of Industrial Design/Industrial Designers Society of America (Corporación Internacional de Sociedades de Diseño Industrial/Sociedad de Diseñadores Industriales de Estados Unidos, ICSID/IDSA por sus siglas en inglés), en pocas palabras, la bienal del diseño. El congreso que se lleva a cabo cada dos años estaba programado para San Francisco a finales de octubre. Atraería a miles de diseñadores a su ciudad y sabían que la capacidad de los hoteles sería complicada y las tarifas muy altas.

Pensaron: ¿por qué no hacer un *bed-and-breakfast* para el congreso en el espacio vacío de su departamento? Después de todo, la RISD les enseñó que la creatividad puede resolver problemas y Gebbia tenía tres colchones inflables en su clóset por un campamento que había hecho. El lugar era grande y tenía tres dormitorios, así que estaban libres la sala, la cocina y una habitación completa. Podían alquilar un lugar para quedarse a un precio económico, incluso ofrecer desayuno, y anunciar su espacio en los blogs de diseño que sabían que todos los asistentes leerían.

Afinaron esta idea durante semanas, y entre más hablaban de ella, más cuenta se daban de que era tan rara que podía funcionar (y con la inminente fecha límite para pagar la renta, tenían poco que perder). Hicieron esquemas de páginas web, bocetos y modelos para el sitio web que anunciaría su concepto. Cuando Chesky se mudó, contrataron a un *freelancer* que sabía de HTML para armar un sitio web rudimentario usando sus diseños. Lo llamaron AirBed & Breakfast, es decir, Cama de Aire & Desayuno, haciendo alusión a los colchones inflables. El producto final presentaba un sitio web sólido anunciando el servicio ("Dos diseñadores crearon una forma nueva de asistir al congreso de la IDSA de este año"), una explicación de cómo funcionaba y una lista de tres colchones inflables en el departamento por 80 dólares cada uno (incluían servicios como desayuno, terraza, una "biblioteca de diseño", "carteles motivacionales" y tipografía 3-D). El "anuncio" decía: "Es como Craigslist y Couchsurfing.com, pero con más estilo."

Lo enviaron por correo electrónico a los blogs de diseño y a los organizadores del congreso y les pidieron ayuda para promocionar su sitio web, lo cual hicieron; los organizadores pensaron que era una idea rara y divertida, y los blogs de diseño estaban más que contentos de ayudar a dos colegas. Chesky y Gebbia pensaron que, con suerte, tendrían a dos *hippies* mochileros y ganarían el dinero suficiente para pagar la renta. En pocos días reservaron tres huéspedes: Kat, una diseñadora treintañera que vivía en Boston; Michael, de cuarenta y algo que vivía en Utah y tenía cinco hijos, y Amol Surve, un nativo de Mumbai que se acababa de graduar del programa de maestría en diseño industrial en la Universidad Estatal de Arizona.

Sus huéspedes no eran *hippies*, para nada, más bien eran diseñadores profesionales con un presupuesto limitado… que necesitaban justo lo que Chesky y Gebbia ofrecían. Cierto, se necesitó un gran salto de fe de su parte: Surve, el primer huésped en reservar, pensó que la idea era extraña, pero dice: "Estaba desesperado por ir al congreso", y cuando encontró el sitio web, supo que había sido creado por gente con ideas similares. "El concepto estaba diseñado por diseñadores para diseñadores." Después de googlear qué era un colchón inflable (como era nuevo en Estados Unidos, nunca había escuchado de eso antes) envió su solicitud en un formulario en el sitio web pidiendo quedarse en el "original" AirBed & Breakfast. Como no tuvo respuesta rastreó la información de Gebbia y le llamó a su teléfono. "Estaba completamente sorprendido —dice Surve—, no tenía idea de que, en verdad, alguien se quedaría con ellos." Surve planeó quedarse cinco noches a 80 dólares cada una: "Fue un buen acuerdo para ambas partes. Yo quería ahorrar e ir al congreso, y ellos, ganar dinero y pagar la renta. Fue la combinación perfecta."

"ESTABA EN LA SALA Y EN LA PRESENTACIÓN AL MISMO TIEMPO"

Después de aterrizar en el aeropuerto y seguir las instrucciones que le dieron los anfitriones para usar la ubicación en el mapa de BART, Surve llegó a la puerta del departamento y Gebbia lo recibió. Surve recuerda: "El joven que abrió la puerta usaba un sombrero de aviador, unos lentes grandes, de moda, y yo pensé: 'Sip, éste es un diseñador'." Gebbia le pidió que se quitara los zapatos, le dio un recorrido por la casa y le mostró su habitación, la cual tenía un colchón inflable, una almohada y un paquete de bienvenida que incluía una tarjeta BART, mapas de la ciudad y monedas de repuesto para los vagabundos. ("Estaban muy enfocados en los detalles. Me preguntaron: '¿Hay algo más que podamos agregar a este paquete?' Respondí: 'No, gracias, de hecho, ya es bastante'.")

Después de dejar sus cosas, Surve se sentó en la sala y abrió su computadora portátil para familiarizarse con el programa del congreso. Gebbia y Chesky estaban trabajando duro en la mesa, preparando un PowerPoint para su nuevo concepto. Surve se inclinó, dio un vistazo y observó una diapositiva sobre su primer huésped: él. "Era irónico. Estaba en la sala y en la presentación al mismo tiempo." Le hicieron muchas preguntas de retroalimentación y lo invitaron a participar en la presentación de esa noche. Era una sesión de PechaKucha, una especie de mezcla entre un concurso de poesía y una presentación de PowerPoint en la que los diseñadores muestran sus ideas a otros diseñadores. Gebbia y Chesky tenían su presentación; ahora también podían mostrar al usuario final.

Pronto llegaron los otros huéspedes: Kat y Amol compartieron una habitación y Michael se quedó en la cocina. Se organizaron para ir juntos al congreso al día siguiente; Chesky y Gebbia estaban muy ajetreados en promover su nueva idea. Esquivaron la tarifa de registro diciendo a los organizadores que eran blogueros. Deambularon juntos por el congreso, Chesky con una cámara colgando alrededor de su cuello para parecer bloguero, promoviendo emocionados su nuevo servicio. "Se lo presentaba a todos y cada uno", dice Surve, a quien usaron como apoyo. "¡Pregúntale qué tan bueno es!", exclamaba Chesky, señalando a Surve, quien confirmaba lo divertido que era y decía que no sólo era un lugar para quedarse. ("¡Mi producto sacó la cara por nosotros! —dijo Chesky hace poco, reflexionando sobre esto—. Él era el defensor más increíble.") La mayoría de la gente se divirtió; nadie los tomó en serio. Durante la hora feliz en el salón del Hotel Fairmont, Chesky se acercó a una multitud que rodeaba a un diseñador famoso al que había admirado durante años. Se metió entre la gente y le contó sobre su nuevo concepto. El diseñador no se impresionó. "Brian —le dijo—, espero que no sea lo único en lo que estés trabajando." Fue el primero de muchos golpes de realidad ("Lo recuerdo tan bien… Es como si estuviera labrado en mi cerebro", dijo Chesky).

Fuera del congreso, Chesky y Gebbia le mostraron a Surve su ciudad: lo llevaron a su taquería favorita, al San Francisco Ferry Building, y a la Facultad de Diseño de Stanford. A sus huéspedes les dieron un desayuno de Pop-Tarts sin tostar y jugo de naranja. En pocos días los cinco se sentían muy cómodos entre sí en el departamento; tanto, que un día, recuerda Chesky, estuvo platicando con Michael, quien ya estaba en ropa interior y acostado en su colchón inflable en el piso de la cocina.[5] En total ganaron mil dólares durante el fin de semana.

Pero aun con eso no sintieron que su idea fuera *enorme*. Sólo era muy extraña. Era algo que habían inventado para pagar la renta, para mantenerlos a flote y, en todo caso, para darles un poco más de tiempo en lo que pensaban en su *verdadera* gran idea.

Regresaron su atención hacia la lluvia de ideas de la compañía que querían formar de verdad. Trajeron a uno de los antiguos compañeros de cuarto de Joe, Nathan Blecharczyk, un talentoso ingeniero de Boston que estaba entre *gigs*. Hijo de un ingeniero eléctrico, Blecharczyk aprendió a codificar a los 12 años con un libro que encontró en la estantería de su padre. A los 14 se había convertido en una "intensa pasión" y empezó a trabajar por pago con clientes que encontraba en internet. Cuando terminó la preparatoria había ganado casi un millón de dólares creando y vendiendo software de publicidad. Esto pagaría sus estudios en ciencias de la computación en Harvard, pero Blecharczyk pasó casi todo 2007 en una *startup* educativa con problemas y estaba pensando en renunciar. Gebbia acababa de dejar Chronicle Books y todavía estaba trabajando en una *startup* nueva que había creado después de CritBuns; se llamaba Ecolet.net y era un mercado de materiales sustentables para la comunidad de diseñadores. Los tres se reunieron para revisar la lluvia de ideas e iban de una a la otra. En un punto, aterrizaron un momento en un concepto para un sitio web que trataba de emparejar compañeros de cuarto; lo imaginaron como una mezcla de Craigslist con Facebook para *roommates*. "Pensábamos que nadie haría AirBed & Breakfast, pero la gente necesitaba compañeros de cuarto", dice Chesky. Después de cuatro semanas de diseñar y afinar la idea, escribieron "roommates. com" en el navegador y se sintieron muy desanimados al descubrir que la idea y el sitio web ya existían. Así que empezaron de cero.

Ese año, Chesky, deprimido, fue a pasar la Navidad en casa de sus padres en Niskayuna, Nueva York. Cuando sus amigos y familiares le preguntaban qué estaba haciendo, les decía que era emprendedor. "No, eres un desempleado", corrigió su mamá. ("No, ¡soy un emprendedor!", protestó. "No, ¡eres un desempleado!", respondió de nuevo su mamá.) Fuera de sus padres, "emprendedor" no era una palabra muy conocida para el resto de la gente en Niskayuna. "¿Qué 'emprendedoreas'?", le preguntaban sus amigos.[6] Sin nada significativo que decir, se descubrió volviendo al tema de AirBed & Breakfast una y otra vez. A Gebbia le pasaba lo mismo en Atlanta. Se acostumbraron a hablar de AirBed & Breakfast. Y entonces empezaron a preguntarse… ¿será ésta la idea?

AirBed & Breakfast "Lite"

Chesky y Gebbia regresaron de vacaciones acelerados por hacer que AirBed & Breakfast fuera exitoso. Como ya lo habían discutido, afinaron el concepto: sería un recurso para encontrar habitaciones durante los congresos que saturaban los hoteles por todo el país. Sabían que tales reuniones superan con facilidad las capacidades de un hotel, creando justo el tipo de demanda que los llevó a registrar sus primeros tres huéspedes en San Francisco. Y tenían la idea perfecta de dónde lanzarlo: South by Southwest, o "Southby", como se le conoce, el festival de tecnología, música y charlas de películas en Austin, Texas, que se ha convertido en la reunión de tecnología e industria notables en Estados Unidos.

Pero sabían que tenían que convencer a Blecharczyk, no podían hacerlo sin él. Lo llamaron para decirle que tenían algo, que estaban muy emocionados, y lo invitaron a cenar para presentarle la idea. Él fue reacio. Le gustaba la idea y sabía, por la época que había vivido con Gebbia, cuando se ayudaban entre sí con sus proyectos en las noches y los fines de semana, que tenían una ética de trabajo similar. Sentía que los tres harían un buen equipo, pero cuando escuchó la grandiosa visión de su amigo diseñador se preocupó por la cantidad de trabajo que describían. La mayoría recaería sobre él, porque era el único ingeniero de los tres, y necesitaría estar listo en unas semanas para subirlo y ponerlo en marcha a tiempo para South by Southwest. "Pienso que mi respuesta fue de apoyo, pero precavida", recuerda Blecharczyk. Chesky y Gebbia se marcharon de la cena presintiendo sus dudas, se reagruparon y volvieron una semana después para replantearle la idea. Pero de pronto, cuando estaban en el elevador camino a ver a Blecharczyk, Gebbia se dio cuenta de que su visión seguía siendo demasiado ambiciosa. "Nate se va a asustar —dijo moviendo la cabeza—. Necesitamos hacerla más pequeña." Rápido acordaron una alternativa, algo que llamaron AirBed & Breakfast Lite, una versión más pequeña del concepto con menos características y obstáculos tecnológicos que podía realizarse en pocas semanas. ("El mismo producto grandioso, pero con la mitad del código", dice Gebbia.) Tomaron unas bebidas y Blecharczyk aceptó: lo harían.

En aquellos primeros días Chesky sentía que el servicio debía ser gratis. "Estaba un poco nervioso por empezar una compañía", dice.

Querían que AirBed & Breakfast se convirtiera en un movimiento y tenían una perspectiva idealista de que todo sería compartido de forma gratuita. "Era demasiado progresivo porque al principio pensaba que Airbnb debía ser un sitio gratis, como Couchsurfing, sin dinero de por medio." Gebbia y Blecharczyk lo convencieron de lo contrario y, con el tiempo, estuvo de acuerdo. "Sí, tienen razón. Esto debe ser monetizado. En definitiva, debe ser un modelo de negocio."

Decidieron que en South by Southwest presentarían Airbedandbreakfast.com como un sitio nuevo por completo, para tratar de conseguir otra rueda de prensa. (Desde entonces es una táctica que Chesky ha aconsejado a otros emprendedores: "Si lanzas algo y nadie lo nota, puedes seguir presentándolo. Seguimos lanzando y la gente siguió escribiendo al respecto. Pensamos que debíamos seguir haciéndolo hasta conseguir clientes.")[7] Arreglaron y actualizaron el sitio, lo promocionaron como alojamiento para congresos que saturaban los hoteles ("Por fin, una alternativa a los hoteles caros", decía el sitio) y se lo informaron a algunos blogs de tecnología. Pero no pasó casi nada. "No fue un gran momento para ganar terreno", dice Blecharczyk. Esta frase se queda corta; en realidad sólo tenían dos clientes que pagaban, y uno de ellos era Chesky.

La persona con la que Chesky se quedó (Tiendung Le, un estudiante de doctorado de la Universidad de Texas, en Austin) había sido reclutada de Craigslist por los fundadores para ponerla en la lista de AirBed & Breakfast. Cuando Chesky llegó, le impresionó la forma en que Le había arreglado su colchón inflable en la sala; incluso puso una menta en la almohada. Por su parte, Le recuerda que Chesky pasó mucho tiempo en el balcón, ya fuera en el teléfono o "sumido en sus pensamientos". Cada mañana le preparó un expreso (que Chesky se bebía "en dos segundos") y lo llevó al festival; durante este tiempo Chesky le describió su visión para la compañía y su enorme esperanza de conocer a Mark Zuckerberg, quien hablaría en una conferencia.

Aunque la South by Southwest los dejó en ceros en cuanto a negocios, sirvió para algunos propósitos. Al usar el sitio web, Chesky identificó algunas fallas en el proceso de pago. Olvidó ir al cajero automático (no una, sino dos veces), así que durante dos noches se sintió incómodo por quedarse en la casa de un extraño que podía creer que no pagaría. Y Le sintió que después de un día o dos de volverse amigos sería raro preguntarle por el dinero. Los tres fundadores se dieron cuenta de que debían construir un sistema de pago más sofisticado. Además, después del final del evento, escucharon sobre algunos clientes potenciales que viajaban a otros lugares, pero no por un congreso. ¿Podían usar AirBed & Breakfast? Los fundadores dijeron que no.

El dios fundador

En South by Southwest, Chesky y Gebbia también hicieron una conexión clave. Su tercer compañero de cuarto en la calle Rausch, Phil Reynery, era empleado en una *startup* llamada Justin.tv y también estaba en Austin con su CEO, un emprendedor de 25 años llamado Michael Seibel. Chesky decidió quedarse una noche extra y Seibel lo dejó colarse en su hotel. Chesky le contó sobre su idea y le gustó. Seibel recuerda que pensó: "¡Sí, tiene sentido!" Había usado Couchsurfing.com y, aunque no predijo que se convertiría en un gigante de miles de millones de dólares al escuchar la idea, tampoco pensó que estuviera fuera de lo normal. Después de todo ellos estaban apiñados en una pequeña habitación de hotel durante un congreso. "Estábamos sentados justo en el meollo del asunto", dice Seibel.

En la actualidad Seibel es un consolidado consejero del espíritu emprendedor con dos éxitos en su haber: él y sus cofundadores vendieron Twitch (en lo que se convirtió Justin.tv con el tiempo) a Amazon en 970 millones de dólares y Socialcam (una aplicación de video) a Autodesk en 60 millones de dólares. Pero en aquel entonces tenía 25 años, se había convertido en CEO por primera vez y no tenía mucha experiencia. "No era alguien que lanzara personas", dice. Chesky y Gebbia fueron los primeros fundadores que le pidieron consejo. Pero acababa de pasar por Y Combinator, el prestigioso programa de acelerador de *startups* cofundado por el emprendedor y el inversionista de riesgo Paul Graham (ahora Seibel es el CEO del programa Y Combinator). Seibel les dijo que los ayudaría con consejos y que, cuando tuvieran algo más tangible, les presentaría algunos ángeles. Chesky no tenía idea de qué hablaba y pensó: "Ay no, este tipo cree en ángeles. ¿Es en serio?" Seibel le explicó que se refería a los inversionistas ángeles, la gente que en una cena te puede firmar un cheque por 20 mil dólares. A Chesky esto le pareció todavía más raro. "No, no, les haces una *slide deck*, una presentación con diapositivas", insistió Seibel. Chesky tampoco sabía qué era una *slide deck*, pero sintió que debía escuchar a Seibel.

Después de South by Southwest, con su tráfico del sitio web sin cambios, los fundadores se retiraron a San Francisco. Estaban desalentados, pero Chesky y Gebbia ya tenían una idea para su próximo intento. Era año de elecciones. La Convención Nacional Demócrata (DNC, por sus siglas en inglés) se llevaría a cabo en agosto, en Denver, así que lo intentarían otra vez. Pero las dudas iniciales de Blecharczyk se convirtieron en un escepticismo total. Había trabajado en otra idea que lo tenía muy emocionado: una red de publicidad para Facebook. Todavía le gustaba AirBed & Breakfast, pero era muy práctico sobre aceptar los resultados en South by Southwest, y no se comprometería al 100% hasta que Chesky y Gebbia tuvieran una estrategia mejor. "Joe y Brian de verdad querían avanzar, pero yo estaba bastante indeciso hasta que entendiéramos cómo mejoraríamos el producto y lograr un resultado más positivo", dice. Así que durante los siguientes meses Blecharczyk pasó la mayoría de su tiempo en su *startup*, mientras Chesky y Gebbia afinaban la idea y el producto. Cada semana le llevaban actualizaciones a Seibel, quien les daba retroalimentación. "[Seibel] nos mantenía bajo control —dice Gebbia—. Cada vez que nos volábamos la barda nos decía: 'Chicos, ¿qué están haciendo? Regresen al camino'". Lo llamaron su "dios fundador".

Pero sin la atención total de Blecharczyk no se implementaron muchas de las sugerencias de Seibel. Chesky y Gebbia no querían decirle que Blecharczyk no estaba comprometido al 100% porque ya les estaba presentando inversionistas, y una *startup* sin un ingeniero fundador no tendría oportunidades. Hasta donde Seibel sabía, Blecharczyk trabajaba de tiempo completo en Airbedandbreakfast. com. Gebbia y Chesky asumieron que de manera realista eran como unas horas al día, pero no se atrevieron a decirle. En realidad, Blecharczyk no pasaba más de una hora cada dos o tres días. Chesky dice: "Sólo después empezamos a entender lo despegado que estaba Nate. Cada vez quería hacer menos y menos trabajo y el contacto era poco frecuente."

Luego, en mayo, Blecharczyk lanzó una bomba: se mudaría a Boston para comprometerse con su novia (ahora esposa), que estudiaba en la Facultad de Medicina. "Seguro esto fue inesperado para Joe y Brian —admite Blecharczyk—. En este punto se sintió que el equipo se estaba quebrando." Lo estaba. Al mes siguiente Chesky y Gebbia empezaron a buscar otro cofundador. Publicaron anuncios para un "cofundador y CTO" en el Moscone Center en San Francisco durante la Apple's Worldwide Developers Conference (Conferencia Mundial de Desarrolladores de Apple). Blecharczyk confiesa que no se sintió amenazado. "Pensé que cualquier otra persona estaría escéptica por las mismas razones que yo. No me preocupaba que alguien fuera a aparecer de la noche a la mañana."

Pero Chesky y Gebbia seguían refinando su concepto, recibiendo retroalimentación de Seibel y hablando con Blecharczyk por teléfono. Y en esa época se cristalizó una visión nueva y mucho más amplia de AirBed & Breakfast: en vez de enfocarse en congresos y conferencias que saturaban los hoteles, sería un sitio web donde reservar una habitación en la casa de alguien sería tan fácil como reservar en un hotel. En esencia, era la misma versión del Airbnb que existe hoy. Pero significaba tener que construir un sistema de pago para hacer las transacciones sin sacar al cliente del sitio; necesitarían un sistema de evaluaciones y, en general, un sitio web mucho más sólido.

Esto era una visión mucho más ambiciosa, pero era justo lo que Blecharczyk necesitaba escuchar. Él también había decidido tirar la toalla de su idea publicitaria porque se dio cuenta de que el concepto necesitaba más que sólo experiencia en ingeniería y no tenía cofundadores. Así que se volvió a comprometer con AirBed & Breakfast y acordó trabajar en el concepto desde Boston.

Mientras tanto, Chesky y Gebbia empezaron a reunirse con los "ángeles" que Seibel había mencionado. En este punto, el grupo decidió que Chesky fuera el CEO. "No fue una conversación importante —recuerda Chesky—. Fue el momento en que uno de nosotros tenía que aceptar el título." Los tres cofundadores tienen conjuntos de habilidades muy diferentes, y era claro que Chesky era el líder natural entre ellos. "Sabía menos que Joe y Nate, ellos se habían involucrado en *startups* y yo no. Pienso que siempre trataba de ser útil y eso evolucionó hasta construir una compañía", dice Chesky. La participación de los inversionistas pronto se convertiría en una lección de rechazo. De los siete inversionistas que Seibel le había contactado casi nadie contestó. Y los que lo hicieron dijeron "no" en diferentes versiones: no era su área de enfoque, no habían tenido suerte en la categoría de viajes, el mercado potencial no parecía bastante grande, estaban comprometidos con otros proyectos, estaban fuera de la ciudad, no estaban disponibles... Eso sí, todos le deseaban que le fuera bien:

> Brian, mucho gusto en conocerte, aunque tu idea suena interesante, no hacemos eso, no es nuestra área de enfoque, te deseamos la mejor de las suertes.

> Por desgracia, desde la perspectiva de una inversión, no creo que sea una buena oportunidad para [nombre de la compañía]... La oportunidad de mercado potencial no parece lo suficientemente grande para nuestro modelo requerido.

> Gracias por el seguimiento. No estoy disponible para tomar la llamada hoy ya que estaré fuera de la ciudad hasta el jueves. De verdad, me gusta el progreso que han

hecho, pero entre los asuntos pendientes con ABB y mis actuales compromisos de tiempo con otros proyectos… no puedo hacer una inversión en este momento. Mis mayores preocupaciones quedan así:

–Aumento significativo en la adherencia del DNC y el CNR.

–Personal técnico.

–Sindicato de inversión.

Brian:

Ayer decidimos no llevar esto al siguiente nivel.

Siempre hemos luchado con la categoría "viajes".

Reconocemos que es una de las categorías más importantes del comercio en internet, pero por alguna razón no hemos sido capaces de emocionarnos con los negocios relacionados con viajes.[8]

Las pocas reuniones que Chesky y Gebbia organizaron fueron casi desastrosas. Los inversionistas pensaron que alquilar a extraños era una idea muy rara y sumamente riesgosa. Además, los desalentaba el currículo de Chesky y Gebbia en la escuela de arte; pensaban que les faltaba ADN tecnológico (en esa época los inversionistas seguían buscando al próximo Google, es decir, dos doctores de Stanford). Un inversionista con el que se reunieron en el University Cafe en Palo Alto sólo se levantó y se fue, sin ninguna advertencia, sin despedirse, dejando su *smoothie* a medias en la mesa. Gebbia y Chesky le tomaron una foto.

Hay que decir que en aquel momento los fundadores buscaban a alguien que comprara 10% de su compañía por 150 mil dólares, valuando la compañía en un millón y medio. En la actualidad, bajo ciertas condiciones, esos 150 mil valdrían algunos miles de millones de dólares. Pero en aquella época era una idea radiactiva. "Nadie quería tocarla", dice Chesky.

"Sólo sigue lanzando"

Sin desanimarse, los tres cofundadores siguieron afinando su producto. Para cuando se acercaba la DNC en Denver ya habían encontrado una forma de facilitar pagos en el sitio, tenían un sistema de verificación funcionando y habían inventado un nuevo eslogan publicitario: "Quédate con un local cuando viajes." Además, la emoción por la DNC aumentó: la nominación de Barack Obama a la presidencia provocó un frenesí en la cobertura de los medios de comunicación y un incremento en el interés por la convención. Los organizadores decidieron mover el lugar del discurso de aceptación de Obama del Pepsi Center al Invesco Field, el cual tiene una capacidad para 80 mil personas. Empezaron a aparecer artículos locales sugiriendo que Denver sólo tenía 27 mil habitaciones de hotel y pronosticaban una escasez masiva de alojamientos. "La histeria fue perfecta para nosotros",[9] dijo Chesky al público en el Instituto de Zonas Urbanas (ULI, por sus siglas en inglés). Éste sería su momento.

Chesky, Gebbia y Blecharczyk lanzaron su sitio (por tercera vez) el 11 de agosto de 2008, unas semanas antes de la convención. A través de persistencia y conexiones aseguraron una aparición en el famoso blog de tecnología TechCrunch. ("AirBed & Breakfast lleva el lugar para dormir a un nuevo nivel" era el encabezado; Erick Schonfeld escribió: "La combinación de internet y camas de aire han convertido a todos en posaderos.") La historia tuvo éxito, pero generó tanto tráfico que la página colapsó. Ese día Chesky y Gebbia tuvieron otra reunión con el inversionista ángel Mike Maples y, como ahora el sitio estaba vivo, decidieron saltarse la presentación *slide deck* y mostrarle a Maples cómo era en la realidad. Pero cuando trataron de abrirlo se dieron cuenta de que había colapsado (y no llevaban la presentación). "Prácticamente nos estuvimos viendo unos a otros durante una hora", dijo Chesky después. Maples no invirtió.

Los fundadores tenían otro problema antes de la DNC: el suministro. Nadie quería anunciar su casa y, con pocos alojamientos en la lista, nadie usaría el sitio. No podrían despegar, y mucho menos desencadenar un "efecto dominó", donde entre más gente usa algo más valioso se vuelve, llevando a más gente a usarlo. La participación preliminar les mostró que la gente tampoco quería rentar su casa o pensaba que le estaban pidiendo participar en alguna especie de raro experimento social.

Puede que Chesky no siempre supiera qué eran los ángeles o las *slide decks*, pero él y sus cofundadores siempre tuvieron buen instinto para usar los medios de comunicación a su favor. Igual que en el primer fin de semana de octubre, sabían que el éxito o el fracaso dependería de su capacidad para fomentar la cobertura de las noticias. También sabían que los medios de comunicación políticos estaban desesperados por cualquier vuelta de tuerca o detalle inesperado que pudieran encontrar. Pensando con creatividad, los fundadores se lanzaron a los blogs locales más pequeños que encontraron, bajo el principio de que mientras más pequeños fueran, mayores probabilidades tenían de que les pusieran atención. Consiguieron algunas historias en microblogs que empezaron un efecto en cadena: las historias de estas páginas fueron recogidas por blogs más grandes, los cuales fueron vistos y cubiertos por diarios locales como el *The Denver Post*, que a su vez disparó una llamada de las estaciones locales. Y después estas historias fueron vistas y cubiertas por los medios de comunicación nacionales: *Político*, *The New York Daily News*, *The New York Times* y otros.

La estrategia de prensa funcionó y empezaron a pasar cosas: 800 personas anunciaron sus habitaciones y 80 huéspedes reservaron. Era como para comerse las uñas. Los fundadores usaban una cuenta de PayPal para manejar todos los pagos, pero cuando PayPal vio el enorme aumento de actividad lo consideró sospechoso y congeló la cuenta. Blecharczyk pasó horas en el teléfono con los del servicio al cliente en la India, mientras Chesky y Gebbia suplicaban paciencia a los clientes molestos, asegurándoles que les pagarían (de hecho, lo hicieron al terminar el fin de semana). Pero en general los fundadores estaban eufóricos. "Según yo, éramos como los Beatles", le dijo Chesky a Lacy en su entrevista.

Pero una vez más el éxito duraría poco. A pesar de las reservaciones y la cobertura de los medios de comunicación, en cuanto terminó la convención el tráfico cayó de manera estrepitosa. "Nos dimos cuenta de que si hubiera convenciones políticas cada semana seríamos enormes", dijo Chesky. Pero en vez de eso regresaron al principio. Después Chesky lo diría en términos médicos: estaban perdiendo a su paciente.[10]

"No recuerdo a Mark Zuckerberg armando cajas de cereal"

De regreso a casa, en San Francisco, con Blecharczyk de vuelta en Boston, Chesky y Gebbia estaban atascados, sin dinero, endeudados y sin tráfico. Desesperados y casi sin opciones, resucitaron la idea que habían tenido antes de la DNC: enviar desayunos a sus "anfitriones" para que los ofrecieran a sus huéspedes. Después de todo el desayuno (*breakfast*) era la mitad del nombre y gran parte del concepto. Se les ocurrió usar cereal, y con la convención en mente inventaron una marca ficticia llamada Obama O's. Diseñaron una caja de cereal, le agregaron eslóganes políticos ("El desayuno del cambio" y "Esperanza en cada plato"). Además, hicieron una versión republicana, Cap'n McCain's, "Un disidente en cada bocado". Un ilustrador diseñó la caja y Jonathan Mann, un escritor de canciones publicitarias y uno de los primeros anfitriones del sitio, compuso una para cada uno. Las dos están disponibles con una búsqueda rápida en internet y vale la pena escucharlas. La letra de la canción de Obama es la siguiente:

¡Mira, mira! Es el nuevo Obama O's
Mami, ¿me das un poco por favor?
Hay un cereal que debes conocer
Ya todo el mundo está hablando de él
Pruébalo en la mañana y ya verás
Con la O "¡Sí podemos!" cantarás
¡Mira, mira! Es el nuevo Obama O's
Mami, ¿me das un poco por favor?[11]

De vuelta a la cocina después de la convención, Gebbia y Chesky empezaron a emocionarse por resucitar la idea del cereal. Reflexionaron que, si producían 100 mil cajas y las vendían a dos dólares cada una, podrían financiar la compañía. Chesky hasta dijo que sería como si los "ángeles" con los que habían hablado les daban dinero. Para este momento ya habían llenado una carpeta de tarjetas de beisbol con sus tarjetas de crédito, lo cual sumaba una deuda de 20 mil dólares cada uno. Blecharczyk pensó que era una locura, de hecho al principio supuso que le estaban jugando una broma (lo cual no era raro en ellos). Les dijo que podrían hacerlo, pero que no sería parte de ello y los hizo prometerle que no gastarían dinero en la idea. "Llevábamos casi un año sin trabajo —dice Blecharczyk—. Subsistían por sus propios medios".

Chesky y Gebbia volvieron al modo con el que estaban familiarizados (el ajetreo creativo) y encontraron a un alumno de la RISD en Berkeley que tenía una imprenta. Él no estuvo dispuesto a hacer 100 mil cajas, pero dijo que les imprimiría 500 gratis si le daban una parte de las ventas. Esta pequeña escala destrozaría su modelo económico, pero decidieron reformular la idea como cajas de "edición limitada". Numeraron las cajas, las lanzaron como ediciones para coleccionistas y cobraron 40 dólares por cada una.

Recorrieron los supermercados de San Francisco para saber cuál vendía el cereal más barato y llenaron el carrito (después de comprarlo) hasta que tuvieron mil cajas de un dólar, las cargaron en el Jeep rojo de Gebbia y las llevaron a casa. De regreso en la cocina, con mil hojas de cartón impresas y una pistola de silicón caliente, se pusieron a trabajar, doblando las cajas y sellándolas con el pegamento. "Era como hacer un origami gigante en la mesa de mi cocina", recuerda Chesky durante la entrevista con Lacy. Se quemó las manos. Pensó que no recordaba a Mark Zuckerberg pegando nada o quemándose al armar cajas de cereal para lanzar Facebook.[12] Quizá esto no era una buena señal.

Pero terminaron las cajas, y en su último intento por llamar la atención hacia su compañía en quiebra, alertaron a la prensa. Bombardearon a los reporteros de tecnología con presentaciones, pero luego razonaron que seguramente no recibían cereal enviado a su escritorio muy seguido. Tal vez así responderían; además, si mostraban las cajas en sus escritorios o en los estantes de la sala de redacción, los otros reporteros también las verían. El truco funcionó: la prensa las comió y las cajas empezaron a moverse. Obama O's se acabó en tres días, después se empezaron a revender en eBay y Craigslist en más de 350 dólares por caja (Cap'n McCain's nunca se agotó).

Los fundadores pagaron sus deudas, pero todavía no tenían clientes en su idea original, la cual no tenía nada que ver con el cereal, y ni idea de cómo desarrollar más tráfico. Fue una época sombría. (En una llamada telefónica, Deb le preguntó a su hijo: "Espera, ¿ahora eres una compañía de cereal?". Lo peor era que Chesky no sabía qué contestarle.) Habían ganado menos de cinco mil dólares con su negocio central y entre 20 mil y 30 mil vendiendo cereal. Blecharczyk, demasiado escéptico con este plan desde el principio, decidió que ahora sí ya era suficiente. Regresó a Boston, empezó a dar consultoría y se comprometió.

Chesky y Gebbia estaban de nuevo en el inicio, sin dinero, en su departamento. Chesky bajó nueve kilos en el transcurso de ese año. Sin dinero ni comida, vivió de Cap'n McCain's durante los siguientes meses; incluso la leche era muy cara. Y aun durante estos tiempos difíciles seguía haciendo planes y estrategias. En un punto, Deb recuerda que le rogó a su hijo para que comprara leche y él le contestó: "No te preocupes, saldremos adelante. Algún día esto será una buena historia."

Una noche de noviembre de 2008 Chesky y Gebbia fueron a cenar con Seibel, quien les sugirió que aplicaran para Y Combinator. Chesky se ofendió un poco. Y Combinator era para compañías que todavía no eran lanzadas. AirBed & Breakfast ¡ya tenía clientes! ¡Ya habían escrito sobre ellos en TechCrunch! Pero Seibel les dijo una verdad que, en el fondo, todos sabían: "Mírense. Se están muriendo. Postúlense para Y Combinator." La fecha límite de la solicitud ya había pasado, pero Seibel le envió un mensaje a Graham, quien dijo que los consideraría si enviaban su solicitud antes de medianoche. Llamaron a Boston, despertaron a Blecharczyk para preguntarle si podían poner su nombre con ellos en la postulación. Casi no recuerda haber estado de acuerdo, pero lo hizo.

Aplicaron, consiguieron una entrevista y de alguna manera convencieron a Blecharczyk para que fuera a San Francisco. El proceso de selección de Y Combinator es famosamente brutal: las entrevistas duran 10 minutos y consisten en un bombardeo de preguntas vibrantes por parte de Graham y sus socios, y no se permiten presentaciones. Después de varias horas de preparación y de entrevistarse entre ellos, los fundadores estaban listos. De salida, Gebbia tomó una caja de Obama O's y una de Cap'n McCain's para meterlas en su mochila, pero Chesky y Blecharczyk lo detuvieron. "¿Estás loco? —le preguntó Blecharczyk—. Deja el cereal." (Gebbia dice: "Me sentí superado en número en ese momento.") Se amontonaron en el Jeep de Gebbia y manejaron hacia Mountain View, donde se encuentran las oficinas centrales de Y Combinator.

La entrevista no salió bien. Después de que los fundadores explicaron su idea, la primera pregunta de Graham fue: "¿De verdad las personas están haciendo esto? ¿Por qué? ¿Qué *pasa* con esa gente?" Chesky sintió que Graham estaba impresionado por lo mucho que sabían sobre su mercado y sus clientes, pero parecía que descartaba la idea por completo. (Graham y otros a menudo señalan que en esa época la idea de la compañía era que la persona que rentaba el espacio estaría presente; los fundadores no habían concebido todavía la idea de rentar una casa o un departamento entero.) Cuando empacaban para irse, Gebbia sacó las cajas de cereal que había metido a escondidas en su mochila, contra los deseos de Blecharczyk. Se acercó a donde Graham platicaba con sus socios y le dio una. Él agradeció con torpeza (pensó que le habían comprado algún cereal como un regalo extraño o estrafalario). Los fundadores le dijeron que no, que ellos las habían hecho y vendido para financiar la compañía. Le contaron la historia detrás de las Obama O's. Graham se sentó y escuchó. "Wow, ustedes son como las cucarachas... No morirán."

Les dijeron que esperaran una llamada de Graham muy pronto si eran aceptados. Pero las reglas eran estrictas: si recibían la oferta, debían acceder de inmediato; de lo contrario, Graham se la ofrecería a la siguiente persona de la lista. En el Jeep de regreso a San Francisco, Chesky vio aparecer el número de Graham en la pantalla de su teléfono. Respondió, Gebbia y Blecharczyk escuchaban con emoción. En cuanto empezó a decir: "Me gustaría...", la llamada se cortó. Estaban en una parte de la carretera I-280, entre Silicon Valley y San Francisco, donde es bien sabido que no hay señal. Tiempo después Chesky recuerda: "Todos gritamos '¡NOOOOO!' Joe y yo nos pusimos como locos y él decía: '¡Vamos, vamos, vamos!' —mientras manejaban de forma frenética entre el tránsito para encontrar señal—. Sentía que lo había arruinado."[13]

Hasta que llegaron a San Francisco, Graham los llamó otra vez y les ofreció el lugar. Chesky fingió que tenía que "verificar" con sus cofundadores, lo puso en silencio para preguntar si aceptaban (obvio que sí, no tenían opción) y le dijo que accedían. Tiempo después Graham le confesó que el cereal lo atrapó: "Si pueden convencer a la gente de que les pague 40 dólares por una caja de cuatro, es muy probable que la convenzan para que duerma en los colchones inflables de otras personas. Quizá puedan lograrlo."

Por el simple hecho de ser admitidos, los fundadores recibirían 20 mil dólares en capital semilla a cambio de 6% de acciones de la compañía, y se inscribirían en el siguiente periodo de tres meses, que empezaba en enero. Debían presentarse a la cena de bienvenida el jueves 6 de enero de 2009. Después de lo que Chesky llamó una "intervención", Blecharczyk por fin aceptó reubicarse en San Francisco durante tres meses y mudarse al departamento de la calle Rausch. La banda estaba junta otra vez. Les habían dado otra oportunidad.

"¿Y POR QUÉ SIGUEN AQUÍ?"

Fundada en 2005 por Paul Graham y tres socios, Y Combinator muy rápido se volvió una de las aceleradoras más prestigiosas en Silicon Valley, una "cuasifábrica de *startups*, universidad y firma de capital de riesgo, todo en uno", como la llamó *Fortune*.[14] No es fácil entrar, pero las *startups* consideran que todo vale la pena con tal de obtener cinco mil dólares en capital semilla, más otros cinco mil por fundador, una riqueza invaluable de conocimiento, contactos, asistencia tecnológica y más… siempre ofrecido por Graham y sus socios. Entre su experiencia y la de la influyente red de alumnos, asesores e inversionistas del programa, "YC" provee una guía práctica para todo, desde incorporación y temas legales para contratar hasta construir un plan de negocio, desde vender a los compradores hasta mediar discusiones entre los fundadores. Es una escuela intensiva para *startups*, famosa tanto por el acceso que ofrecen (a través de cenas, oradores y el alto grado de acompañamiento y guía que dan a sus líderes) como por su forma de hacer las cosas. Su lema: "Haz algo que la gente quiera", atribuido a Paul Buchheit, el creador de Gmail y ahora socio de Y Combinator, es uno de los muchos principios de YC que seguido se opone a la sabiduría convencional de las maestrías en administración de empresas (MBA, por sus siglas en inglés). Tiempo después, Chesky diría que, aunque fue a la RISD, se graduó de la escuela de Y Combinator. El mismo Graham se ha convertido en un héroe popular en Silicon Valley, un prolífico pensador y escritor sobre el espíritu emprendedor conocido tanto por su sabiduría como por su enfoque de amor con mano dura.

En la actualidad YC apoya a más de 100 compañías cada temporada; en enero de 2009 AirBed & Breakfast fue una de las 16 aceptadas. Era la época de la Gran Recesión y los inversionistas de riesgo estaban secos. Unos meses antes Sequoia Capital tuvo una reunión donde los socios presentaron una *slide deck* titulada: "RIP los buenos tiempos." A los aceptados ese año en YC se les ofreció la oportunidad de aplazar y esperar un mejor clima de inversión. Pero los fundadores de AirBed & Breakfast no podían esperar. Tenían la soga al cuello.

En parte por las condiciones del financiamiento, Graham le dijo a todo el grupo que se concentrara en una cosa: ser rentable para el "Demo Day", un evento dos veces al año donde las clases más nuevas de emprendedores presentan su plan de negocios a los inversionistas. Demo Day estaba programado para marzo. Graham definía "rentable" así: "Rentable como el ramen" (es decir, recaudar lo suficiente para que los emprendedores puedan alimentarse por sí mismos, aunque sea con fideos chinos comprados en una tienda barata). Tenían tres meses.

Al entrar, Chesky, Gebbia y Blecharczyk hicieron el pacto de dar todo durante tres meses. Se levantaban a las 8:00 a.m. y trabajaban hasta medianoche los siete días de la semana. Esta vez estarían concentrados al 1,000%, ninguno trabajaría en otros proyectos. Y decidieron que si el último día no conseguían la inversión, seguirían caminos separados. Después de la conferencia introductoria de Graham hicieron su propia versión de la gráfica de aumento de ganancias en forma de palo de hockey que les habían mostrado y la pegaron en el espejo del baño para que fuera lo primero que vieran al levantarse y lo último antes de irse a dormir. Además, la actualizarían cada semana.

Había una cantidad de cosas por aprender casi infinita, pero los tres hicieron su mayor esfuerzo por absorberlo todo. Muy pronto Graham les enseñaría dos lecciones importantes. La primera les preguntó cuántos usuarios tenían; respondieron que no muchos, como 100. Les dijo que no se preocuparan, que era mucho mejor tener 100 usuarios que te aman a un millón que "les gustas más o menos". Es un principio que va en contra de la sabiduría tradicional de Silicon Valley, la cual prioriza la escala y el crecimiento sobre todo lo demás, pero esto los hizo entender y les dio esperanza. La segunda les preguntó sobre sus usuarios. ¿Dónde están exactamente? Los fundadores contestaron que la mayoría estaba en Nueva York. Graham hizo una pausa. Luego les repitió lo que acababan de decir: "¿O sea que ustedes están en Mountain View y sus usuarios en Nueva York?" Se miraron entre ellos, después lo vieron y respondieron con un simple: "Sí."

"¡¿Y por qué siguen aquí?! —exclamó Graham—. ¡Vayan a Nueva York! *Vayan a sus usuarios.*"

Así que fueron. Durante los siguientes tres meses Gebbia y Chesky volaron a Nueva York cada fin de semana. Mientras Blecharczyk codificaba, fueron de puerta en puerta, caminando de manera penosa entre la nieve y reuniéndose o pasando la noche con cada usuario que pudieron. Aprendieron mucho al hablar con sus clientes, pero sobre todo al quedarse en las salas y observarlos cuando usaban su producto en internet. Chesky y Gebbia rápidamente identificaron dos puntos de quiebre: la gente tenía problemas para poner el precio de sus propiedades y la fotografía era un área con muchos problemas. Los usuarios no tomaban fotos buenas y, por allá de 2009, mucha gente todavía no sabía cómo subirlas de manera apropiada. Como resultado, casas que en vivo eran acogedoras, en el sitio se veían deslucidas y viejas. Por eso decidieron ofrecer enviar fotógrafos profesionales a cada casa sin cargo adicional. Pero no tenían dinero, así que Chesky pidió prestada una cámara a un amigo de la RISD y fue a cada hogar; muchas veces tocó en la puerta de los mismos huéspedes que había visitado el día anterior como CEO, pero ahora como "el fotógrafo".

Además, Chesky tenía un sistema de pago limitado; muchas veces necesitaba sacar la chequera y el libro de registro de su mochila para firmar un cheque y pagar al huésped que visitaba. Todas las llamadas de servicio a clientes iban directo al teléfono de Gebbia. Inscribieron gente para su sitio web, casa por casa, organizaron reuniones y se acercaron a las personas que podían para decirles sobre este nuevo gran servicio que los ayudaría a monetizar su departamento. Tomaron toda la retroalimentación que recibieron cada semana y la llevaban a Blecharczyk... Y así, semana a semana, mejoraron y perfeccionaron el sitio.

También fueron a Washington, D. C., donde tenían un pequeño grupo de usuarios, e hicieron una jugada rápida a finales de junio para realizar otro intrépido lanzamiento alrededor de un evento importante: la investidura presidencial de Barack Obama. Empezaron un sitio web llamado crashtheinauguration.com y combinaron las tácticas de prensa que habían funcionado tan bien en la DNC en Denver con su nuevo enfoque de microcaptación de visitar huéspedes casa por casa, organizar reuniones, convencer a la gente de que se inscribiera y, en general, darle vida a su comunidad. Terminaron con 700 residentes del D. C. para anunciar sus espacios y 150 reservaciones.

Entre otras cosas, esta experiencia también les abrió los ojos a la estrecha visión que habían tenido de su negocio. Para calificar para AirBed & Breakfast, las reglas requerían que los anfitriones rentaran colchones inflables, incluso si tenían una cama extra. Chesky recuerda sugerirle a un usuario que quería rentar una cama de verdad que inflara un colchón y lo pusiera encima para que pudiera calificar. Otro huésped, un músico que se iba de gira, preguntó si podría rentar su departamento completo, pero Chesky y Gebbia dijeron que no; si no estaba ahí ¿cómo daría el desayuno? Este músico era David Rozenblatt, el baterista para la gira de Barry Manilow y el hombre que cambió para siempre el negocio de AirBed & Breakfast: su solicitud dejó que los fundadores vieran que su negocio tenía un potencial mucho mayor. Eliminaron el requerimiento del desayuno y agregaron la opción de rentar una residencia entera. (Tiempo después, en una charla en la Startup School de Y Combinator, Chesky recordaría que Rozenblatt lo llamó mientras estaba en *backstage*, quejándose entre los gritos de "¡Barr-y! ¡Barr-y!" porque no podía entrar a su cuenta.)[15] Graham también identificó las limitaciones del modelo inicial de la compañía y en algún momento de esa época sugirió que al nombre le quitaran la palabra "airbed" (cama de aire o colchón inflable en español) para ampliar el potencial de mercado. Compraron el dominio Airbanb, pero se parecía mucho a "AirBand" (un grupo francés, entre otros significados), así que al final eligieron "Airbnb".

Durante uno de esos viajes a Nueva York se reunieron con el reconocido inversionista de riesgo Fred Wilson, cofundador de Union Square Ventures. Paul Graham pensaba que si algún inversionista podía apreciar el potencial de Airbnb sería Wilson. Había invertido desde el principio en muchas de las *startups* Web 2.0, pero después de reunirse con ellos Wilson lo rechazó. A él y su equipo les agradaron los fundadores, pero no les pareció que la idea tuviera un mercado muy grande. "No apoyaríamos nuestras cabezas en un colchón inflable en los pisos de las salas como si fuera la siguiente habitación de un hotel, así que no seguimos con el trato", escribió después en un blog.

Mientras tanto, los cofundadores eran estudiantes ejemplares de Y Combinator; Chesky y Gebbia volaban cada semana y aprendían todo lo que podían. Llegaban a los eventos de Y Combinator temprano, incluso arrastrando las maletas recién sacadas del avión de Nueva York. Los tres le pedían a Graham que se reunieran de forma constante. "Cada semana conseguíamos unas horas en la oficina de Graham, incluso cuando no tenía tiempo —recuerda Chesky—. Llegábamos antes que todos y nos íbamos hasta el final. Éramos más desvergonzados y curiosos que los demás." Graham coincide en que es la descripción exacta y dice: "De verdad hablé muchísimo con ellos." También notó que al ver cientos de *startups* atravesar el programa ha identificado un patrón interesante: las compañías más exitosas siempre resultan ser las que participaban de manera más entusiasta. "No las que piensan que son demasiado buenas para esto, ésas son las de baja calidad", dice.

Conforme se acercaba el Demo Day, los fundadores empezaron a recibir señales de adherencia (lo que Graham llamó "olas de esperanza"). Las reservaciones empezaron a aumentar, llegando a 20 diarias, las sesiones con los usuarios en Nueva York y la publicidad no convencional estaban dando frutos y ya se podían ver en los números. Los pagos estaban entrando. Unas semanas después se volvieron "rentables como el ramen" pues alcanzaron el objetivo de ingresos (mil dólares semanales) que se propusieron en la gráfica del baño y que observaron cada día durante tres meses. Celebraron con champaña en el techo del edificio de la calle Rausch.

El cohete despega

Sólo tenían un gran problema que resolver: necesitaban fondos. Los inversionistas siempre iban a Y Combinator para saludar a Graham y a sus socios y ver lo que estaban cocinando. Un día de abril de 2009 Greg McAdoo, un socio de Sequoia (la elogiada firma de capital de riesgo que financió a Google, Apple, Oracle y muchas más), fue de visita. McAdoo y sus socios creían que el sombrío clima económico quizá generaría un momento inteligente para invertir y le preguntó a Graham qué tipo de fundadores consideraba buenos para hacer que las empresas despegaran en tiempos difíciles. Graham dijo que los fundadores con "fuerza intelectual". McAdoo quiso saber si algunos de los jóvenes en las clases actuales presentaban esa característica. Graham le respondió que había un equipo interesante de tres personas con una idea singular sobre rentar casas con el que quizá le gustaría platicar. Resultó que McAdoo llevaba año y medio haciendo un profundo análisis sobre el negocio de los alquileres vacacionales y sabía mucho sobre ello. Dijo que le encantaría conocerlos.

McAdoo encontró a Chesky, Gebbia y Blecharczyk sentados en una banca, amontonados sobre una computadora portátil. Conversaron y les preguntó si sabían que el negocio de alquileres vacacionales era una industria de 40 mil millones de dólares, como descubrió Sequoia. Chesky le dijo que ni siquiera había pensado poner las palabras "alquiler" y "vacacional" juntas cuando describió su compañía; la última vez que escuchó esa frase fue de niño, cuando sus padres alquilaban casas para el verano. "No habíamos conectado esos puntos", confiesa. Pero la conversación llevó a una serie de reuniones, para la gran sorpresa de los fundadores, quienes no podían creer que después de haber sido rechazados por cada inversionista que contactaron, ahora una de las firmas de capital de riesgo más prestigiosas del mundo estuviera interesada. Pero sí, McAdoo lo estaba. Le impresionaba su filosofía de construir una comunidad de huéspedes y anfitriones, al igual que la forma en que diseñaron mecanismos sociales para abordar los problemas de confianza. Dijo que estos conceptos "estaban muy separados del proceso de pensamiento del negocio tradicional de los alquileres vacacionales, pero para mí era muy claro que [ellos] resolvieron algunos (si no es que todos) los retos de juntar huéspedes y anfitriones a gran escala".

Más o menos al mismo tiempo, los fundadores también hablaron con Youniversity Ventures, una firma que ofrece inversiones a las empresas que apenas están iniciando. Youniversity Ventures fue fundada por Jawed Karim, el cofundador de YouTube; Kevin Hartz, el cofundador de Xoom y Eventbrite, ahora en Founders Fund, y Keith Rabois, un antiguo ejecutivo de alto nivel en PayPal, LinkedIn y Square, ahora en Khosla Ventures. A los tres les atrajo la idea porque les parecía radical; les recordaba la época anterior a los hoteles, cuando la gente abría sus casas. "Esto era casi una reversión a una práctica muy común", dice Hartz. Además les gustaron los fundadores, quienes "parecían el equipo fundador balanceado de forma ideal".

Unas semanas después los fundadores de Airbnb recibieron un contrato de Sequoia por 585 mil dólares. Youniversity invirtió 30 mil, lo que dio un total de 615 mil. Las inversiones valuaron la compañía en 2.4 millones de dólares.

Todo lo que diga es nada comparado con lo mucho que significó esto. "En el momento en que Sequoia nos financió, el cohete despegó. Ya no había marcha atrás", dice Chesky. La legitimación fue incluso más importante que el dinero. El hecho de que, después de tantos rechazos rotundos, la firma más prestigiosa de Silicon Valley se comprometiera y confiara en Airbnb validaba que el trío había estado en algo todo este tiempo. Era una inyección enorme de confianza. "Esto fue, por mucho, lo más importante" —dice Chesky—.

El mayor enemigo de una *startup* es tu confianza y tu determinación. Durante mucho tiempo nos aseguraron que era terrible. Luego nos dijeron que éramos emocionantes." Todavía vendría mucho dolor y dificultades, pero al menos en este punto crítico les habían demostrado que estaban en lo correcto. Les habían dado una oportunidad. (También sería significativo para Sequoia: aquella inversión de 585 mil, al momento de escribir este libro, está valuada en cuatro mil 500 millones de dólares.)

Otras cosas se acomodaron. Blecharczyk le había dicho a su prometida, Elizabeth Morey, que regresaría en tres meses para empezar una vida juntos en Boston. Pero el mismo día que los tres fundadores recibieron el contrato, Morey supo que la habían aceptado en el hospital para niños Lucile Packard en Stanford para su residencia médica. Blecharczyk podría salir adelante con la *startup* y Morey se mudaría a San Francisco.

Durante los siguientes meses el trabajo preliminar que hicieron en Nueva York siguió dando frutos. Para agosto sus 20 o 30 rentas diarias habían aumentado a 70. Empezaron a recibir atención por anuncios extravagantes, como casas de árbol, iglús y tipis. Con el financiamiento de Sequoia empezaron a pagarse un salario anual de 60 mil dólares cada uno, lo cual se sintió casi codicioso después de los días en que sólo comían platos de cereal sin leche. Los papás de Chesky se relajaron un poco.

Ninguno de ellos olvidará lo dolorosa que fue la lucha. "Si tienes éxito, eso será lo más difícil que habrás logrado", dijo Blecharczyk en la Startup School de Y Combinator en 2013. Chesky confiesa que en la actualidad ha contado la historia de la fundación cientos de veces, pero hubo una época en la que pensaba que no la volvería a narrar. Cuando lo conocí en 2012 le pedí que describiera el momento más difícil de su carrera. Dijo que fue empezar Airbnb: "Fue emocionante y, en retrospectiva, nostálgico y romántico, pero al mismo tiempo fue aterrador."

Chesky sigue afirmando que la idea en sí no es tan loca y que no hubo algo especial que los hiciera inventarla. "No éramos visionarios, sólo éramos dos chicos comunes que pensaron: 'Debe haber más gente como nosotros, con espacio extra, que quiera ganar un poco de dinero extra'."

Algunos de los primeros consejeros aseguran que sí había algo especial en ellos. Michael Seibel dice que la gente habla de un "equipo viable mínimo. Ellos eran un equipo increíble". También señala que eran demasiado serios sobre sus negocios. "Debes entender el número de gente con la que hablas sobre hacer un negocio contra el número de gente que en verdad lo hace —dice—. Ellos lo hicieron." Cuando no entendían algo, iban y lo aprendían. Si les decías que buscaran una cosa para aprender más, la buscaban. "No pasaban mucho tiempo imaginando cosas. Se lanzaban."

Unos años después el inversionista de riesgo Fred Wilson publicó en un blog un extraño *mea culpa* (raro para la industria) describiendo por qué fue un error rechazar a Airbnb. "Cometimos el error clásico de todos los inversionistas. Nos enfocamos demasiado en lo que estaban haciendo en ese momento y no lo suficiente en lo que podrían hacer o harían… e hicieron." En la actualidad, la firma de Wilson conserva una caja de Obama O's en su sala de conferencias como un recordatorio diario de lo que se les escapó.

2

Construir una campaña

Fue como lanzarse de un acantilado y armar el avión en la caída.
BRIAN CHESKY, citando a Reid Hoffman,
socio de Greylock Partners

Lo lograron.

Aunque estuvieron muy cerca, no murieron, no tuvieron que separarse y volver a sus proyectos. Airbnb encontró un público, empezó a crecer y despegó.

En términos de *startup* en Silicon Valley, Chesky, Gebbia y Blecharczyk consiguieron lo que se conoce como "ajuste producto/mercado", un Santo Grial, la prueba máxima que alcanza una *startup* cuando su concepto encuentra un buen mercado, uno con muchos clientes potenciales reales, y demuestra que creó un producto que satisface ese mercado. Muchas veces la popularización del término se adjudica a Marc Andreessen, el famoso emprendedor que se convirtió en inversionista de riesgo y gurú para legiones de fundadores de *startups* en Silicon Valley. Miles de estas empresas fracasan intentando llegar al punto. El ajuste producto/mercado es un primer logro clave, sin él no hay compañía. Otra forma de decir esto es el mantra de Y Combinator: "Hacer algo que la gente quiere." Como sea que lo llames, Chesky, Gebbia y Blecharczyk alcanzaron ese momento crítico en abril de 2009, cuando sus "olas de esperanza" se convirtieron en una verdadera fuente de ingresos. Tenían un producto que la gente quería. Y estaba creciendo: para agosto de 2009 sus ingresos de mil dólares semanales ya eran de 10 mil y el volumen total de reservaciones llegaba casi a los 100 mil dólares.

Llegó la parte difícil. Debían enfocarse en el largo plazo: necesitaban un plan, un mapa del camino a seguir, una estrategia. Requerían empleados. Una cultura. Tenían el producto, ahora debían construir la compañía que *hiciera* ese producto.

Pero todavía eran ellos tres, trabajando 18 horas al día, siete días a la semana y haciendo todo juntos. "Debimos usar overoles de trabajo", dijo Chesky en una charla sobre cultura organizacional con Alfred Lin, socio de Sequoia y miembro de la junta directiva de Airbnb, en el curso "Cómo iniciar una *startup*"[1] para Stanford. Comenzaron a pensar en la necesidad más urgente (contratar a su primer ingeniero), como en los primeros días de Y Combinator, pero en este momento era crucial. Blecharczyk seguía haciendo todo el trabajo técnico.

También imaginaron el tipo de compañía que querían construir y llegaron a la conclusión de que encontrar a la gente adecuada tendría un impacto significativo a largo plazo. Estas decisiones no debían tomarse a la ligera. Chesky leyó algunos libros sobre cultura organizacional y sabía que él y sus colegas debían ser cuidadosos al decidir a quién meter. "Pienso que contratar a tu primer ingeniero es como llevar ADN a tu compañía", explicó a los alumnos de Stanford. En otras palabras, no estaban buscando a alguien que los sacara de un apuro; si todo salía bien, esta persona terminaría con cientos de personas como él o ella a su cargo. Así que la primera contratación en verdad importaba mucho.

Hicieron una lista de compañías cuyas culturas querían emular. Entonces, gracias al acceso a presentaciones de alto rango por medio de la red de Sequoia (Greg McAdoo se había convertido en un asesor de confianza y desayunaban juntos una o dos veces a la semana en Rocco's, un lugar a la vuelta de la esquina), Chesky, Gebbia y Blecharczyk pudieron contactar a compañías como Zappos, cuya cultura de amistad y "diversión" admiraban en particular, así como Starbucks, Apple, Nike y otras. Durante una de esas reuniones le pidieron a McAdoo que les presentara a Tony Hsieh, el CEO de Zappos, a quien conocía desde que entró al portafolio de Sequoia.

Le envió una presentación rápida por correo electrónico mientras caminaba a su auto, y al siguiente día, cuando llamó a Chesky, se sorprendió al saber que los fundadores ya estaban en Las Vegas, dando un *tour* por las oficinas centrales de Zappos.

Los fundadores notaron que todas las compañías que admiraban tenían una misión fuerte y un grupo de "valores fundamentales" bien definidos, un término muy usado para referirse a los principios generales que guían la conducta de una organización interna, así como las relaciones con clientes, socios y accionistas. Los valores fundamentales están de moda en Silicon Valley. Los expertos en conducta organizacional los consideran cruciales para ayudar a las empresas a definir qué tipo de gente quieren contratar, sobre todo en sus primeros días de formación.

Chesky, Gebbia y Blecharczyk decidieron definir sus valores fundamentales antes de contratar a alguien. Se les ocurrieron 10 criterios, entre ellos "animal olímpico y muy trabajador", "construir un espíritu de familia" y "apasionado por Airbnb". (En 2013, los remplazaron por un grupo de seis valores fundamentales nuevos,[2] y en 2016 los redujeron y afinaron.) Después empezaron a ver mucha gente y pasaron meses examinando currículums y entrevistando candidatos. Se quedaron con un socio de Y Combinator, Nick Grandy, quien fundó una *startup* dedicada a la investigación que no despegó. Él creía en el producto de Airbnb, vio que estaba funcionando y que la gente lo usaba, y lo atrajo la posibilidad de hacerlo crecer. Después de una serie de entrevistas empezó como ingeniero a finales del verano de 2009, instalado en la sala de estar de la calle Rausch. A partir de ese momento el número de empleados creció poco a poco, y los fundadores incorporaron más ingenieros y su primer servicio al cliente en pocos meses. "Había un zumbido bajo —dijo Grandy cuando llegó al departamento—. Me uní cuando ya estaba hecho el trabajo duro de encontrar el ajuste producto/mercado... justo en el principio de la empinada curva de crecimiento que era como un sorprendente paseo en montaña rusa."

El proceso de entrevistas fue intenso incluso para los estándares de reclutamiento de ingenieros en Silicon Valley. Joe Zadeh, un doctor en bioingeniería de Caltech que se unió en mayo de 2010 como el tercer ingeniero y ahora es VP de producto, recuerda que el proceso tardó meses; hubo dos teleconferencias y varias reuniones en vivo con los otros ingenieros antes de que pudiera conocer a Blecharczyk. Después vino una entrevista con Gebbia y Chesky juntos; luego le llamaron dos veces más para una serie de reuniones con cada persona en la oficina. ("Pensé que algunos de ellos eran becarios para el verano, era difícil de saber", dice Zadeh.) En total pasó por 15 horas de entrevistas, después le dieron otras tres para resolver un desafío de codificación.

Zadeh sabía que estaba frente a una oportunidad singular. Le gustaba la energía y la emoción que sintió cuando puso un pie dentro del departamento de la calle Rausch. "Podías cortarla con un cuchillo", dice. La reunión que tuvo con Chesky y Gebbia fue "la entrevista más divertida que he tenido" (entre otras cosas, hablaron de sus superpoderes favoritos). También hubo una serie de extrañas coincidencias que Zadeh vio como señales para unirse a la compañía. Supo de ella unas semanas antes, cuando algunos de sus amigos le mandaron un mensaje sobre un nuevo servicio que estaban usando: se llamaba Airbnb. Días después se entrevistó en otra compañía de Silicon Valley y el empleado encargado de llevarlo a la estación Caltrain después de la entrevista se pasó todo el camino hablándole de lo grandioso que era usar Airbnb. Esa noche, de regreso en su departamento, entró a airbnb.com y lo primero que vio fue una casa de Frank Lloyd en Wisconsin disponible por 300 dólares la noche. Tras vivir en Los Ángeles durante la universidad, Zadeh se interesó por la arquitectura y por Wright. Ahora navegaba por este extraño sitio de esa compañía rara de la que tanto escuchó y que le daba la oportunidad de quedarse en una de las casas de Wright. Al siguiente día, cuando vio una publicación de Blecharczyk en *Hacker News* diciendo que Airbnb buscaba ingenieros, le envió un correo. "Fue como un letrero de neón que me decía: 'Tienes que unirte a esta compañía'."

Para el verano de 2010 había más o menos 25 personas trabajando en el departamento de la calle Rausch. Los cuartos se convirtieron en salas de juntas y los fundadores entrevistaban en los descansos de las escaleras, en el baño o en la azotea. En parte para tener espacio, en parte para probar su producto, Chesky se mudó y vivió en Airbnb durante un año.

Truqueando el crecimiento

Durante esta fase la compañía tenía más usuarios pero aún era desconocida, así que ganar visibilidad era un reto enorme. Los fundadores hacían todo lo que podían para generar crecimiento. La mayoría de los usuarios de la compañía venía de RP y de boca en boca, así como de los frecuentes viajes que Gebbia y Chesky hacían alrededor de las grandes convenciones en un intento por "activar" nuevos mercados con eventos, encuentros de anfitriones y otras tácticas de guerrilla publicitaria.

Pero tenían un arma secreta: Blecharczyk, quien utilizó de manera inteligente las nuevas herramientas y tecnologías disponibles para implementar algunos "trucos de crecimiento". Por ejemplo, creó tecnología para conectarse con el servicio de publicidad de Google AdWords y permitir que Airbnb alcanzara usuarios potenciales en ciudades específicas con mayor eficiencia. También diseñó una herramienta inteligente para abrir una puerta trasera en Craigslist. En 2009 éste era uno de los pocos sitios de gran escala, había alcanzado decenas de millones de usuarios, y aun así era de fácil acceso para mercadólogos y emprendedores inteligentes que quisieran entrar. Blecharczyk creó una herramienta de integración a un clic con la que los usuarios de Airbnb daban clic en un botón insertado en un correo electrónico y los dirigía al instante a sus inmuebles en Craigslist. Su alojamiento sería visible para millones de espectadores, pero la herramienta llevaba las reservaciones reales a Airbnb. Muchos en la comunidad de ingenieros se quitaron el sombrero por el puro ingenio de su estrategia y la llamaron "notable integración", en especial porque Craigslist no tenía una API pública o una interfaz del programa de aplicación, un reglamento oficial y guías para que una pieza del software trabaje con otra. Blecharczyk dice: "Eso fue algo que nadie más tenía, pero debido a nuestra experiencia pudimos hacerlo." También experimentaron con Craigslist en formas que generaron críticas; por ejemplo, en algún momento contrataron proveedores que enviaban correos electrónicos automáticos a los usuarios de Craigslist que ponían sus casas en renta en el sitio, pidiéndoles que en vez de eso usaran Airbnb. (La empresa dice que aprovecharse de Craigslist era algo común en aquellos días, pero no era consciente de que los servidores estaban mandando correo no deseado, así que no resultó un negocio significativo y, cuando lo descubrieron, lo desactivaron.) Y, claro, sacaron de Craigslist a su primer anfitrión, Tiendung Le, para que hospedara a Chesky en AirBed & Breakfast cuando fueron al South by Southwest en 2008.

Sus trucos para crecer tuvieron menos impacto con el tiempo, mientras que el impulso real crecía. Pero es difícil sobrevalorar lo significativo de la habilidad para encontrar estas "formas gratis de crecer", como Blecharczyk las llama. De no ser por ellas tal vez la compañía no habría florecido de la forma en que lo hizo.

Así que, ¿cómo funciona exactamente Airbnb? El modelo de negocios de la compañía es muy parecido al de eBay: conecta a compradores y vendedores y se lleva una comisión, conocida como "tarifa de servicio", que en el sitio se describe con amabilidad como "cargo para que las reservaciones ayuden a que Airbnb funcione bien y ofrezca servicio al cliente 24/7". Esto es el ingreso de la compañía. Para los viajeros las tarifas van de 6 a 12%; mientras más alto es el subtotal, más baja es la tarifa. Los anfitriones pagan 3% de la tarifa de reservación para cubrir los costos de la transferencia.

Entonces, si un viajero hace una reservación por 100 dólares la noche y su tarifa es 12%, Airbnb agrega 12 dólares, el viajero paga 112 (además de otras cuotas como cargos por limpieza establecidos por el anfitrión) y Airbnb se queda con 12. Ahora bien, de los 100 dólares de la reservación, Airbnb se queda con tres y el anfitrión con 97. El cargo a los huéspedes se hace al momento de la confirmación, pero Airbnb retiene los fondos por 24 horas después del registro de entrada, para asegurarse de que todo haya sido como el viajero esperaba. Los anfitriones pueden cobrar su dinero vía depósito directo, PayPal o una tarjeta de prepago (hasta hace muy poco los clientes podían pagar a la antigua, con un cheque en el correo postal).

Airbnb es un mercado de doble vía: por un lado, sirve a los viajeros y, por el otro, a los que rentan el espacio de sus casas. Pero es desigual: la parte del viajero (la demanda) es mucho más grande, hay más gente que viaja y es más fácil incrementar las personas interesadas en un lugar atractivo y de bajo costo para alojarse... que encontrar personas dispuestas a molestarse en abrir las puertas de sus propios hogares para los huéspedes (la oferta). "Es el juego de oferta más difícil que he visto", dice Arun Sundararajan, autor de *The Sharing Economy*. De hecho, al momento de escribir este libro, cuando la compañía alcanzó más de 100 millones de huéspedes, sólo tenía tres millones de alojamientos y no todos estaban activos en cualquier momento. Cada vez que Airbnb entra a un nuevo mercado crece de ambos lados, pero de manera inevitable es más difícil aumentar el proveedor, el lado del anfitrión. Por eso casi toda la tarifa recae sobre el lado del huésped. La tarifa de 3% de la reservación cubre sólo el pago de procesamiento. Además, en algunos países Airbnb subsidia a sus anfitriones no sólo con la tarifa sino también con la política de fotografía profesional y otras formas de consentirlos; por ejemplo, enviándoles tazas gratis de regalo, publicando algunas de sus historias en el sitio, regalándoles boletos de avión para que asistan a eventos de lanzamiento ocasionales o haciéndoles invitaciones a convenciones anuales.

El negocio fundamental de Airbnb es movilizar un efecto de red: mientras más gente se registra en Airbnb, más atractiva se vuelve la plataforma para cualquiera que quiera viajar porque hay más opciones, y entre más personas viajan, más atractivo resulta registrarse porque hay más clientes. En el caso de Airbnb, como su producto es el viaje y el solo acto de usarlo involucra moverse de un punto A a un punto B, se convierte en un efecto global activado gracias a la polinización rápida y económica: cuando un viajero de Francia usa Airbnb en Nueva York, él o ella es más propenso a regresar a casa y considerar alojar o contar a sus amigos sobre la compañía, esparciendo la información y provocando más actividad de registros en el mercado. Muchas veces esos dos puntos están a un continente de distancia, aun así los mercados se siembran rápido, de forma económica y orgánica, sin que equipos o personal de la compañía tenga que poner un pie en ellos. Ésta es una gran diferencia entre Airbnb y, digamos, Uber, que tienen que lanzar de manera física cada nuevo mercado con una inversión grande de publicidad fresca, empleados y otros recursos. La mayor parte del crecimiento de Airbnb, tanto de viajeros como de alojamientos, proviene de estos patrones de viaje y su efecto de red.

El tamaño y la escala de Airbnb puede verse de distintas formas. La más sencilla es contar los 140 millones de "llegadas de huéspedes" desde su aparición. Sus tres millones de alojamientos activos, 80% de ellos fuera de Estados Unidos, hacen de Airbnb el mayor proveedor de hospedaje en el mundo, mayor que cualquier cadena de hoteles. (Con la adquisición de Starwood, Marriott International tiene el mayor inventario de hoteles: 1.1 millones de cuartos.) Pero Airbnb no es como un hotel, su número de inmuebles cambia en cualquier momento, crece alrededor de eventos grandes y muchas habitaciones están vacías cada noche, dependiendo de los horarios de los anfitriones y sus preferencias de frecuencia. Así que el número de alojamientos no se relaciona con la ocupación o el volumen de transacciones, aunque indica la amplitud y la escala. La compañía opera en 191 países, todos menos Irán, Siria y Corea del Norte, y en 34 mil ciudades. Las dos cosas favoritas de sus inversionistas son su eficiencia y su crecimiento. Como se puede expandir de forma tan económica, se han gastado menos de 300 millones de dólares en ocho años. Según las estimaciones, su compañero en economía colaborativa, Uber, dijo que tan sólo en la primera mitad de 2016 perdió mil 200 millones.[3] Y ocho años después Airbnb sigue creciendo como la hierba. Al momento de escribir este libro, la compañía anunció que

1.4 millones de usuarios se registran a la semana y se prevé que esos 140 millones de "llegadas de huéspedes" alcancen los 160 millones para inicios de 2017. Los inversionistas esperan que la compañía vea mil 600 millones de dólares en ingresos y tenga una corriente de efectivo positiva en 2016.

LOS TRES CLICS DE STEVE JOBS

Una pregunta que se plantea con frecuencia sobre Airbnb es por qué despegó cuando había muchos otros sitios similares: Couchsurfin.com, HomeAway.com, VRBO.com, incluso el propio Craigslist. ¿Por qué Airbnb popularizó tanto los alquileres a corto plazo y los demás no?

Gran parte de la respuesta reside en el producto en sí mismo. "Producto" es un término vago y general en el mundo de la tecnología para todo lo que le sigue a una idea: la aplicación, el sitio, su apariencia, su funcionamiento, lo que puede hacer, la ingeniería que le da poder y la forma en la que la usas o interactúas con ella (la experiencia del usuario). El primer producto de Airbnb fue sólo una idea extravagante y un sitio en Wordpress, pero cuando llegó el momento del tercer lanzamiento, en la DNC en Denver, los fundadores habían expandido su visión, pasando de una plataforma simple para congresos que saturaban los hoteles, a un sitio en el que podías reservar una habitación en la casa de alguien tan fácil como reservar en un hotel. Pero desde el principio Chesky y Gebbia estuvieron de acuerdo en ciertos aspectos del sitio y la experiencia: en específico, debía ser fácil. Los anuncios tenían que verse hermosos. Y basados en la famosa regla de los tres clics de Steve Jobs, su héroe del diseño (cuando Jobs creó el iPod quería que nunca te llevara más de tres clics escuchar una canción), los fundadores quisieron que sus usuarios nunca estuvieran a más de tres clics de distancia de su reservación.

De hecho, lo que muchos inversionistas vieron como un foco rojo en esas primeras reuniones (que Chesky y Gebbia fueran diseñadores de la RISD carentes de experiencia tecnológica) se volvió una de sus mayores ventajas. Para ellos el diseño tenía que ver no sólo con un objeto o, en su caso, con un sitio de internet, sino con la forma en que algo funciona, desde la interfaz del producto hasta la experiencia. Después, este enfoque se infiltraría en cada aspecto de su negocio, incluida la forma en que construirían su cultura, diseñarían las oficinas, estructurarían la compañía y organizarían las reuniones de la junta directiva. Pero en aquellos primeros días se trataba de la apariencia, de la simplicidad y, sobre todo, de la experiencia en la página. En términos técnicos, la "optimizarían".

El enfoque en el diseño, junto con la relación de casas, cuartos y viajes, a veces alimenta la impresión de que Airbnb no es una compañía de tecnología, pero la profundidad del reto tecnológico que implicó la plataforma fue muy significativa. El sitio necesitaba manejar muchos elementos: pagos, servicio al cliente y evaluaciones. Cada uno con su respectivo trabajo de ingeniería y requerimiento de tiempo para ser construido y afinado… Y durante mucho tiempo Blecharczyk lo hizo solo.

La parte más complicada de conseguir que todo funcione bien son los pagos. Para alcanzar el objetivo de reservar un cuarto tan fácil como una habitación de hotel, los fundadores sabían que necesitaban un mecanismo impecable y sofisticado en internet, no sólo para aceptar el pago, sino también para remitir 97% de vuelta a los anfitriones. En el camino a su lanzamiento en la DNC Blecharczyk acudió a Amazon para construir este mecanismo. Gracias al nuevo servicio en la nube para pagar a los vendedores, tenía la posibilidad de colectar dinero de una persona y remitirlo a otra sin darle a Airbnb la responsabilidad de ser un banco. Era algo muy nuevo en ese momento y, por lo tanto, no tan documentado en el mundo de la ingeniería, así que a Blecharczyk le llevó un mes hacerlo funcionar.

Pero cuando se los mostró a Chesky y Gebbia se decepcionaron: pensaron que la experiencia del usuario era terrible, les tomó muchos pasos y había mucho de Amazon involucrado. Lo discutieron y decidieron convertirse en intermediarios: colectarían el dinero y lo retendrían en su cuenta de banco para después remitirlo al cliente. Eso presentaba sus propias complicaciones; si terminaban en medio de una transacción fraudulenta, tardía o rechazada, eran los responsables del cargo para devolver el dinero al cliente. Por ese motivo se mantuvieron lejos de esa opción. Pero decidieron que sería la experiencia más fácil, la más impecable, para el usuario. Así que tenían que encontrar una forma de hacerla funcionar. A tiempo para la DNC, Blecharczyk remplazó el esfuerzo de Amazon con una solución que dependía de PayPal, pero consistía en una solución integral para el sistema de pagos capaz de manejar las complejidades de los mercados globales y de divisas, permitiendo al mismo tiempo enviar pagos individuales a cientos de miles de personas por día. El sistema de pagos de Airbnb evolucionó con el tiempo y, aunque su complejidad pasa inadvertida entre los viajeros que lo usan, se considera un logro entre los ingenieros.

Dado que la compañía juntaba a extraños que pasaban la noche en casas de otros, era crucial tener un gran mecanismo de servicio al cliente. En la actualidad representa el grupo de empleados más grande de la compañía y se llama Customer Experience, pero en 2009 Gebbia todavía se encargaba de todas las llamadas en su teléfono. Por eso, en la lista de pendientes de Blecharczyk estaba diseñar una plataforma de servicio al cliente capaz de trabajar 24/7, que funcionaría como "recepción" para los cientos de miles de huéspedes alojándose en las propiedades de Airbnb en cualquier noche.

Otro reto era encontrar o diseñar un mecanismo que hiciera coincidir las búsquedas de los huéspedes con los alojamientos en oferta. Eso parece tan fácil como encontrar a alguien con un inmueble disponible en cierta ubicación para las fechas elegidas por el huésped. Pero descubrir cómo presentar el anuncio adecuado al huésped correcto todavía es un proceso complicado. Cada alojamiento es único, no sólo en apariencia, sensación, ubicación y precio, sino también en su disponibilidad, anfitrión, reglamentos y preferencias. Lo grandioso para una persona puede ser terrible para otra. Es un problema de combinación de dos caras, súper personalizado, y aun así los fundadores sabían que para que el sitio funcionara tenían que ofrecer un producto que le gustara tanto al huésped como al anfitrión, que hiciera que los dos volvieran a usar la plataforma y además se lo contaran a sus amigos.

En los primeros días de Airbnb las capacidades de búsqueda eran bastante directas: se mostraban los alojamientos de mejor calidad con algunos filtros básicos, número de huéspedes, fechas y facilidades, dentro de un área geográfica determinada. Pero con el tiempo los algoritmos de la compañía se volvieron cada vez más complejas, lo que permitió tomar en cuenta factores como calidad, patrones de conducta de los anfitriones y preferencias de reservación. Por ejemplo, por la conducta en el pasado de sus usuarios, Airbnb puede saber si algunos de los anfitriones prefieren agendar con meses de anticipación, mientras otros están más cómodos con una planeación de 11 horas. Se hace lo posible para que coincidan los huéspedes de último minuto con los anfitriones dispuestos a aceptar ese tipo de reservaciones, para así reducir las posibilidades de que un huésped en busca de reservación sea rechazado.

Con el tiempo, la tecnología que permite las búsquedas y las coincidencias se sofisticó mucho más. La compañía tiene trabajando ahora a 400 ingenieros y un motor de aprendizaje automático que están más cerca que nunca de encontrar el Santo Grial de Airbnb: la capacidad de destacar de entre quizá 10 mil alojamientos disponibles en ciertas fechas, digamos en París, sólo los cinco o seis que preferiría un usuario en particular.

Airbnb continuó iterando el producto entre 2010 y 2011, lanzando nuevas características como listas de deseos, que les permite a los usuarios crear listas aspiracionales al estilo Pinterest con los lugares que más desean, así como ver las listas públicas de las celebridades, y la posibilidad de vincular la cuenta de Airbnb con la de Facebook. Después de que la compañía vio que los alojamientos fotografiados por un profesional generaban de dos a tres veces más reservaciones en el mercado regular, a finales de 2011 expandió su programa de fotografía de mil sesiones por mes a cinco mil, lo que generó un incremento en las reservaciones.[4]

La capacidad de crecimiento a tal velocidad fue posible gracias al nacimiento de la nueva era de la nube. En vez de construir servidores poderosos, bodegas y centros de datos de alto costo, toda la infraestructura puede almacenarse en internet. Podían rentar herramientas y utilidades de proveedores que también almacenaban en la nube y subcontratar todo su poder de cómputo. Todas estas funciones migraron a Amazon Web Services (Servicios de Red de Amazon), la filial de la gigante tienda en internet que desde entonces ha crecido para dominar el mercado con una tercera parte de la nube para el almacenaje de negocios. Sin tener que gastar tiempo o energía resolviendo cómo mantener y ejecutar una infraestructura tan complicada, el equipo de ingenieros de Airbnb se concentró en construir un sitio sólido y resolver los problemas que afectaban sólo sus negocios fundamentales. Si hubieran fundado la compañía antes, todo sería diferente.

Aunque Airbnb tuvo los beneficios de esas innovaciones, dichas herramientas eran nuevas, jóvenes y no funcionaban tan bien como ahora. Mantener el sitio trabajando podía convertirse en un reto cualquier día, ya que había fallas o "cosas aleatorias que pasaban", dice Blecharczyk. Durante los primeros 18 meses y más, buena parte de su trabajo consistía en mantener la plataforma en línea y funcionando. Programó su teléfono para enviar una alerta cada vez que se cayera el sitio; el letrero emergente decía: "¡Airbnb se desinfló!" Cuando volvía a la normalidad, la leyenda era: "Las camas están infladas". "Recibía estas notificaciones todo el tiempo, un día u otro, a veces a medianoche", recuerda.

Toda esta complejidad de soporte permitió el crecimiento de la compañía. Desde la primera ronda de financiamiento de Sequoia, el mayor reto no ha sido generar crecimiento, sino mantenerlo constante. En 2010 la compañía aumentó las noches reservadas 800%, según TechCrunch.[5] En noviembre de ese año Airbnb reservó 700 mil noches, 80% más que en los seis meses anteriores. Para entonces el equipo ya se había mudado a las nuevas oficinas centrales en la Tenth Street en San Francisco.

La compañía empezó a captar la atención de algunos inversionistas de alto rango que en el pasado se negaron a invertir. En la primavera de 2010 los fundadores concertaron una reunión con alguien a quien habían intentado atraer por un tiempo: Reid Hoffman, el cofundador de LinkedIn y socio de la firma de capital de riesgo Greylock Partners. En un principio Hoffman vio la idea como un modelo Couchsurfing y no le interesó. "La primera persona que me contó sobre ellos me explicó mal el negocio", dice, y agrega que dicha persona era "un poco incompetente para los negocios". Pero Jeremy Stoppelman, el cofundador de Yelp e inversionista ángel de Airbnb, le aseguró que era una idea emocionante y que de verdad debía reunirse con los fundadores.

Diez días después los fundadores de Airbnb manejaron hasta las oficinas de Greylock en Sand Hill Road, en Menlo Park (la meca del capital de riesgo), para la reunión. En pocos minutos, cuenta Hoffman, quedó claro que el concepto no tenía nada que ver con Couchsurfing, era el eBay del espacio, lo vio como una idea mucho más grande y original. Los detuvo a mitad del discurso y dijo que no necesitaban seguir explicando: "Miren, les haré una oferta de inversión, es un hecho. Así que pueden seguir hablando, pero hagamos una sesión de trabajo real. Hablemos de los retos, trabajemos sobre la presentación." En noviembre la compañía anunció su serie A de financiamientos: 7.2 millones de dólares en una ronda dirigida por Greylock Partners. (Hoffman dice que aprendió la lección después de rechazar la oportunidad por primera vez: "Cuando un incompetente describa mal un negocio, no pienses que es lo correcto. Espera una descripción confiable.")

Una de las cosas que más le gustó a Hoffman, además de la idea, fue la frescura y el ajetreo que demostraban los fundadores, habilidades críticas para los emprendedores que están empezando negocios de mercado en internet. Según Hoffman: "Diferentes tipos de negocios requieren fundadores con distintas fortalezas. Unas de las importantes para los fundadores de mercados es la voluntad de pensar con creatividad y ser perseverantes." Los fundadores de Airbnb ya habían tenido comportamientos clásicos de fundadores de mercado. "Si fuera una compañía de redes o videojuegos, eso no habría importado mucho, pero en los mercados ésa es la clave y estaba en la historia de su fundación." El reto de lograr alquileres, las Obama O's, el no morir... "por eso me animé a invertir de inmediato", dice Hoffman.

Dos meses después Airbnb anunció que alcanzaron el millón de noches reservadas. Sólo cuatro meses después de eso doblaron la cantidad de nuevo, a dos millones. Pero su mayor noticia aún estaba por venir: después de meses de rumores en los círculos de tecnología, a mediados de julio de 2011, Airbnb confirmó que había asegurado una nueva ronda de financiamiento de 112 millones de dólares, dirigido por Andreessen Horowitz. La firma ya los había rechazado antes, pero dio un giro de 180 grados. La ronda también incluyó otros inversionistas clave como DST Global y General Catalyst Partners, y fijó la valuación de la compañía en mil 200 millones de dólares, convirtiéndola de manera oficial en lo que se conoce como un "unicornio", una compañía privada que vale por lo menos mil millones de dólares, aunque el término no se usó hasta dos años después. El sitio de tecnología AllThingsD consideró la suma conseguida como "extraordinaria", dado que la primera ronda de financiamiento de Airbnb había conseguido 7.8 millones de dólares.[6]

Más que nada, esto fue una muestra de que la compañía lo había logrado y que tenía el potencial para seguir creciendo. La escala y el tamaño del financiamiento, junto con el nombre de los inversionistas, resonó a lo largo de Silicon Valley. Las noticias inyectaron un miedo palpable a perderse la siguiente gran idea en el mundo de los negocios. "Airbnb se convirtió en el *sleeper hit* (éxito durmiente) de las *startups* mundiales", escribió TechCrunch. En mayo de 2011, durante una entrevista en video, Chesky sorprendió con la noticia de que la compañía todavía no tenía ningún problema con la seguridad de sus huéspedes. "Ningún arresto, homicidio, violaciones... aún no te llega el momento Craigslist", dijo la entrevistadora, Sarah Lacy.[7] "No. Hemos tenido 1.6 millones de noches reservadas y ningún herido; no hay reportes de problemas mayores", presumió Chesky. Lacy lo presionó: "Pero debe venir en camino, ¿no?" Él respondió: "Manejo automóvil desde hace poco tiempo y ya he tenido tres accidentes, así que puedo decir que es más seguro que un auto." Sus comentarios parecían tentar al destino, sus palabras eran como presagios mientras las decía.

Los fundadores habían logrado superar obstáculos inmensos para llegar a donde estaban. Nadie había creído en ellos. A través de pegamento caliente, inversionistas fríos, noches que les rompían el corazón y padres en pánico, habían vencido las trabas masivas en su camino. Pero ahora entraban a las grandes ligas. Y estaban a punto de enfrentar los problemas de estos niveles.

Algunos "golpes justo en la cara"

En Alemania, durante el primer *boom* de internet, un trío de hermanos llamados Marc, Alexander y Oliver Samwer empezó a ganarse la vida tomando las ideas de las *startups* de tecnología más exitosas de Estados Unidos y clonándolas en el extranjero. La firma de capital de riesgo con base en Berlín fundó los clones de eBay, Zappos y Amazon. En 2007 comenzaron otra firma, Rocket Internet, para aplicar la misma estrategia al nuevo cultivo de *startups* de internet. Su estrategia siempre era la misma: abrir sitios copiados de internet en Europa, mientras los originales se enfocaban en Estados Unidos, y antes de que tuvieran el ancho de banda y el capital para una expansión transatlántica, gastaban con generosidad para hacerlas crecer de la noche a la mañana, dominar el mercado y, después, venderle la idea de vuelta a la compañía original, que para ese momento pagaría grandes cantidades para reclamar la "propiedad" de su marca del otro lado del océano.

En 2010 los tres se enfocaron en Groupon; para su fortuna, Groupon terminó comprando el clon por 170 millones de dólares y en 2011 puso su atención en Airbnb. Comenzaron una compañía llamada Wimdu y su subsidiaria china, Airizu, consiguiendo 90 millones de dólares, y en pocos meses tenían 400 empleados, abrieron más de una docena de oficinas y aseguraron 10 mil alojamientos.[7] De acuerdo con Airbnb, los miembros de su plataforma en Europa les hablaron de las tácticas agresivas de Wimdu, que incluían conseguir de manera ilegal listas de anfitriones de Airbnb y solicitarles que se cambiaran a Wimdu. "Era una guerra a gran escala", dijo Alfred Lin, de Sequoia. Cuando Airbnb escuchó por primera vez sobre esta actividad, envió correos a su comunidad, advirtiendo a los usuarios de no comprometerse con estos "artistas de la estafa".

Airbnb estaba en una gran desventaja. Sólo tenían 40 personas en ese momento y sabían que debían reclamar el mercado europeo rápido, no se podían llamar una compañía de viajes y no estar presentes en todo el mundo, en especial en Europa. ("Sería como un teléfono sin señal, no tendría razón de existir", dijo Chesky en una entrevista con Reid Hoffman en la clase "Technology-Enabled Blitzscaling"[8] en la Universidad de Stanford.) Como era de esperar, pronto los hermanos Samwer le hicieron una propuesta a Airbnb para venderle Wimdu. Esto significó un gran momento de autorreflexión. Con acceso a las mejores mentes de Silicon Valley, como Chesky relató a los estudiantes de Hoffman, pidió ayuda a un panel de consejeros de alto octanaje: Mark Zuckerberg, Andrew Mason, Paul Graham y Reid Hoffman. Todos tenían una opinión diferente: Mason, que acababa de pasar por esa experiencia, dijo que Wimdu tenía el potencial de matar a Airbnb. Chesky contó que Zuckerberg le aconsejó no comprar, porque quien tuviera el mejor producto ganaría. Al final el consejo que tomó Chesky venía de Paul Graham, quien dijo que la diferencia entre Airbnb y Wimdu era que los dueños de Airbnb eran misioneros y los dueños de Wimdu eran mercenarios. Los misioneros casi siempre ganan.

En lo que Chesky después llamaría un momento de "apostar la compañía", los cofundadores decidieron no comprar Wimdu, en especial por la razón que mencionó Graham: Chesky no quería absorber 400 nuevos empleados que sentía eran mercenarios y que

Airbnb no tuvo voz al contratar. También decidieron que, como a los hermanos Samwer quizá no les interesaba mantener la compañía a largo plazo (el modelo de negocio consistía en vender compañías, no en mantenerlas), la mejor venganza sería obligarlos a manejar la gigantesca compañía que habían creado. "Tú tuviste al bebé, ahora tienes que criar al niño, estás atrapado con él", como le dijo a Hoffman.

Aunque haber dicho que no pudo ser lo correcto para el valor y la cultura de la compañía, ahora estaba la presión de reclamar el mercado europeo. De inmediato, Airbnb adquirió una compañía alemana, Accoleo, una imitadora (no extorsionadora), y empezó una carrera internacional al contratar y entrenar representantes locales y encomendarles la tarea de colocar y hacer crecer la empresa en sus mercados. En los siguientes tres meses Airbnb abrió 10 oficinas y contrató cientos de personas (Wimdu sigue operando y presume tener 10 millones de reservaciones).

En general fue una decisión difícil y una gran lección. Pero en términos de crisis no fue nada comparado con lo que pasó unas semanas después.

Durante años una de las mayores razones de los inversionistas para dudar sobre Airbnb era el tema de la seguridad. En la cabeza de mucha gente la idea de dejar que extraños durmieran en su casa era una estupidez que sólo traería problemas. Pero desde el principio los fundadores de Airbnb aseguraron que las herramientas que diseñaron (perfiles personales, fotos para huéspedes y anfitriones, además del sólido sistema de reputación con evaluaciones de ambos lados) ayudarían a calmar las preocupaciones por la seguridad. Y para 2011, dado que no había pasado nada malo, se sentían seguros de estar haciendo todo bien.

El 29 de junio de 2011, como está bien documentado, una mujer llamada EJ hizo una publicación desgarradora en su blog sobre cómo unos huéspedes de Airbnb arruinaron su hogar a principios de ese mes. No sólo lo habían dañado, lo destruyeron con violencia. Los huéspedes rompieron todo lo que EJ tenía, volteando su departamento y su mundo al revés. Despedazaron la puerta de un clóset cerrado con llave y robaron su cámara, su iPod, su computadora, las joyas de su abuela, su certificado de nacimiento y carnet de seguridad social. Encontraron cupones e hicieron compras en internet. Quemaron sus cosas en la chimenea sin abrir el ducto, así que las cenizas cubrieron todas las superficies. Cortaron las almohadas y vaciaron blanqueador en todos los muebles, las barras, el escritorio y la impresora. Dejaron su ropa y sus toallas en una pila húmeda en el piso del clóset. El lavabo del baño estaba lleno de "una sustancia amarilla y crujiente". Todo ese tiempo, la persona que rentó el departamento, un usuario de Airbnb llamado "DJ Patterson", enviaba a EJ correos amistosos sobre cuánto le encantaba el "hermoso departamento bañado por la luz del sol", en especial "el pequeño ático" de arriba.

Fue una versión extrema de lo que podría salir mal, más allá de la imaginación de cualquiera. Y la víctima no podría haber sido más solidaria: una *freelancer* tratando de llegar a fin de mes escribió cómo había convertido su hogar en su "pequeño espacio privado, mi soleado, brillante y acogedor departamento donde podía desaparecer en esas raras ocasiones en las que no estaba viajando", y cómo reflejaba "una vida hogareña que era toda mía, un lugar de tranquilidad y seguridad". Escribió sobre su decisión de rentarlo: "Me parecía tonto dejar un buen departamento vacío mientras viajaba, cuando hay tantos visitantes en San Francisco en busca de un lugar para quedarse, que quieren experimentar la ciudad como yo: en la casa de un local, fuera de la burbuja turística de un hotel." Ella no era nueva en el tema de compartir casa, pues ya había rentado su hogar varias veces a través de Craigslist cuando vivía en Nueva York con "resultados excepcionales". Recién había probado Airbnb como viajera y le había encantado. En resumen, si Airbnb hubiera diseñado un cartel en el que se mostraran todos los valores que la compañía estaba tratando de generar entre los miembros de su comunidad, no lo habría hecho mejor que EJ.

En su texto fue muy racional en cuanto al rol de Airbnb, incluso dando a la compañía el beneficio de la duda. "Sí, creo que 97% de los usuarios en airbnb.com es bueno y honesto. Por desgracia a mí me tocó el otro 3%. A alguien le tenía que pasar en algún momento, supongo, y seguro habrá más." Pero ella se preguntaba qué recibía por el pago a Airbnb. Craigslist era gratis, pero le advertía una y otra vez que el uso del sitio era bajo su responsabilidad y la alentaba a comunicarse con huéspedes potenciales. Airbnb tiene un riguroso control sobre el intercambio de información de contacto hasta que se haga la reservación. Esto implica, escribió, que Airbnb ya hizo la investigación por ella y por eso es el pago que recibe Airbnb. Pero el sistema había fallado en grande.

EJ escribió que los perpetradores habían robado algo irremplazable: su "espíritu". Dijo que tuvo que quedarse con amigos, sufrió ataques de pánico y pasó tardes buscando en casas de empeño sus pertenencias robadas.

EJ había escrito un correo a la línea de emergencia "urgent@ airbnb", pero no tuvo respuesta hasta el día siguiente y sólo después de contactar a un amigo que había hecho algunos trabajos para la compañía. Cuando el centro de servicio al cliente se enteró de la situación, todos fueron empáticos y proactivos, como EJ lo escribió en su primera publicación: "Sería descuidado de mi parte si no me detuviera aquí para enfatizar que el equipo de servicio al cliente en airbnb.com ha sido fabuloso, dándole a este crimen toda su atención. Muchas veces me han llamado, mostrando su empatía, apoyo y preocupación genuina por mi bienestar. Me han ofrecido ayuda para recuperarme emocional y económicamente y están trabajando con la policía para rastrear a estos criminales."

Durante casi un mes poca gente supo de la historia. Pero después *Hacker News* tomó la publicación de EJ y se volvió viral. Al interior de Airbnb todos se sorprendieron. Nunca se habían enfrentado con una crisis como ésta y no estaban preparados. Chesky, Gebbia, Blecharczyk, el equipo ejecutivo y todo el equipo de servicio al cliente, incluida una docena de personas que habían volado desde diferentes lugares, estuvieron ahí 24/7 durante semanas (tuvieron que dormir en colchones inflables, aunque nadie rio por la ironía) y los fundadores tenían a su equipo de asesores al tanto. Sus inversionistas más recientes de la firma Andreessen Horowitz dividieron sus deberes en dos turnos: Jeff Jordan, socio general y nuevo miembro de la junta directiva de Airbnb, manejaba los días, y Marc Andreessen se encargaba de las noches. (La megarronda de financiamiento apenas se había anunciado y muchos sentían que la atención alrededor de la publicidad de las noticias causó que la historia de EJ se retomara y se volviera viral.)

Pero todos tenían una opinión diferente sobre cómo manejar la crisis. Algunos argumentaban que tomar responsabilidad sólo abriría la puerta a más quejas; otros decían que la compañía debía admitir que se había equivocado, y unos más decían que debían alejarse y quedarse en silencio.

El 27 de julio Chesky mandó la primera respuesta pública y trató de tranquilizar a la comunidad diciendo que alguien estaba en custodia, que para Airbnb la seguridad era una de sus mayores prioridades y que habían estado en contacto con EJ y con las autoridades para "hacer lo correcto". Destacó algunas de las mejoras en seguridad que la compañía empezaría a aplicar.

La carta empeoró las cosas.

EJ escribió una publicación contradiciendo a Chesky: dijo que el equipo de servicio al cliente que había sido muy útil de repente desapareció después de que escribió de manera pública sobre el ataque. Indicó que un cofundador (pero no Chesky) la llamó poco después para decirle que tenían información sobre la persona en custodia pero que no la podían compartir. Explicó que este cofundador (se refería a Blecharczyk) le expresó su preocupación por el impacto negativo que su publicación podría tener y le pidió que la retirara. Señaló que la compañía no había hecho nada para asegurar su seguridad o compensar los gastos que había tenido. Terminó su publicación sugiriendo que cualquiera que quisiera ayudar debería guardar su dinero y usarlo para reservar un hotel de verdad la próxima vez que viajara. Mientras tanto, otro usuario de Airbnb reveló una historia igual de horrible sobre unos consumidores de metanfetamina que destrozaron su departamento unos meses antes.

La situación estaba empeorando. Y a pesar de tener acceso a los mejores asesores, Chesky estaba recibiendo muchos consejos opuestos. Casi todos se enfocaban en el impacto hacia la compañía y tenían miedo de decir o hacer algo que agravara la situación. Los asesores le decían a Chesky que no molestara a EJ, que ella señalaba que quería que la dejaran sola. Los abogados le rogaban que tuviera cuidado con lo que decía. Pero ser precavido y callado era justo lo que empeoraba la situación. En algún punto Chesky se dio cuenta de que tenía que dejar de escuchar a estos asesores. "Tuve este momento de oscuridad en el que no diría que me dejó de importar, pero mis prioridades cambiaron por completo", dijo. Descubrió que no debía manejar la situación según el resultado, sino de acuerdo con los principios de la compañía y los suyos. Sintió que tenía que disculparse... y en grande.

El lunes 1 de agosto Chesky publicó una carta: "En verdad nos equivocamos. A principios de esta semana escribí tratando de explicar la situación, pero no reflejaba mis sentimientos reales. Así que aquí va." Dijo que la compañía había manejado mal la crisis y la importancia de siempre mantener los valores. Indicó que Airbnb había defraudado a EJ y que debieron responder más rápido, con más tacto y con más acciones decisivas. Anunció una garantía de 50 mil dólares para proteger a los anfitriones contra daños, que también serían retroactivos. (Meses después Airbnb incrementó la garantía a un millón.) Informó sobre una línea de atención que estaría disponible las 24 horas, algo que EJ había dicho que debían tener. Y afirmó que estaban duplicando la atención al cliente.

Todo esto iba en contra de los consejos que Chesky había recibido. "La gente me pedía que lo discutiéramos e hiciéramos pruebas, pero yo les dije que no, que íbamos a hacer esto." El consejo que sí aceptó fue de Marc Andreessen, quien leyó la carta a medianoche, le sugirió a Chesky que escribiera su correo personal y añadiera un cero, cambiando la garantía de cinco mil a 50 mil dólares. (El departamento de policía de San Francisco después confirmó que había hecho un arresto. Airbnb dijo que había un acuerdo en el caso, pero se negó a hacer más comentarios.)

La principal moraleja para Chesky de esta experiencia fue dejar de tomar decisiones en consenso. "Una decisión consensuada en un momento de crisis se va a quedar a medias y, por lo general, es la peor decisión —dijo—. En una crisis casi siempre tienes que ir a la izquierda o a la derecha." Desde entonces, "añadir un cero" se volvió un eufemismo para llevar el pensamiento un nivel más alto. Después llamaría a la experiencia un "renacimiento" para la compañía.

Chesky explica que estos retos fueron como ventarrones que llegaron cuando menos los esperaba. "Es como si fueras caminando por la calle y alguien te golpeara justo en la cara sin que lo vieras venir", le dijo a Reid Hoffman durante su charla en Stanford.

Como parte de este renacimiento de Airbnb, los fundadores hicieron algunas contrataciones clave. La experiencia con EJ les enseñó que necesitaban un profesional en comunicación. Encontraron a Kim Rubey, una veterana de la política democrática que trabajó para eBay y Yahoo. Tenía experiencia en crisis, consumidores y gobierno, lo que parecía la combinación adecuada. Se entrevistó con los tres fundadores y armó un plan de 100 días. Después de aceptar, le informaron que dentro de unas semanas se lanzarían en 10 mercados nuevos de Europa. Kim recuerda: "Fue como: '¡Ah! Por cierto, olvidamos decirte que…'."

Y Chesky hizo una contratación ejecutiva clave con Belinda Johnson, ex consejera general adjunta de Yahoo. Johnson había ido al gigante de las búsquedas con su adquisición de broadcoast.com, donde fue consejera general, ayudando a navegar en los primeros días de radio en *streaming*, violaciones de derechos de autor y problemas de privacidad, todo en los inicios de internet. Dejó Yahoo, buscaba su siguiente oportunidad (quería una empresa que estuviera en una etapa temprana y que tratara con clientes) y había seguido a Airbnb a través de las noticias. "Estaba emocionada por lo que leía", dijo. En el otoño de 2011 empezó en las nuevas oficinas en San Francisco en la calle Rhode Island.

SOBREVIVIR *VERSUS* COMBATIR EL FUEGO

Los tres fundadores de Airbnb empezaron a escalar, pero también aprendieron grandes lecciones en el camino de convertir su empresa en una compañía de mil millones de dólares. Antes, en los días en que Chesky, Blecharczyk y Gebbia intentaban que su idea despegara, sólo se enfocaban en sobrevivir. "Antes del ajuste producto/mercado, pensar a largo plazo parecía absurdo. Cuando estás muriendo no piensas ¿qué quiero ser cuando crezca?, sino ¿qué hago para no morir?"[8]

En retrospectiva, esos días de cereal sin leche eran más simples. Ahora tienen crisis y competidores. A cada instante hay decisiones que pueden llevar al éxito o al fracaso. Todos empezaban a pensar en las metas a largo plazo, pero todavía debían tomar decisiones a cada minuto porque la compañía no había desarrollado el trabajo de base.

Una vez Reid Hoffman le dijo a Chesky: "Fue como lanzarse de un acantilado y armar el avión en la caída." En un periodo muy corto, los fundadores debieron contratar mucha gente (a finales de 2011 tenían 150 personas en la oficina y otras 150 del otro lado del océano) y, después, descubrir qué significa dirigirla. Tuvieron que diseñar y construir una cultura, necesitaban cosas como mapas de las calles, no sólo para el día o las dos semanas siguientes, sino para los próximos tres meses, para que los nuevos empleados supieran en qué tenían que trabajar. Por el lado de los usuarios, había millones de personas usando Airbnb, y algunos días la atención al cliente no era suficiente para atender a todos.

Muchas veces la gente le pregunta a Chesky sobre la época en que se fundó la compañía. Para él, pensar en Airbnb sólo en esos términos es como brincarse de la fase 2 a la 5, las cuales son mucho más difíciles; las describe como "combatir el fuego". Estas fases pueden ser muy solitarias (hay muchos libros sobre cómo iniciar una compañía o cómo dirigir gente en grandes empresas, pero no hay tantos sobre las fases intermedias).

En el caso de Airbnb la fase de hipercrecimiento duró un largo tiempo. A principios de 2012 Chesky me confesó que por fin estaba en el punto donde empezó a desarrollar un ritmo y a pensar a largo plazo. La compañía no saldría de ese crecimiento en mucho tiempo (todavía está en el), pero vendrían más contrataciones ejecutivas, como la mudanza en 2013 a las nuevas y enormes oficinas centrales. Airbnb pasó de ser llamada el "eBay del espacio" (en el lenguaje de Silicon Valley) a convertirse en un estándar que otras *startups* usan como referencia: Boatbound se llamó a sí misma el Airbnb de los botes, Dukana es el Airbnb de equipo, y DogVacacy es el Airbnb para perros.

En la actualidad Airbnb es un gigante. Tiene más de dos mil 500 empleados, incluidos 400 ingenieros y un departamento de atención al cliente más grande. Y eso es sólo en el interior de la compañía. También está el factor más importante en la historia de Airbnb que se encuentra fuera de las paredes de las oficinas centrales: los anfitriones y los viajeros; en otras palabras, los millones de personas que convirtieron la compañía Airbnb en un movimiento internacional.

3

La nación Airbnb

Uber es comercial, Airbnb es humanidad.
ELISA SCHREIBER, Greylock Partners

La formación y el crecimiento de Airbnb es una saga del espíritu emprendedor para la posteridad. La lucha que enfrentaron los fundadores para despegar, la tecnología, producto y cultura que construyeron, y lo rápido que se transformó en una máquina de crecimiento de alto rendimiento, constituyen una historia de agilidad corporativa sorprendente. Que lo hicieran en cuestión de años, con poca experiencia previa, es sorprendente.

Pero estudiar sólo lo que pasa dentro de las cuatro paredes de la empresa sería perderse casi toda la "historia" de Airbnb. Airbnb (la compañía) son alrededor de dos mil 500 personas, la mayoría en San Francisco. Airbnb (el movimiento) son millones de personas en todo el mundo.

Millones de personas han usado Airbnb. Su negocio es estacional, pero la compañía alcanzó su punto más alto durante el verano de 2016, cuando, en una sola noche, 1.8 millones de personas se quedaron en alojamientos conseguidos en esta plataforma. Pero aun con esos números la penetración de la compañía todavía es baja: mucha gente ni siquiera ha escuchado hablar de ella, y cuando les mencionas el concepto les sigue sonando tan raro como al primero de los inversionistas que no quiso tocarlo.

Varios de los que me escucharon contar sobre esto mientras preparaba el libro sentían repugnancia cuando mencionaba la idea.

Para algunos hay un factor "guácala". "*Nunca* haría eso —dice la amiga de un amigo—. ¿Qué tal que terminas en las sábanas sucias de alguien?" Una mañana, un programa de noticias matutinas importante contrató a un conductor para recogerme y llevarme al estudio; cuando le hablé de Airbnb tuvo una reacción típica. Nunca lo había escuchado, pero después de explicarle la idea, negó con la cabeza y dijo que no lo haría. Primero, porque así se esparcen las chinches. Además, porque si le abres la puerta a los extraños no tienes idea de quién entrará en tu casa: "¡Podrías tener un asesino suelto!" Tiene razón, podrías. Muchas cosas salieron mal: estaba la situación EJ, claro, y más incidentes negativos por venir. Pero cualquier estudio sobre el fenómeno Airbnb primero debe observar la necesidad que identificaron y después el hueco que llenaron. Porque no consigues millones y millones de clientes sin (como dijo Paul Graham de Y Combinator) hacer algo que la gente quiera.

En los primeros años, Airbnb tenía la reputación de ser un sitio web donde los millennials buscaban opciones baratas y se quedaban en la sala o en la habitación libre de alguien. Pero con el tiempo evolucionó. Si hubiera tres fases de Airbnb, se podrían clasificar como: fase *couchsurfing*, los primeros días; fase castillo e iglú, cuando el crecimiento despegó y la compañía se hizo conocida por los espacios raros y extravagantes, y fase Gwyneth Paltrow, cuando su base de usuarios e inventario creció a tal grado que la actriz pasó unas vacaciones en enero de 2016 en un alojamiento de ocho mil dólares por noche en Punta Mita, México,[1] y unos meses después volvió a reservar una villa en la Cote d'Azur por 10 mil dólares la noche.[2] La importancia de la fase Gwyneth Paltrow fue doble: primero, Airbnb se había vuelto una opción legítima para los viajeros más sofisticados y exigentes, y segundo, su plataforma era tan grande que tenía algo para cada quien.

En la actualidad el alcance del inventario de Airbnb refleja la diversidad en el mercado de vivienda mundial. Sus tres millones de alojamientos son extraordinarios y el rango de propiedades y experiencias disponibles es difícil de imaginar. Puedes pagar 20 dólares por dormir en un colchón inflable en la cocina de alguien o miles de dólares por semana por una villa en México como la de Paltrow. En fechas recientes, las opciones en Nueva York oscilan desde 64 dólares por un departamento en un sótano en Jamaica, Queens, hasta tres mil 711 dólares por una mansión de cinco pisos en la calle East Tenth. En París pagarías 24 dólares por un dormitorio con camas gemelas y lavamanos en el suburbio suroeste de Fontenay-aux-Roses, pero por ocho mil 956 pasarías la noche en un departamento triplex en el XVI Distrito, con un jardín privado frente a la Torre Eiffel y "servicios de un hotel VIP".

La amplitud y rareza de las opciones hace que desplazarte por los anuncios de Airbnb sea un ejercicio de escapismo. Hay casi tres mil castillos, como el Château de Barnay, en Borgoña, Francia, o la fortaleza medieval, en Galway, donde los viajeros duermen en la torre. Existen montones de molinos de viento y casas flotantes. Tienen cientos de casas de árbol y algunas son los alojamientos más populares en el sitio: la propiedad más "deseada" es una serie de tres habitaciones suspendidas en las copas de los árboles en una colonia boscosa, en Atlanta, conectada con puentes colgantes y decorada con luces brillantes. El alojamiento más popular es el Mushroom Dome, una cabaña rústica con un domo geodésico en Aptos, California, que tiene cinco estrellas, más de 900 evaluaciones y se reserva con seis meses de anticipación. Reid Hoffman dice: "Si fuera a aconsejar a alguien, le diría que pensara seriamente en construir una casa de árbol. Tienen listas de espera de meses." Otros anuncios incluyen ranchos de caballos, tráileres, remolques retro, contenedores de barcos, vagones, yurtas… y autobuses, como uno ubicado en una comunidad vegetariana en Suecia. (Las reglas de la casa son: "Apreciamos que no comas o traigas carne al autobús.") Hay 100 faros.

Con el tiempo, Airbnb tuvo un lugar en la conversación cultural: durante las elecciones presidenciales de 2016, *The New Yorker* publicó un artículo de humor enlistando las opiniones de los clientes de Airbnb sobre los candidatos. "Durante la contienda electoral entre Al Gore y George W. Bush, la pregunta del día era: ¿con quién preferirías tomarte una cerveza? En la temporada 2016 decía: ¿A quién preferirías rentarle tu casa en Airbnb?"[3] Las compañías empezaron a usarlo como plataforma de publicidad, creando alojamientos temáticos especiales en torno a sus marcas: en el verano de 2016, vinculado al lanzamiento de la película *Buscando a Dory*, Pixar anunció una noche en una elegante balsa flotante en la Gran Barrera de Coral australiana, diseñada para que los ganadores estuvieran lo más cerca posible del hábitat natural de Dory y Nemo.

Claro, no todo el mundo quiere quedarse en una balsa, estar suspendido en los árboles (el domo geodésico de los Aptos tiene un baño de composta, así que debes tirar el papel higiénico en la basura) o dormir en la torre de un castillo del siglo XV. En todo caso, los alojamientos más fantásticos sirven como intensificadores de imagen, alimento para una interminable corriente de historias nuevas de Airbnb como: "18 castillos de cuentos de hadas que harán que tus sueños se vuelvan realidad."[4]

La mayoría de los anuncios son más funcionales. Están por todo el mapa, de manera literal (sólo un cuarto del negocio de Airbnb se encuentra en Estados Unidos) y figurada, vienen en todos los tamaños, formas, precios y nivel de interacción con el anfitrión. Te puedes quedar en una casa demasiado personalizada (con todos los recuerdos, libros y artículos para baño del dueño) o elegir una que parezca la habitación moderna y minimalista de un hotel. Puedes hospedarte mientras el anfitrión está en las instalaciones, tener todo el lugar para ti solo o escoger una situación intermedia, como una casa de huéspedes donde el propietario vive de tiempo completo en el inmueble principal o en una suite con entrada independiente. El nivel de interacción puede ser nulo o completo, algunos anfitriones preparan la cena para sus huéspedes y, por supuesto, el desayuno (por ejemplo, en el campo de Salisbury, Inglaterra, hay una cabaña con techo de paja cuyos anfitriones ofrecen las dos opciones: un desayuno inglés completo en la cocina o una canasta de pan casero y mermelada en la puerta de la habitación que rentan).

"Es antimercancía"

La razón exacta de por qué Airbnb se volvió popular de la forma en que lo hizo se debe a una serie de factores. Uno muy importante es el precio. La compañía se formó en 2008, en las profundidades de la Gran Recesión, y como los alojamientos abarcan todo el espectro, en general son mucho más baratos que hospedarse en un hotel estándar. Una de las cosas más disruptivas de Airbnb es que puedes encontrar un lugar para quedarte en Nueva York por menos de 100 dólares la noche.

Las otras razones son menos tangibles, pero quizá más importantes. Parte del éxito de Airbnb es que usó el descontento provocado por las grandes cadenas hoteleras al tratar a sus clientes como mercancía. Incluso las compañías hoteleras lo reconocen: "Hace 20 años los viajeros querían un cuarto limpio y nada de sorpresas", explicó Arne Sorenson, CEO de Marriott International, en una entrevista sobre la disrupción en el American Magazine Media Conference, a principios de 2016. "Esto alimentó la estrategia de nuestra marca: muy bien, vamos a asegurarnos de que todo luzca similar." Ahora dice que los gustos de los viajeros han cambiado: "Si despierto en El Cairo, quiero saber y sentir que estoy en El Cairo, no en una habitación que se parece a una de Cleveland."

De la misma manera en que ahora queremos todo hecho en casa, producido en pequeñas cantidades y de forma artesanal (desde el pan hasta los pepinillos para cocteles), muchos viajeros, sobre todo los millennials, desean el mismo tipo de autenticidad imperfecta en sus experiencias de viaje. Esto significa hospedarse con un jubilado al que le gusta la compañía o tener un departamento chic en Soho sólo para ti, al que llegas a través de una entrada trasera por una calle lateral. Puedes elegir la habitación de un artesano escondido en las colinas de Silver Lake en Los Ángeles que incluye acceso a un jardín soleado y privado. Sin importar la forma, es algo diferente, real y único. Hace que viajar se vuelva súper personal cuando ya se había convertido en algo impersonal. "Es antimercancía —dice

Reid Hoffman de Greylock—. Es singularidad, originalidad… es humanización."

Airbnb ofrece a los viajeros otra opción tan disruptiva como los espacios en sí mismos: hospedarse fuera de los distritos turísticos y dentro de colonias que por lo general no verían. Éste es un gancho de publicidad muy grande e inteligente: en las grandes ciudades a menudo los hoteles están centralizados en las zonas comerciales. Quedarse en un edificio de piedra rojiza en una manzana llena de árboles en Brooklyn o en una colonia residencial en Praga es un concepto nuevo, y para muchas personas mucho más atractivo. Y aunque estas experiencias siempre estuvieron disponibles en Craigslist, anuncios clasificados o pizarrones de avisos locales, Airbnb abrió el mercado, lo puso en una plataforma accesible, rápida, amigable y fácil de usar… y atrajo a millones. Así se volvió aceptable (ya que millones la usan) y atractiva (porque la llenaron de ese inventario creciente de hermosas fotografías).

Pienso en mi experiencia al viajar recientemente a Washington, D. C. Me encantan los hoteles elegantes, y una vez al año, gracias a las tarifas negociadas para empresas, me quedo en el Four Seasons en Georgetown, uno de mis hoteles favoritos en el barrio más bonito de Estados Unidos (de verdad, creo que es uno de los más hermosos de todo el país). En la primavera de 2016 decidí probar Airbnb en lugar del Four Seasons y reservé una gran casa de 100 años de antigüedad con un jardín y un paisaje maravilloso detrás de una mansión y bajo un camino de piedras en la parte residencial e histórica de la colonia. Estaba a menos de un kilómetro del Four Seasons, pero dentro de una zona que, de otra manera, no habría conocido. Todavía me encanta el Four Seasons Georgetown, y este ejemplo sirve para mostrar qué ofrecen los hoteles que Airbnb no (el servicio de cable se fue por una tormenta). Pero también demuestra por qué Airbnb es disruptivo. No te trata como mercancía, es más exclusivo. No está sobre grandes avenidas, anchas arterias viales y zonas comerciales donde aparecen los hoteles, más bien se encuentra en las partes de la ciudad reservadas para las personas que viven ahí. Se trata de vivir como un local, no como un turista, así diría después un eslogan. Y aunque esto no siempre le gusta a todo el mundo (y que muchos aspectos de esto tienen consecuencias en la gente que vive en las colonias residenciales tranquilas, un fenómeno del que hablaremos más adelante) hay muchas personas que prefieren ver el mundo de esta manera. En otro viaje a Washington, D. C., volví a ese alojamiento.

Un logo, una marca y una misión

En algún momento de 2013, Airbnb pensó en reorientar toda su misión y su centro de gravedad para articular mejor los elementos que hicieron que usar su plataforma fuera una experiencia tan única. En un proceso liderado por Douglas Atkin (director de comunidad global de la compañía y que se acababa de unir ese año), esos aspectos se enfocaron alrededor de una sola idea: "Pertenencia." Atkin, un experto en la relación entre consumidores y marcas, autor del libro *El culto a las marcas*, llegó a esta idea después de meses de intensos grupos focales con casi 500 miembros de las bases de datos de Airbnb en todo el mundo. Y a mediados de 2014 la compañía había establecido todo un reposicionamiento en torno a su concepto. Airbnb tenía una nueva misión: hacer que la gente alrededor del mundo sintiera que podía "pertenecer a cualquier lugar". Tenía un nuevo color: magenta. Y un nuevo logo para simbolizar esto: una forma pequeña, linda y ondulada, resultado de meses de concebir y refinar, llamada "Bélo". Fue nombrada por el nuevo CMO, Jonathan Mildenhall, quien se acababa de unir a Airbnb y había estado en Coca-Cola. Mildenhall también convenció a los fundadores para que la frase "pertenecer a cualquier lugar" dejara de ser sólo la declaración de misión interna y se convirtiera en el eslogan oficial de la compañía.

En julio de 2014 Airbnb presentó su imagen renovada, así como un nuevo diseño de la aplicación para teléfonos y sitio web, en un gran evento de lanzamiento en las oficinas centrales. Chesky presentó el concepto en un artículo inteligente e idealista en el sitio de Airbnb: hace mucho tiempo, escribió, las ciudades solían ser pueblos. Pero cuando llegó la producción en masa y la industrialización, ese sentimiento personal fue remplazado por las "experiencias de viaje impersonales y producidas en masa" y con el tiempo "la gente dejó de confiar en los demás". Airbnb simboliza algo mucho más grande que viajar, representa una comunidad, relaciones y uso de tecnología con el fin de reunir a las personas. Airbnb es el único lugar donde la gente puede ir a cumplir el "anhelo humano y universal de pertenecer".[5] El Bélo se concibió con mucho cuidado para parecer un corazón, una ubicación en un mapa y la "A" de Airbnb. Lo diseñaron para ser simple, para que cualquiera pudiera dibujarlo. En vez de protegerlo con abogados y marcas registradas, la compañía invitó a la gente para que hiciera sus propias versiones del logo, el cual, según se anunció, representaba cuatro cosas: personas, lugares, amor y Airbnb.

A veces decir que Airbnb es idealista es quedarse corto, y aunque sus clientes recibieron con agrado el concepto, los medios de comunicación fueron más escépticos. TechCrunch dijo que "pertenecer a cualquier lugar" era un "concepto *hippie*-tonto".[6] Otros se preguntaban si de verdad lo cálido y mullido era lo que atraía a la gente a Airbnb o sólo quería un lugar bueno, bonito y barato para quedarse. En cuanto lanzaron el Bélo, los medios de comunicación se burlaron de él, no tanto por su idealismo sino por su forma, dijeron que parecían unos senos, nalgas, genitales masculinos y femeninos, todo al mismo tiempo. En menos de 24 horas las interpretaciones sexuales del logo fueron preparadas y publicadas en un blog de Tumblr. "Nada dice hogar temporal como la abstracción de nalgas-vagina que eligió Airbnb como su nuevo logo", tuiteó Katie Benner de *The New York Times*.

También recuerdo que fui muy escéptica al escuchar por primera vez el concepto de "pertenecer". Pensé que significaba pasar tiempo con la persona que vivía en el espacio que rentabas. En las pocas veces que usé Airbnb no conocí a mi anfitrión (ni quería); en realidad deseaba ahorrar dinero.

Pero "pertenecer" en el contexto de la imagen renovada de Airbnb no tenía que ver con tomar el té y galletas con la persona que vive en el espacio que rentas. Era mucho más amplio: significaba aventurarte en colonias que de otra forma no serías capaz de ver, quedándote en vecindarios y lugares que como viajero por lo general no podrías conocer, pasando la noche en el espacio de alguien más y teniendo una experiencia que la persona "preparó" para ti, sin importar si la conoces o no. Unos meses después de mi viaje en la primavera de 2016 a Georgetown, cuando reservé un lugar por medio de Airbnb en Filadelfia durante la DNC, con cautela abrí la puerta de un departamento en un deteriorado edificio sin elevador en Rittenhouse Square... para encontrar un hermoso estudio con techos altos, puertas enormes y pesadas, paredes llenas de libros, decoración acogedora y una hilera de brillantes luces colgando sobre la chimenea. Me gustó todo el alojamiento "de Jen", desde su colección de libros (que reflejaba la mía) y las toallas que había esponjado y doblado, hasta la tarjeta escrita a mano que me dejó. (Ayudó que las dos tuviéramos el mismo gusto estético, pero justo por eso elegí su anuncio.)

"Cuando te quedas en Airbnb, incluso si el anfitrión no está, es personal —dice Arun Sundararajan de NYU—. Es íntimo. Tienes una conexión con esa persona, con su decoración, con su elección de ropa de cama, con las fotos de su boda. Y todo esto evoca en nosotros un sentimiento de algo que hemos perdido."

Sin importar lo que piense la prensa del nuevo diseño de marca, los usuarios de Airbnb parecieron "atraparlo". En los siguientes meses más de 80 mil personas se metieron a internet y diseñaron sus propias versiones del logo, una tasa de compromiso consumidor-marca que las empresas más grandes consideran extraordinaria. (Airbnb incluso recibió con agrado el alboroto alrededor del logo. Douglas Atkin, quien encabezó el viaje de "pertenecer", después se refirió a esto como "genitales con las mismas oportunidades".)[7]

A esta altura, la base de datos de la compañía también había evolucionado. Aunque los primeros seguidores de Airbnb eran millennials cortos de dinero en busca de una buena oferta, la demografía empezó a ampliarse. Los millennials siguen siendo el núcleo de la compañía, son los que quizá usarán el término como verbo (como googlear y tuitear). Por ejemplo, dirán: "Al fin y al cabo, 'airbnbearé' para ir al Festival Artes de Coachella Valley." (Quizá el español adopte la forma "erbianbiaré", sólo el tiempo lo dirá. En fin, la traducción sería que el costo no es impedimento, que buscará en Airbnb y encontrará la forma de ir.) Pero la base de usuarios de la compañía se ha esparcido conforme ha madurado. La edad promedio de un huésped es de 35 años, y un tercio tiene más de 40. La edad promedio de los anfitriones es de 43, pero los mayores de 60 son los que tienen el mayor crecimiento demográfico en la compañía.

Hoy en día es muy probable que los usuarios de Airbnb se vean como Sheila Riordan, de 55, una gerente de publicidad y servicio al cliente, fundadora de cmonletstravel.com, un servicio que planea itinerarios de viaje singulares y vive con su esposo y sus tres niños en Alpharetta, Georgia. En 2013 Riordan tuvo un viaje de negocios a Londres; planeaba llevar a su esposo y a su hijo de 11 años, pero esperó demasiado para reservar un hotel, y cuando lo intentó incluso el Holiday Inn Express estaba en 600 dólares la noche. Así que probó con Airbnb y rentó el departamento de una mujer que vivía frente al Támesis por más o menos 100 dólares la noche. El esposo de Riordan estaba reacio ("Ama los baños estadounidenses", dice ella), pero el espacio era encantador, les quedó muy bien a todos y fue una ganga comparada con los hoteles de la ciudad.

Poco tiempo después Riordan llevó a su hija de 18 años a París y Ámsterdam y otra vez usó Airbnb. En París rentaron un estudio en la margen izquierda del río Sena que "no era lujoso", pero era un edificio elegante en una buena colonia, con puertas dobles que ofrecían una vista del jardín que estaba abajo. En Ámsterdam se quedaron en un departamento entre dos canales a 10 pasos de la Casa de Ana Frank. Las casas tenían sus excentricidades (el departamento de su anfitrión parisino, Ahmen, tenía, encima de la cama, un retrato de él con su madre de 45 × 60 cm), pero les encantaron. "Hace que el viaje sea más interesante", dice. De regreso a casa, en Alpharetta (un suburbio convencional caracterizado por calles privadas, espaciosas y casas parecidas entre sí), muchos de su círculo de amistades piensan que está loca. "Me dicen: 'Eres tan valiente'. Quieren llegar al Hilton con aire acondicionado. Prefiero, por mucho, llegar y sentarme en el jardín del anfitrión, mientras nos cuenta cuáles son los mejores lugares para visitar."

LOS GRANDES USUARIOS

Los usuarios más comprometidos de la compañía son un pequeño grupo de gente que elige vivir de tiempo completo rentando Airbnb, trotamundos nómadas que migran de un alojamiento a otro. Hace algunos años, cuando David Roberts y su esposa Elaine Kuok volvieron a Nueva York de Bangkok (Kuok es una artista y Roberts es físico y cineasta de documentales), decidieron vivir cada mes en una colonia diferente, usando Airbnb.

Su historia ganó atención después de que los presentaron en la prensa, pero de hecho esto se volvió tendencia. TechCrunch etiquetó este fenómeno como "el aumento del hípster nómada" en un artículo escrito por Prerna Gupta, una emprendedora que, con su esposo, decidió salir de la carrera de ratas de Silicon Valley y vagar por el mundo.[8] Se deshicieron de la mayoría de sus cosas, pusieron el resto en resguardo y pasaron la mayor parte de 2014 viviendo durante semanas o meses en Costa Rica, Panamá, El Salvador, Suiza, Sri Lanka, India y Creta.

Hace cuatro años Kevin Lynch, director creativo de una agencia de publicidad, se mudó de Chicago a Shanghái con su esposa y su hija. Cuando la compañía le pidió que también asumiera la responsabilidad del mercado de Hong Kong, en vez de rentar un departamento para sus viajes y caer en lo que llama "la burbuja del expatriado", decidió probar su camino por la ciudad por medio de Airbnb. Se ha quedado en más de 136 alojamientos diferentes hasta ahora. Dice que la capacidad de buscar de manera constante ambientes nuevos y extraños le permite acceder a una mentalidad de "explorador". "Creo que entre más conoces un lugar menos lo notas", es decir, dejas de ver los detalles.

Ninguno de estos hípsters nómadas se comparan con Michael y Debbie Campbell, de Seattle, una pareja jubilada que en 2013 empacó todas sus pertenencias, puso todo lo que no cabía en una bodega, rentó su mansión y "se retiró" a Europa, donde han vivido casi exclusivamente en Airbnb durante los últimos cuatro años. Para el otoño de 2016 se habían quedado en 125 alojamientos en 56 países. Pasaron meses planeando todo antes de tomar la decisión, pero haciendo las cuentas, descubrieron que si mantenían sus gastos bajo control podían, en esencia, vivir en Airbnb por la misma cantidad de dinero que les costaría vivir en Seattle.

Para que funcione, los Campbell (Michael de 71 y Debbie de 60) son frugales y meticulosos sobre lo que gastan. Su presupuesto por noche son 90 dólares, aunque a veces hay lugares más caros como Jerusalén, pero los compensan con otros como Bulgaria o Moldavia. Casi siempre comen en casa y mantienen los mismos rituales que tendrían si vivieran en Seattle, como jugar Scrabble o dominó después de cenar. Así que cuando revisan anuncios se fijan que tengan una gran mesa en el comedor, una cocina bien equipada y un buen wifi. Rentan todo un departamento o una casa en vez de un cuarto, pero casi siempre se quedan en lugares donde el anfitrión les dará la bienvenida. Su promedio de estancia es de nueve días, reservan con tres o cuatro semanas de anticipación y seguido piden descuentos, pero nada demasiado extremo y sólo porque deben apegarse a su presupuesto: gastar 20% más de lo que planeaste cuando estás de vacaciones en una cosa, pero hacerlo durante 365 noches, como señala Michael, "puede acabar con nuestro fondo de ahorro para el futuro. No estamos de vacaciones, sólo vivimos nuestra vida diaria en las casas de otros."

Los Campbell han hecho muchos amigos a lo largo del camino, incluyendo a su anfitrión en Madrid, quien puso su foto en la tarjeta de Navidad; el anfitrión de Chipre que les dio un *tour* caminando por Nicosia y los ayudó con el control fronterizo, y Vassili, el anfitrión de Atenas que les preparó una parrillada estilo griego y llevó a Michael a un partido de futbol de eliminatoria para la Copa del Mundo (fueron al estadio juntos a toda velocidad en la moto de Vassili).

En el verano de 2015 los Campbell vendieron su casa en Seattle de forma oficial. Saben que su enfoque global de Airbnb no es para todos y no están seguros de cuánto tiempo continuarán, pero no tienen planes de detenerse. Como dijo Michael en el escenario cuando los invitaron al Open de Airbnb de 2015: "No somos ricos, pero estamos cómodos, somos aprendices de por vida, tenemos salud y somos curiosos." Si quieres leer sus aventuras visita el sitio seniornomads.com.

Parece que tocaron una fibra sensible: un artículo de *The New York Times* sobre los Campbell estuvo entre los artículos más enviados por correo electrónico en esa semana.[9] Después, escucharon de mucha gente de su edad cuyos hijos adultos los animaban a hacer lo mismo. El hijo mayor de los Campbell y su familia decidieron seguir sus pasos: él y su esposa sacaron a sus hijos de la escuela por un año y viajaron juntos alrededor del mundo. Se dicen los "nómadas jóvenes".

Aprovechar al máximo a los anfitriones

Claro, la clave de todo esto, de todo el ecosistema Airbnb y de la compañía, es la gente que forma el inventario: los anfitriones. La plataforma ofrece un lugar para que los viajeros se hospeden en casas o departamentos de otras personas, pero sin esas residencias simplemente no habría compañía… No habría Airbnb. Es una petición importante: ciudad por ciudad, conseguir que millones de personas reales estén de acuerdo en abrir sus espacios más personales a extraños y se vuelvan hoteleros.

Pero conseguir que los anfitriones firmen y ofrezcan sus espacios no es suficiente, Airbnb debe lograr que trabajen duro para brindar una buena experiencia. El puro número de anuncios hace a la compañía el proveedor de alojamientos más grande del mundo, pero no posee ni controla el inventario que ofrece o el comportamiento de las personas que lo brindan.

Los fundadores sabían esto desde los primeros días, cuando una de sus primeras luchas fue convencer a la gente para que anunciara sus espacios. Pero hasta finales de 2012, cuando Chesky leyó una publicación de *Cornell Hospitality Quarterly* (el periódico de la reconocida Facultad de Administración Hotelera de la Universidad Cornell), empezó a pensar de manera más seria sobre la experiencia actual que estaban ofreciendo. Decidió que necesitaban transformar Airbnb de manera más profunda y pasar de ser una compañía de tecnología a una compañía de hospitalidad.

Poco después Chesky leyó el libro *Peak: How Great Companies Get Their Mojo from Maslow*. El autor del libro era Chip Conley, el fundador de la cadena de hoteles *boutique* Joie de Vivre, el cual empezó en San Francisco en 1987. Creció a los 38 hoteles *boutique*, la mayoría en California, y luego vendió una participación mayoritaria en 2010. Con el tiempo, Conley se convirtió en una especie de gurú. En *Peak* explicaba cómo había salvado su compañía tras el 11 de septiembre y el estallido de la "burbuja punto com", aplicando la jerarquía de las necesidades del psicólogo Abraham Maslow. La pirámide dice que las necesidades humanas físicas y psicológicas deben satisfacerse para lograr todo el potencial del ser humano; coloca la comida y el agua en la base de la pirámide y la autorrealización en la punta (para la transformación corporativa e individual). Chesky vio en los escritos de Conley entendimiento de negocios, de hotelería y quizá un espíritu de idealismo similar (hablaba sobre querer que sus huéspedes hicieran el registro de salida tres días después como una "mejor versión de sí mismos"). Así que lo invitó para que diera una plática sobre hospitalidad a sus empleados de Airbnb.

Después de la plática Chesky le hizo una propuesta: deseaba que se uniera de tiempo completo con el cargo de ejecutivo principal para dirigir los esfuerzos en hospitalidad de la compañía. Conley, que se acababa de retirar a la edad de 52 años, no quería aceptar, pero después de hablar con su amigo John Donahoe, el entonces CEO de eBay y mentor de Chesky, aceptó firmar como asesor: le dijo a Chesky que tenía tiempo para contribuir ocho horas a la semana.

En la cena de la noche anterior a su inicio Chesky lo convenció de que duplicara su tiempo a 15 horas a la semana. También este plan pronto se fue por la ventana. "En pocas semanas trabajaba 15 horas *diarias*", recuerda Conley. En el otoño de 2013 se unió de tiempo completo como director de hospitalidad y estrategia. Dice que al final aceptó el puesto porque estaba fascinado por el desafío de democratizar la hospitalidad de manera efectiva. "¿Cómo tomas la hospitalidad (que de muchas formas se ha corporatizado) y la regresas a sus raíces?"

Conley empezó a trabajar de inmediato, trayendo organización y conocimientos a la comunidad de anfitriones de Airbnb. Viajó a 25 ciudades dando charlas y consejos para ayudar a los habitantes de departamentos regulares a canalizar su posadero interno. Estableció un esfuerzo centralizado en la educación de la hospitalidad, creó un conjunto de estándares y empezó un blog, un boletín informativo y un centro de comunidad en internet donde los anfitriones aprendían y compartían sus mejores prácticas. Desarrolló un programa de mentorado donde los anfitriones con más experiencia ayudaban a los nuevos y les enseñaban las claves para la buena hospitalidad.

Entre los consejos, reglas y sugerencias que ahora se encuentran en los materiales de Airbnb están: responder las solicitudes de reservación en menos de 24 horas. Antes de aceptar a un huésped, asegurarse de que sus ideas sobre el viaje coinciden con el "estilo de hospedar"; por ejemplo, si alguien busca un anfitrión activo y tú eres reservado, quizá no sea la mejor combinación. Comunícate seguido y dale indicaciones detalladas. Establece todas las "reglas de la casa" de manera muy clara (si quieres que los viajeros se quiten los zapatos, no usen el patio trasero, no fumen, se alejen de la computadora y demás). Limpia cada habitación de manera minuciosa, en especial el baño y la cocina. Las sábanas y las toallas deben estar frescas, es decir, recién lavadas. ¿Quieres ir más allá de lo básico? Considera recoger a los viajeros en el aeropuerto, dejarles una nota de bienvenida, adornar la habitación con flores frescas o darles un regalo al hacer el registro de entrada, como una copa de vino o una canasta de bienvenida. Haz estas cosas, aunque no estés presente durante la estancia, dice Conley.

Claro, él y el equipo de hospitalidad sólo pueden sugerir o alentar a los anfitriones para que hagan esto, pero no pueden exigirlo. Aquí es donde entra el sistema de evaluaciones de Airbnb, un mecanismo de clasificación de doble vía que promueve que tanto anfitriones como huéspedes se evalúen uno a otro después de la estancia. Las evaluaciones de reputación oculta se han vuelto un elemento vital del ecosistema de Airbnb: proveen una validación de terceros para los dos, el huésped y el anfitrión, y con ambas partes tratando de mejorar sus reputaciones para su uso futuro dentro del ecosistema el incentivo de calificar es mutuo y el compromiso es alto: más de 70% de las estancias de Airbnb es evaluada, y aunque hay una "inflación de calificaciones", ayuda a mantener ambas partes bajo control. El sistema tiene un valor adicional para Airbnb: se usa como una palanca para animar y premiar el buen comportamiento del anfitrión y castigar el malo.

Al principio los fundadores aprendieron que poseían una moneda valiosa: la habilidad de determinar dónde se mostraría un alojamiento en las búsquedas. Ésta se usa como un mecanismo de recompensa poderoso para los anfitriones: los que ofrecen experiencias positivas para los huéspedes y reciben buenas evaluaciones son catapultados al principio de los resultados buscados, dándoles mayor visibilidad y aumentando sus posibilidades de reservaciones futuras. Pero si rechazas demasiadas solicitudes, tardas mucho en responder, cancelas varias reservaciones o recibes evaluaciones negativas, Airbnb dejará caer un martillo poderoso: puede bajar tu anuncio en la búsqueda de alojamientos e incluso desactivar tu cuenta.

Aunque si te portas bien, Airbnb dirigirá los reflectores de su amor hacia ti. Si alcanzas ciertas medidas de rendimiento o desempeño subirás de manera automática al estatus de "Superhost". Por ejemplo, el año pasado algunas de las medidas eran: hospedar al menos 10 veces; mantener 90% o más el índice de respuesta; recibir evaluaciones de cinco estrellas, al menos 80% de las veces, y cancelar una reservación sólo en circunstancias extremas o en muy raras ocasiones. Ser "Superhost" significa que obtienes un logo especial en tu sitio, tu alojamiento estará arriba en los buscadores, tendrás acceso a una línea de atención al cliente cuidadosa, la oportunidad de ver los avances de productos nuevos y asistir a eventos. El ecosistema basado en recompensas funciona: en la actualidad la plataforma de Airbnb está poblada por 200 mil Superhost, y aunque no todos son perfectos, dar el estatus es la herramienta más poderosa que posee Airbnb para mejorar el servicio sin tener ningún control sobre la gente que lo ofrece.

LOS GRANDES ANFITRIONES

Los datos de Airbnb revelan que el anfitrión promedio gana alrededor de seis mil dólares, pero muchos anfitriones obtienen más que eso. Evelyn Badia convirtió su negocio de hospedar en una empresa hecha y derecha, con marca registrada. Una carismática ex productora de comerciales de televisión puso a trabajar su hogar de tres pisos, para dos familias, en una hilera de casas iguales, en Park Slope, Brooklyn. Badia, de 50 años, empezó a hospedar cuando perdió su trabajo en 2010 y ahora lo hace de tiempo completo, ganando un ingreso de "seis cifras" al reservar sus alojamientos casi 80% del tiempo; dice que ha hospedado a 400 personas. Unos años después empezó un negocio de consultoría para anfitriones llamado Evelyn Badia Consultations y cobra 95 dólares la hora. Había otros servicios similares, pero sentía que eran para jóvenes, ofrecían consejos para ganar dinero y no se dirigían a las mujeres. Yo pensaba: "¿Se darán cuenta de cuántos anfitriones son *baby boomers* o tienen más de 40 años?" En 2014 agregó un blog y un boletín informativo, consagrándose como #hostician y compartiendo sus aprendizajes con otros. Además, realiza webinarios mensuales (Chip Conley fue un invitado), vende un manual de casa en 39 dólares y tiene un grupo en Facebook llamado The Hosting Journey con más de 700 miembros. Se ha convertido en una cuasicelebridad entre la comunidad de anfitriones de Airbnb, organizando parrilladas, eventos para los anfitriones de la zona, y dio una charla en el Open de Airbnb de 2016 en Los Ángeles. Piensa dar una clase sobre los desafíos de las citas y hospedar en Airbnb (dice que estar soltera y llevar a tu pretendiente a casa cuando tienes huéspedes es "como vivir con tus padres").

Pol McCann es un Superhost de 52 años en Sydney, Australia. La primera vez que usó Airbnb fue como huésped, cuando él y su novio fueron a Nueva York en las vacaciones de 2012. Rentaron un estudio en Alphabet City en menos de la mitad de lo que habrían pagado por un hotel (un precio tan bajo que pudieron extender su estancia de tres a 12 noches). Todo salió tan bien durante el viaje que McCann pensó anunciar su departamento en Sydney. Lo arregló, tomó algunas fotos y las subió… En menos de 24 horas tuvo su primera reservación. En poco tiempo su departamento se reservaba 28 o 29 días al mes. Después de seis meses había ganado lo suficiente para dar el depósito de un segundo departamento en el mismo complejo, cruzando la calle.

Entre las dos propiedades estima que gana 100 mil dólares al año. A mediados de 2015 hizo el depósito para un tercer departamento, con un dormitorio mucho más grande que se pasó seis meses remodelando. Ha hecho cuentas, y para cuando se retire, en cinco años, los departamentos estarán pagados y se convertirá en un anfitrión de tiempo completo.

Jonathan Morgan, de 41 años, opera seis alojamientos de tres inmuebles en Savannah, Georgia: una casa entera, tres habitaciones donde vive y dos cuartos en una casa vacacional en una isla, para la cual transporta a la gente en un bote. Dice que empezó en 2010, "cuando había 12 personas en la oficina de Airbnb"; aprovechó la ola de ímpetu de Airbnb y vio cómo los miembros de su comunidad se hicieron más sofisticados. En sus primeros días, dice: "Nadie sabía qué hacer, qué era la experiencia. ¿Quién será el asesino psicópata? ¿Tú o yo?" Atrae viajeros jóvenes y conocedores de tecnología e invierte en cosas que les llaman la atención: 12 bicicletas *fixie*, sistemas de videojuegos, "cualquier cosa que atraiga a nuestro grupo objetivo, porque entonces nuestras vidas son más fáciles". Cobra de 70 a 99 dólares por noche y también obtiene algunos beneficios intangibles: sus dos últimas novias fueron sus huéspedes en Airbnb.

Deja que prospere un millón de esponjadores de cojines

El crecimiento de la comunidad de anfitriones de Airbnb también impulsó una sólida industria de pequeños negocios de *startups* que ofrecen servicios para apoyar en todo: cambiar ropa de cama, esponjar cojines, servicio de arreglo de habitaciones, entregas de llaves, administración de propiedades, servicios de minibar, cumplimiento de impuestos, análisis de datos y más. Los llaman proveedores de "picos y palas" de la fiebre del oro de Airbnb: hay docenas de estas *startups*, casi todas iniciadas por usuarios que detectaron una necesidad, hueco o punto de quiebre en alguna parte del proceso. Muchos de ellos están recaudando inversiones de riesgo. Uno de los servicios de gestión profesional para anfitriones más grande se llama Guesty y lo iniciaron dos hermanos gemelos israelíes. Los anfitriones le dan acceso a Guesty sobre sus cuentas de Airbnb y esta compañía se encarga de administrar las reservaciones, comunicarse con los huéspedes, actualizar los calendarios, agendar y coordinar los servicios de limpieza y de otros proveedores. Todo esto por la tarifa de 3% del pago final de la reservación. Pillow, una *startup* con base en San Francisco, crea anuncios, contrata personal de limpieza, se encarga de las llaves y usa un algoritmo para determinar las mejores opciones de precio. HonorTab trajo un concepto de frigobar a Airbnb. Everbooked fue fundada por un *geek* en gestión de rendimiento con experiencia en manejo de datos que vio la necesidad de herramientas para poner precio para los anfitriones de Airbnb.

Una de las tareas con las que los anfitriones a menudo necesitan ayuda es entregar las llaves a los huéspedes. Es difícil organizarse para estar en casa siempre que llega un viajero, sobre todo cuando se atrasa el vuelo, el anfitrión trabaja de tiempo completo o está fuera de la ciudad. Clayton Brown, un alumno de la Facultad de Negocios de la Universidad Stanford que vive en Vancouver y trabajó en finanzas, empezó a usar Airbnb en 2012 para anunciar su departamento cada vez que viajaba por negocios y pronto identificó que el proceso de entregar las llaves era su mayor problema. Se ponía de acuerdo con el servicio de limpieza para que estuviera en el departamento cuando llegara el huésped, pero en una ocasión el vuelo se retrasó, la señora de la limpieza se fue a casa y el viajero tuvo que tomar un taxi a los suburbios lejanos para buscar la llave, lo que provocó muchas frustraciones para todos. Brown dice: "Empecé a pensar que debía existir una forma; Airbnb estaba creciendo demasiado rápido, así que quizá había una idea de negocio por ahí." En 2013 él y un socio empezaron una compañía que, en esencia, convierte cafés, bares y gimnasios locales en centros de entregas de llaves. Keycafe le da al establecimiento un kiosco y el anfitrión paga 12.95 dólares mensuales (más una tarifa de 1.95 por recoger la llave) por un llavero activado con identificación por radiofrecuencia (RFID, por sus siglas en inglés). A los viajeros se les asigna un código de acceso único a través de la aplicación Keycafe, la cual usan para desbloquear el kiosco. El anfitrión recibe una notificación cada vez que una llave es recogida o entregada, y a los establecimientos locales les gusta este acuerdo porque trae gente a su negocio.

Aunque Keycafe atiende a clientes más allá de sólo Airbnb, incluyendo paseadores de perros y otros servicios profesionales, Airbnb y los administradores de propiedades son más de la mitad de su negocio. La compañía es uno de los elementos complementarios más fuertes de Airbnb: es colaborador oficial de la plataforma Host Assist (Ayuda para el Anfitrión, todavía no disponible en México), la cual integra algunos de estos proveedores en su sitio web. Brown y su socio han ganado casi tres millones de dólares, más que la mayoría de los otros servicios auxiliares. "Conforme Airbnb se vuelve más grande y la valuación y la escala de la compañía crecen, hay que saber jugar en el espacio de riesgo", dice Brown.

Airbnb ha reunido anfitriones de manera informal desde el inicio, pero en 2014 estos esfuerzos se formalizaron con el lanzamiento del Open de Airbnb, la primera cumbre mundial de anfitriones. Aquel noviembre, alrededor de mil 500 anfitriones de todo el mundo se reunieron en San Francisco durante tres días de charlas, seminarios, cenas y otras formas de inmersión de Airbnb. Escucharon historias inspiradoras de varios oradores. Vieron a Chesky, quien en un momento estaba muy emocionado cuando subió al escenario y pidió que se levantaran aquellos a quienes hospedar los había transformado como personas (todos se pararon). Oyeron a Conley, quien les dijo que guardaran sus bolsas de regalo y sus gafetes personales porque dentro de cinco o seis años "éste será el evento de hospitalidad más grande del mundo".

Al año siguiente, en 2015, el Open fue mucho más espectacular. Se realizó en París como un guiño a la importancia de ese mercado (es el más grande de la compañía tanto en alojamientos como en huéspedes). El evento atrajo a cinco mil anfitriones y a más de 600 empleados de Airbnb al Grande Halle de la Villette durante la reunión de tres días. Los asistentes, que pagaron su viaje, escucharon a oradores tan variados como el filósofo suizo y autor Alain de Botton y la gurú del orden en el hogar Marie Kondo. Recibieron inspiración de Chesky, Gebbia, Blecharczyk y Conley, así como actualizaciones del VP de producto de la compañía, Joe Zadeh, y del VP de ingeniería Mike Curtis. También tuvieron noticias sobre la batalla regulatoria por parte de la directora de asuntos comerciales y jurídicos, Belinda Johnson, y del director de políticas públicas, Chris Lehane. Además, el entretenimiento fue nada más y nada menos que el Cirque du Soleil. El evento se preparó durante meses, fue una gran producción y empezó como se planeó: al final del primer día, la multitud se dispersó para realizar miles de cenas simultáneas en las casas de los anfitriones y en los restaurantes por toda la Ciudad de la Luz.

Después de un entusiasta día dos, el 13 de noviembre de 2015, los cofundadores tuvieron una reunión con los primeros 40 empleados que todavía siguen ahí; la llamaron la Tenth Street Dinner. Se llevó a cabo en un alojamiento de Airbnb en el XVIII Distrito; fue una cena diseñada para celebrar los éxitos de la compañía. Chesky había dado dos discursos ese día y ahora, rodeado de su familia y amigos, sintió que podía relajarse y por una vez darse un tiempo para reflexionar en todo lo que habían logrado.

Pero como una hora después de que empezó la cena, justo acabando el brindis de Gebbia, Chesky y otros empezaron a sentir que sus teléfonos vibraban o sonaban. Se había reportado un tiroteo en un restaurant a pocos kilómetros. Al principio pareció un incidente aislado pero preocupante, así que regresaron a su cena. Pronto llegaron noticias de más ataques: se reportaron explosiones en el estadio de futbol de la ciudad. Ahora había tiroteos masivos en el X Distrito y una toma de rehenes en Bataclan. Se trataba, obvio, del ataque terrorista coordinado por ISIS que mató a 130 personas y dejó más de 400 heridas. Y Airbnb tenía 645 empleados y cinco mil anfitriones en cenas esparcidas por toda la ciudad. Muchos estaban en colonias donde hubo tiroteos. Uno de sus grupos estaba en el estadio.

Chesky se puso en contacto con su jefe de seguridad y estableció un centro de comando provisional en el baño de arriba del alojamiento donde estaban cenando. Se encerraron toda la noche, quitaron los muebles y pusieron todas las almohadas y mantas que pudieron. Durante una larga velada revisaron que cada empleado y cada anfitrión estuviera bien. Ninguno resultó herido. Al día siguiente cancelaron el resto del programa y trabajaron para que todos regresaran a casa. Ese domingo 100 empleados abordaron un avión a San Francisco.

En noviembre de 2014, cuatro meses después de que la compañía lanzara "Pertenecer a cualquier lugar" como su misión, Chesky buscó a Douglas Atkin. Dijo que amaba "pertenecer a cualquier lugar" y que de verdad sentía que sería la misión de la compañía por los próximos 100 años. Pero todavía tenía algunas preguntas apremiantes: ¿Qué *significaba* de verdad? ¿Cómo se medía? ¿Cómo sucedía? Envió a Atkin a otra odisea de grupos focales para descubrirlo. Cuando Atkin regresó, después de hablar con 300 huéspedes y anfitriones alrededor del mundo, tenía una respuesta: pertenecer a cualquier lugar no era un momento único, era una experiencia que la gente sentía cuando viajaba con Airbnb. La compañía codificó esto como el "viaje de transformación para pertenecer a cualquier lugar" y es algo así: cuando los viajeros dejan sus casas se sienten solos. Llegan a su Airbnb y se sienten recibidos, aceptados y cuidados por su anfitrión. Entonces se sienten seguros de ser el mismo tipo de persona que son cuando están en casa. Y cuando esto pasa sienten que son una versión mejor, más completa y libre de ellos mismos... y su viaje está completo.

Esto es hablar en lenguaje de Airbnb, y aunque suene cursi para el resto de nosotros, Chesky y Atkin dicen que esto es una gran razón por la que Airbnb despegó de la forma en que lo hizo. Hay una especie de devoción casi de culto entre los verdaderos creyentes de Airbnb, los que aceptan esta visión con los brazos abiertos. Durante sus viajes explorando en los grupos focales el significado de Airbnb, Atkin encontró un anfitrión en Atenas que había pintado "pertenecer a cualquier lugar" en la pared de su habitación y una en Corea que se había cambiado el nombre a una frase coreana que significa "bienvenido a mi casa". Pero sin importar si es un "viaje de transformación" completo para el viajero promedio, Airbnb ha disfrutado tener éxito en algo más que sólo los precios bajos y espacios disponibles y extravagantes... Conmueve en algo más grande y profundo.

La oportunidad de mostrar algo de humanidad o recibir expresiones de humanidad de otros, incluso si sólo son unos mensajes, algunas toallas esponjadas y una nota de bienvenida, se ha vuelto algo raro en nuestro mundo desconectado. Éste es otro elemento de Airbnb (y de algunos servicios de alquileres a corto plazo) que de manera excepcional lo hace diferente de otros aspectos de la llamada "economía colaborativa". En esencia, Airbnb involucra las interacciones humanas más íntimas: visitar personas en sus hogares, dormir en sus camas, usar sus baños (incluso en los alojamientos administrados por profesionales se siente esta intimidad exclusiva). Claro, justo esto lo vuelve objetable y polarizante para mucha gente que jamás se imaginaría usándolo. Pero también lo hace único y especial. Este tipo de "compartir" (esta apertura hiperpersonal del aspecto más íntimo y seguro de la vida de alguien a un extraño) no está presente cuando contratas a una persona para arreglar una fuga en TaskRabbit o cuando entras al auto negro con aire acondicionado de alguien para un viaje en silencio al aeropuerto con la cabeza en el teléfono. Más que todo, este aspecto de Airbnb lo distingue de Uber, Lyft y cualquier otra compañía similar de economía colaborativa. Elisa Schreiber, socia de publicidad en Greylock Partners, inversionista en la compañía, resume esta distinción de manera concisa: "Uber es comercial, Airbnb es humanidad".

Por desgracia, como estamos a punto de ver y como Airbnb aprendió, a pesar de sus mejores intenciones, esta "humanidad" puede ser algo muy frustrante. No siempre es bien intencionada… y no siempre es buena.

4
Lo malo y lo feo

Nuestro producto es la vida real.
Brian Chesky

Claro, la humanidad no siempre se porta bien, y a pesar de la promesa llena de idealismo de Airbnb, aquí surge una pregunta obvia: ¿cómo juntar a todos estos extraños y no tener problemas?

Después de todo, en el mundo hay algunas personas que actúan muy mal. Y al parecer hay pocas formas más fáciles de atraerlas que ofrecer un servicio cuya misión central sea entregar las llaves de tu casa a un completo extraño. Así que, ¿estos tipos acudieron a Airbnb? Algunos lo hicieron. En otros casos, descuidos accidentales tuvieron consecuencias inesperadas y algunas graves. Y aunque por lo general estos casos son muy raros, son parte del nuevo y valiente mundo de compartir casa a gran escala (y han tenido implicaciones importantes para la compañía).

Hubo incidentes como el saqueo de EJ en 2011, la primera lección sobre cómo manejar violaciones extremas a la confianza que habían creado, así como los problemas relacionados con RP y manejo de crisis. Pero las formas en que la gente puede hacer mal uso de Airbnb son numerosas y con los años los ejemplos más extravagantes se volvieron sensaciones mediáticas. En 2012, en Estocolmo, la policía arrestó a prostitutas que usaban un departamento de Airbnb como burdel. En 2014, en un incidente muy publicitado en Nueva York, Ari Teman pensó que había rentado su departamento de Chelsea a una familia que estaba en la ciudad por una boda, pero cuando fue a recoger sus maletas antes de salir de la ciudad descubrió lo que llamó una fiesta de sexo para gente con sobrepeso en todo su apogeo. Semanas antes, la ejecutiva de una *startup*, Rachel Bassini, rentó su penthouse en East Village, también en Nueva York, y cuando regresó descubrió sus muebles dañados y volteados, además de todo tipo de desechos, desde condones usados hasta gomas de mascar (incluyendo cosas que parecían heces humanas) en pisos, paredes y muebles.[1]

En la primavera de 2015, Mark y Star King, padres de dos niños pequeños, rentaron su casa de tres habitaciones en la colonia residencial de Sage Hill, en Calgary, a un hombre que dijo que estaba en la ciudad con unos miembros de la familia para asistir a una boda. Hacia el final de su estancia, un vecino los llamó porque la policía estaba en la casa. Los King regresaron y descubrieron su casa completamente destrozada por lo que la policía llamaría después una "orgía inducida por drogas". Fue un nivel de destrucción similar o peor que el de EJ en San Francisco: los muebles estaban rotos y manchados, la obra de arte de Star fue destruida y la casa estaba llena de condones usados, charcos de alcohol, colillas de cigarros y pilas inmensas de basura. Había vidrios rotos en el piso y la comida estaba desparramada de manera extraña por toda la casa, incluyendo salsa *barbecue* y mayonesa en las paredes y el techo, además algunos de los zapatos de Star estaban rellenos de piernas de pollo. Como había presencia de fluidos, la policía acordonó la casa, puso letreros de riesgo biológico y regresó con máscaras y trajes blancos. "Nos habríamos sentido mejor si hubieran quemado la casa hasta las cenizas", dijo Mark King a la CBC. Luego, los vecinos les contaron que poco después de que los King se fueron, llegó un *party bus* con mucha gente. Tuvieron que desmantelar toda la casa, hasta los zócalos, cambiar el piso, pintar las paredes y restructurar el techo, un proceso que tardó seis meses (y fue pagado por la garantía al anfitrión de Airbnb). "No pudimos salvar muchas cosas de la casa", dice Mark King.

Este tipo de fiestas han ocurrido durante años, sus organizadores usan todo tipo de sitios web desde Craigslist hasta HomeAway para encontrar espacios y rentarlos. Pero conforme Airbnb creció y ofreció una interfaz fácil y millones de alojamientos más allá de sólo los que estaban en los mercados de casas vacacionales, se volvió un lugar muy accesible para buscar lugares para eventos.

"No parecen golfistas"

En julio de 2016 se acercaba el Campeonato de la PGA. Se realizaría en el Baltusrol Golf Club, un campo de golf de 121 años de antigüedad en Springfield, Nueva Jersey, como a 30 kilómetros al oeste de la ciudad de Nueva York. Barbara Loughlin (no es su nombre real) vivía en un elegante suburbio cercano con su esposo y sus cuatro hijos y pensaron que quizá deberían rentar su hogar durante el evento. De todos modos, pasarían la mayor parte del verano en su casa de vacaciones en la costa de Jersey, además ¿cuáles eran las posibilidades de que un evento nacional prestigioso viniera y creara demanda de alojamiento en su tranquila área?

Un poco antes, Loughlin buscó opciones para un viaje al Valle de Napa, exploró sitios de alquileres a corto plazo y le gustó la variedad de propiedades agradables que encontró, por lo que se sentía cómoda con el tema. Tomó algunas fotos y publicó la casa estilo victoriano de cuatro habitaciones con un gran jardín y alberca en dos mil dólares por noche ("lo cual era un poco excesivo para nuestra ciudad —dice Loughlin—. Salvo un golfista, ¿quién pagaría dos mil dólares para rentar una casa en los suburbios?"). Empezó a recibir solicitudes, pero rechazó casi todas porque parecían sospechosas, como la de un chico de 18 años que quería hacer su fiesta de graduación ahí. Pronto escuchó de alguien llamado Kay, un coordinador de eventos cuyo nombre de perfil era "Plush". Kay le dijo que trabajaba con un editor de la revista *Golf Digest*, quien quería rentar la casa de Loughlin el fin de semana para hacer una "fiesta de lanzamiento" para 50 o 60 golfistas en el área de la alberca la tarde del sábado.

Loughlin pensó que sonaba atractivo: Kay quería la casa por tres noches, estaba dispuesto a pagar la tarifa de dos mil dólares y

¿qué mejor comportamiento que el de unos golfistas un sábado en la tarde? Plush era un nombre extraño, pero tenía una cuenta verificada con identificación oficial: el método de Airbnb para mejorar la verificación de identidad. Aun así, Loughlin, hija y hermana de abogados, tomó medidas extras: hizo un contrato adicional y pidió la licencia de conducir no sólo de Plush sino de los seis adultos que según Kay se quedarían toda la noche en la propiedad. Kay envió copias de las licencias, los seis nombres se agregaron al contrato adicional, se firmó y regresó pocos días antes del evento, se hizo la reservación y se pagó a través de Airbnb.

Sólo para estar segura, Loughlin googleó los nombres de las licencias de conducir para corroborar que fueran legítimas. Todos aparecieron como personas reales y profesionales con perfiles en LinkedIn y otros sitios, pero pensó que era raro que no hubiera referencia al golf o a *Golf Digest* en ninguno de sus perfiles en internet. Para entonces ya era el día antes de que los inquilinos llegaran, así que llamó a Key y le dijo que todavía no entendía bien la conexión con el golf. Él prometió enviarle un enlace donde se explicaba. Hablaron tres veces ese día, cada vez ella le recordaba que le enviara el enlace y cada vez él le decía que se lo enviaría… pero nunca llegó.

Al día siguiente, según lo planeado, Loughlin y su esposo viajaron desde su casa en la playa para conocer a Kay y su proveedor de comida y entregarle las llaves. Kay la llamó para decirle que estaba en Brooklyn en una reunión con su abogado y que llegaría tarde, pero que el proveedor ya estaba ahí; le mandó una copia de su licencia de conducir y le aseguró que sería una fiesta pequeña y un asunto simple. Kay llamó otra vez y dijo que seguía en la ciudad, atrapado en el aeropuerto recogiendo a los otros inquilinos, por lo que Loughlin le dio las llaves al proveedor de alimentos. Esa noche Loughlin y su esposo manejaron de regreso a su casa en la playa, en la costa de Jersey.

Loughlin había avisado a sus vecinos del evento de golf, por lo que a la mañana siguiente, cuando uno de ellos le envió una foto con un camión de una compañía que rentaba muebles en la entrada de su casa, Loughlin respondió que estaba bien; tenía sentido. Todo ocurría según lo planeado.

Unas horas más tarde otra vecina la llamó y dijo: "No quiero alarmarte y todo está bien, pero la gente que está llegando a tu casa no parece golfista". Describió grupos de jóvenes vestidos con trajes de baño. Loughlin llamó a Kay y le preguntó qué estaba pasando. Le respondió que quizá la vecina había visto al equipo de instalación que todavía no se iba; los golfistas todavía no llegaban. Algo recelosa, Loughlin confió en su palabra. Pero pronto otro vecino le avisó que estaba llegando más gente y todos se veían igual: las mujeres arregladas con bikinis, vestidos transparentes, pareos y tacones altos, hombres en trajes de baño y todos entre 18 y 25 años.

Cuando Loughlin volvió a llamar a Kay tenía una explicación diferente: le dijo que sus clientes habían rentado dos casas para dos eventos diferentes y que habían decidido cambiar las locaciones de último minuto. Ahora el evento en la casa de Loughlin era una fiesta familiar donde el organizador principal de los dos eventos, un hombre llamado Jean Manuel Valdez (cuyo nombre era uno de los seis que había dado copia de su licencia), le propondría matrimonio a su novia.

Para este punto, Loughlin y su esposo sintieron que algo andaba mal, así que se subieron al auto y manejaron de regreso a la casa otra vez. En el camino, los vecinos siguieron enviándole fotos y diciéndole que estaba llegando más gente, grupos de jóvenes estaban entrando a su casa por docenas. Para cuando los Loughlin arribaron, cada calle de su colonia estaba rodeada de autos estacionados y grupos de asistentes se acercaban a pie a la casa. Cuando los Loughlin llegaron al final de la entrada de su casa, unos guardias de seguridad profesionales les dieron la bienvenida, estaban revisando los brazaletes de la gente. Contratados por los organizadores del evento, los guardias no tenían idea de ninguna fiesta de golfistas. Había una segunda estación de registro de entrada en el garaje, y en el patio trasero había tres DJ, un bar, una parrillada, seis carpas estilo resort y entre 300 y 500 juerguistas. "Era una locura."

Los Loughlin no podían entrar a su propiedad porque violarían los términos de su alquiler. Pero los vecinos llamaron a la policía, que tenía autoridad para ingresar, detener la fiesta y evacuar a los invitados, lo cual tardó dos horas. Barbara Loughlin preguntó por Jean Manuel Valdez y le dijeron que había salido a cenar. "Pensé que seguro nadie del contrato estaba en la propiedad." No encontró a Kay, su primer contacto, y nunca conoció a Valdez. Después de que se fue el último invitado, los Loughlin caminaron por su casa con un oficial de policía para evaluar los daños. Fueron mínimos: un candelabro roto, una silla de mimbre dañada y algunas grietas en la terraza de madera de la alberca. Como ninguno de los inquilinos estaba ahí para devolverle las llaves, llamaron a un cerrajero para que cambiara todas las chapas.

Después se enteraron de que su casa fue usada por promotores para organizar una fiesta de hip-hop llamada In2deep. El evento fue anunciado en Instagram y Eventbrite durante semanas, se vendió como "*pool party* en una mansión privada" con servicio de carpas VIP, "champaña para las primeras 100 chicas" y DJ poniendo música hip-hop, dance-hall y afrobeat. El anuncio decía: "Pásala increíble en las carpas o en la alberca." Los asistentes pagaron de 15 a 25 dólares por boleto y les dieron la dirección después del pago.

A pesar de que el daño a la propiedad fue mínimo, Loughlin estaba desconsolada: se sentía defraudada, habían arruinado sus vacaciones y estaba mortificada por causar tanto alboroto entre sus vecinos. Tenía miedo porque había visto publicaciones de los asistentes en Instagram, una decía: "Ayer pintaba para ser algo grandioso, pero ya saben que diablo blanco no deja que los niños de Dios se divirtieran... Igual no se preocupen, tenemos algunas sorpresas." Pensaba que invitados enojados regresarían a su casa a tomar represalias. Pero sobre todo, Loughlin quería que atraparan a Plush y pagara un precio por violar su confianza y defraudar a su familia.

El lunes posterior al evento Loughlin buscó el número de Airbnb durante 45 minutos, luego llamó y la pusieron en espera otros 15, y contó su experiencia a un ejecutivo de servicio al cliente.

El empleado le explicó que pasaría el caso a un especialista, quien le devolvería la llamada dentro de las siguientes 24 horas y le pidió que, mientras tanto, enviara cualquier detalle adicional sobre su caso. Tres días después Loughlin no había tenido noticias, así que envió un correo electrónico preguntando cuándo le responderían y dando más detalles: una descripción de lo que había sucedido y un enlace de Dropbox a casi 40 fotos del evento que recuperó de Instagram. Pidió que alguien de Airbnb la llamara.

Cinco días después, aún sin recibir una respuesta, envió otro correo electrónico preguntando por qué tardaban tanto. Al siguiente día una ejecutiva de casos, Katie C., le envió un cordial saludo ("Gracias por contactarnos, ¡aunque me apena que sea bajo estas circunstancias!") y se disculpó por la demora. Katie le sugirió que aprovechara la garantía al anfitrión, el programa de reembolso de Airbnb para daños a la propiedad; le explicó de manera detallada el beneficio y el procedimiento para presentar un reclamo. Loughlin le respondió que los daños que le preocupaban no eran sobre su propiedad, sino que deseaba respuestas a preguntas apremiantes: quería saber si Airbnb reportó las licencias de conducir, si revisó si alguna de estas mismas personas seguía en el sitio web rentando otras propiedades de Airbnb y si la compañía investigó cómo Plush tenía una cuenta verificada con identificación oficial. Después de que no le contestaron durante dos días, Loughlin escribió otra vez y le indicó que ya habían pasado dos semanas desde el incidente y que todavía no recibía respuesta de Airbnb. Agregó que un reportero de la televisión local había llamado a los Loughlin para hacer una historia sobre el incidente; la noticia ya se había extendido por toda su ciudad.

Dos días después Katie C. le respondió que Airbnb no podía dar información personal, pero que si Loughlin estaba colaborando con la policía, los oficiales podían enviar un correo electrónico al enlace del agente judicial de Airbnb para hacer una solicitud formal de información sobre la identidad de Plush. De nuevo invitó a Loughlin para que llenara la solicitud por daños físicos a cargo de la garantía al anfitrión. Confirmaba la recepción de las fotos, pero con el fin de considerar el caso para compensación, Airbnb necesitaba el formato oficial completado y una lista detallada de daños y recibos. Katie C. escribió: "Entiendo que es un incidente frustrante y hacemos nuestro mayor esfuerzo para ofrecerle apoyo, así como trabajar en su proceso de garantía al anfitrión."

Después de muchos correos de ida y vuelta, durante los cuales Loughlin llenó una solicitud por 728 dólares y repitió sus preguntas, Katie C. le dijo que desafortunadamente las políticas de privacidad de la compañía prohibían la divulgación de cualquier información respecto a la cuenta de Plush. Si la policía local quería investigar, debía contactar al agente judicial de Airbnb, quien cooperaría con cualquier investigación. Agregó que estaba comprometida a hacer todo lo que pudiera para abogar por Loughlin a través del programa de garantía al anfitrión.

A Loughlin le interesaba poco la dichosa garantía, quería que Airbnb ayudara a identificar a Plush y evitar que defraudara a otros en la plataforma. Ella y su esposo querían presentar cargos contra Plush, pero no tenían información personal sobre él y no creían que la policía local tomaría su caso de la forma en que Katie C. lo proponía, no valía la pena perder el tiempo así. Loughlin quería que Airbnb la ayudara. Al menos que la llamaran. "Nunca hablaron con nosotros por teléfono", dice.

Mientras tanto, se dio cuenta de que más o menos al mismo tiempo recibió una solicitud para rentar su casa por medio de VRBO. Le escribió Christopher Seelinger, uno de los nombres del grupo de licencias de conducir falsas. "Estos tipos sólo estaban engañando una y otra vez y Airbnb no hacía nada, ni siquiera me llamaron para hablar sobre ello."

Las respuestas circulares continuaron. Después de presentar la solicitud de garantía al anfitrión, otro representante de Airbnb, llamado Jordan, le escribió para decirle que notó que no había usado el Centro de Resoluciones como se le había indicado en un correo electrónico anterior.

Airbnb remite todas las disputas entre huéspedes y anfitriones al Centro de Resoluciones, una plataforma de mensajes en el sitio web donde las partes pueden tratar de resolver el conflicto por su cuenta solicitando un pago extra. Si no se llega a un acuerdo las partes pueden pedir a Airbnb que actúe para resolver el conflicto. Loughlin estaba confundida, nadie le había mencionado esto (pero siguió las instrucciones de Jordan), presentó una solicitud extensa y pidió cuatro mil 328 dólares por daños, detallados así: 728 por daños a la propiedad, 350 por servicios de jardinería extra y tres mil 250 para cubrir las horas de asesoría legal que ella y su esposo habían recibido ("Usted nos defraudó", empezaba la declaración de 900 palabras que dirigió directamente a Plush).

Unas semanas después Katie C. le escribió para informarle que Airbnb había procesado el pago de 728 dólares. Loughlin estaba desconcertada: había solicitado cuatro mil 328 dólares, no había tenido respuesta de Plush y no había acordado ningún otro plan de pago. Además, todavía no recibía una llamada de Airbnb. Le dijo esto a Katie C., quien contestó que no entendía, ya que los gastos totales por daños físicos eran 728 dólares. "¿Podrías detallar mejor cómo llegaste a cuatro mil 328?", le escribió. Loughlin volvió a explicar que el resto era para facturas legales. Otra vez preguntó si Plush había respondido y qué medidas había tomado Airbnb "para localizarlo por sus actos fraudulentos".

Tres días después Katie C. escribió y dijo que el huésped no había respondido, su cuenta fue puesta en cuarentena y la garantía al anfitrión no cubría gastos legales, por lo que no estaban incluidos en la oferta final de Airbnb. Aunque con mucho gusto procesaría el reembolso adicional, a través de la garantía al anfitrión, por los servicios extras de jardinería, ¿podría enviar una factura para eso?

Loughlin estaba exasperada. Sólo quería que Airbnb encontrara a Plush y evitara que siguiera actuando. Deseaba que alguien de la compañía le llamara para hablar de eso porque ella tenía su información de contacto y había escuchado de los verdaderos dueños de algunas de las otras licencias de conducir que usó el grupo. Pero en vez de eso se sentía atrapada en un círculo interminable de discusiones sobre la garantía al anfitrión. Al final, Loughlin decidió no aceptar el reembolso; para recibirlo, Airbnb solicita que los beneficiarios firmen un formato que, entre otras cosas, descarga a la compañía de cualquier responsabilidad futura relacionada con la reservación, lo cual Loughlin no aceptó. Sintió que el documento era "inadmisible" y que la política de Airbnb protegía a Plush, ya que no le revelaban su información. "Plush podría tocar mi puerta o rentarme otra vez y no tendría idea de quién era", escribió a la compañía. Airbnb envió varios correos de seguimiento pidiéndole que firmara, después un supervisor la contactó y le dijo que la compañía era capaz de autorizar un pago de 271 dólares de los 350 que faltaban sin su firma (y que incluiría un cupón de 100 dólares para su próxima reservación).

Emily Gonzales, directora del equipo de Operaciones de Confianza y Seguridad de Airbnb para Norteamérica, dice que la tardanza en responder fue "inaceptable" y que el equipo estuvo buscando formas para asegurarse de que esto no volviera a suceder. Explicó que como los pagos legales de Loughlin no se relacionaron con ninguna acción legal realizada, no pudieron cubrir esos gastos. Afirmó que la compañía pagó la reclamación de daños, como era su política, canceló de manera permanente la cuenta de Plush y se lo informó a Loughlin, y que habían revisado y podían confirmar que el "Chris" del que había escuchado varias veces no era el mismo Christopher cuyo nombre aparecía en una de las licencias de conducir fraudulentas.

Nick Shapiro, director de comunicación, dice que el retraso de la compañía fue "totalmente inaceptable". También señala que las herramientas de la plataforma ofrecen al anfitrión múltiples oportunidades de valorar a los huéspedes usando su propio juicio: factores como el número de evaluaciones, si tiene una cuenta verificada con identificación oficial y la forma en que se comunica en los mensajes; todo eso ayuda a un anfitrión a evaluar a un huésped y señalar problemas potenciales. Shapiro indicó que en este caso el huésped era nuevo, no tenía evaluaciones y manifestó con claridad su intención de organizar una fiesta, a lo que Loughlin aceptó. "No existe una bola de cristal, por eso tenemos una defensa con muchas capas." Agregó que si un anfitrión reserva a un huésped y se presenta alguien diferente (como sucedió en el caso de Loughlin, cuando se presentó el proveedor en vez de Kay), el anfitrión puede y debe llamar a Airbnb y cancelar la reservación de inmediato. Loughlin insiste en que se sintió segura porque Plush tenía una identidad verificada con identificación: "Dicen que es una persona real." Cuando le informé esto a Gonzales, ella dijo: "Estamos trabajando para mejorar justo lo que describes." La compañía está desarrollando una versión mejorada de verificación con identificación oficial que planea lanzar pronto.

Un ataque escalofriante

En el verano de 2015 ocurrió otro incidente reportado de forma detallada en *The New York Times*. Jacob Lopez, un joven de 19 años que vivía en Massachusetts, se hospedó en Madrid y su anfitriona, una mujer transgénero, lo amenazó, lo encerró en el departamento y lo obligó a tener relaciones sexuales.[2]

Según la narración, Lopez le envió un mensaje de texto a su madre en tiempo real, pidiéndole que contactara a la policía. Su madre llamó a Airbnb, pero el empleado con el que habló dijo que no podía darle la dirección del alojamiento (necesitaban que la policía de Madrid les llamara directamente para solicitar esa información) y que no podían contactar a la policía de forma directa para reportar el incidente, tenía que hacerlo ella. Le dieron el número de la policía de Madrid, pero cuando marcó, según el *Times*, escuchó una grabación con acento español que la desconcertó.

Mientras tanto, la situación dentro del departamento se había intensificado y, como narró Lopez, fue abusado. Por último, se libró del ataque hablando con la anfitriona y diciéndole que sus amigos sabían dónde se estaba quedando y que irían a buscarlo si no llegaba a una reunión. (Según el artículo de *The Times*: la policía de Madrid no quiso declarar. La anfitriona negó los cargos, dijo que el incidente fue consensuado, Lopez era transfóbico, la policía ya la había visitado y esperaba que le quitaran los cargos.)[3]

Igual que con el saqueo del departamento de EJ en 2011, en cuanto salió la historia escrita se volvió viral. Lopez apareció en el programa *Today*. Cosmopolitan.com puso un encabezado que decía: "Si alguna vez te has quedado en Airbnb, debes leer esta horrible historia".[4] Airbnb rápidamente hizo cambios: actualizó su política para dar autoridad a los empleados de contactar a la policía de forma directa en casos en que había una situación de emergencia ocurriendo en tiempo real. También agregaron la opción de establecer en el perfil un contacto autorizado para recibir cualquier información en caso de emergencia; esto facilita compartir itinerarios con amigos y familia, en especial desde un teléfono o dispositivo móvil.

Pero esta situación provocó la pregunta de por qué, después de siete años, Airbnb no permitía que los empleados llamaran a la policía de manera directa si ocurría una emergencia en tiempo real. Cuando le pregunté a Chesky, respondió: "Antes éramos un poco tímidos para llamar a la policía." Explicó que la compañía había desarrollado su política de reacción de emergencia con participación de expertos. Ellos aconsejaron de manera específica no intervenir y que las víctimas debían pedir ayuda a la policía de forma directa, para evitar la oportunidad de agrandar una situación para la que la víctima quizá no estaba lista. Pero Chesky dijo que el personal de Airbnb no consideró la posibilidad de que un incidente ocurriera en tiempo real. "Nos faltaron las sutilezas" al desarrollar la política, confesó Chesky. También dijo que cuando revisaron los detalles del caso, la decisión a conciencia que se hizo en el incidente de Lopez para no referir el caso a las autoridades "no pasó el examen de olor".

Las respuestas de Airbnb tienden a subrayar con cuidado que tales incidentes son raros y, muchas veces, parte de un problema mayor. "El problema del abuso sexual es un reto global, pero no hay nada más importante para nosotros que la seguridad de nuestra comunidad", se leyó en un comunicado emitido por la compañía tras el incidente de Lopez. "Ese fin de semana más de 800 mil personas se quedaron en Airbnb y no tuvieron problemas, incluidas 70 mil en España, pero aun así un solo incidente es demasiado." Hay una frase que dice: "Nadie tiene un récord perfecto, pero todos nos esforzamos por alcanzarlo."

Pero la seguridad es primordial para el negocio de Airbnb. Se puede argumentar que en la pirámide de Maslow no ser víctima de violencia ni vandalismo es más importante que "pertenecer". Y al igual que encargarle a un cliente que ofrezca buena hospitalidad, también la seguridad es un verdadero desafío cuando la compañía no es dueña de los bienes inmuebles. "Nuestro producto es la vida real, nosotros no lo fabricamos", dice Chesky. Por eso no puede ser perfecto. "Esto no es una comunidad en la que nunca ocurre un problema alguna vez." Pero afirma que Airbnb "es una comunidad muy confiable" (en cambio, el "mundo real en la calle" es un ambiente poco confiable), y cuando los problemas ocurren, la compañía siempre trata de ir más allá para hacer las cosas bien. En cada situación, dice: "Espero que hayamos hecho más de lo que pensabas con tu problema. Creo que la mayoría del tiempo la gente dice que lo hicimos."

La defensa más fuerte de Airbnb contra estos encabezados es que, a pesar de que estos incidentes son muy notorios, son raros. La compañía dice que, de 40 millones de huéspedes que se quedaron en Airbnb en 2015, los problemas que resultaron con más de mil dólares de daños sólo fueron 0.002%. "Es algo que desearíamos que fuera cero punto cero, cero, cero, sin ningún punto dos, pero es una estadística importante para el contexto", dice Shapiro, cuyo trabajo es controlar los medios de comunicación cuando hay una crisis (si esto te suena como un puesto estresante, considera que Shapiro fue el asistente del secretario de prensa del presidente Obama y el subdirector de personal de la CIA). La compañía dice que, de 123 millones de noches reservadas a principios de 2016, menos de una fracción de 1% fue problemática.

Y claro, en los hoteles pasan cosas malas todo el tiempo, aunque las estadísticas de crimen y confianza en un hotel son difíciles de encontrar. Algunos expertos estiman que en el hotel de una ciudad grande puede ocurrir un crimen diario, por lo general robos. De acuerdo con la U. S. Bureau of Justice Statistics National Crime Victimization Survey (la encuesta anual que realiza la BJS, una de las agencias que pertenecen al Departamento de Justicia de Estados Unidos), de 2004 a 2008, 0.1% de todos los abusos violentos y 0.3% de los ataques a la propiedad ocurrieron en una habitación de hotel.

Estas estadísticas no permiten mucha comparación. Pero Jason Clampet, cofundador y editor en jefe del sitio de noticias de la industria de viajes *Skift*, dice que, por cuestión de práctica, la plataforma no publica historias de las cosas malas que pasan en Airbnb justo porque él ve los encabezados sobre cosas igual de negativas que ocurren en los hoteles. Pero señala que estos incidentes todavía pueden causar un daño serio a las RP de Airbnb y pueden desanimar a los anfitriones. "Es uno de los retos cuando tienes una compañía construida en los bienes inmuebles de otras personas."

DISEÑAR PARA LA SEGURIDAD

La probabilidad de que ocurrieran cosas malas fue una de las razones principales que asustaron a los inversionistas cuando la compañía empezaba a despegar. En un podcast reciente con el autor Tim Ferris,[5] Chris Sacca, inversionista de riesgo, recordó que cuando rechazó invertir en Airbnb les dijo a los fundadores: "Chicos, alguien será violado o asesinado en una de esas casas… y ustedes tendrán las manos manchadas de sangre." Sacca dice que esto fue en 2009, cuando el enfoque principal de la compañía era rentar cuartos mientras el anfitrión estaba presente y que no podía dejar de pensar en ese "escenario de pesadilla". La decisión le costó cientos de millones de dólares. "Me distraje por completo de una oportunidad más grande —comenta—. Esto probó ser una postura demasiado costosa." Y, de hecho, la crisis de EJ en 2011 fue una experiencia casi fatal para la compañía, una violación a la seguridad que despertó la peor pesadilla de cada usuario potencial e hizo que los inversionistas temieran que las personas que componían la emergente base de datos perdieran por completo la confianza en la nueva compañía.

De hecho, las pocas semanas de manejo de crisis durante esa época fueron cruciales; los empleados más antiguos todavía las recuerdan, pues los equipos durmieron en la oficina durante varios días. Esto llevó no sólo a nuevas herramientas como la garantía al anfitrión y la línea directa 24/7, sino a la creación de la división de Trust and Safety (Confianza y Seguridad) de la compañía, una especie de operaciones paralelas a servicio al cliente, diseñada para enfocarse de manera exclusiva en asuntos de seguridad y respuesta a las emergencias.

En la actualidad Trust and Safety es un equipo de 250 personas que trabaja en tres grandes centros operativos ubicados en Portland, Dublín y Singapur. El departamento se divide en un equipo de operaciones, uno de enlace con la policía y uno de producto. Dentro de esta estructura, un equipo de defensa a la comunidad trabaja de manera proactiva para identificar con anticipación actividades sospechosas, realizando controles al azar en las reservaciones y buscando señales que puedan sugerir fraude o malas personas; mientras tanto, un equipo de respuesta a la comunidad se encarga de los problemas que van llegando. El equipo de producto incluye científicos de datos que crean modelos de comportamiento para identificar si una reservación tiene mayor probabilidad o si, digamos, alguien organizará una fiesta o cometerá un crimen (a las reservaciones se les asigna una calificación de credibilidad similar a las de los créditos). Este equipo también tiene ingenieros que usan máquinas, quienes están aprendiendo a desarrollar herramientas que analizan las reservaciones para detectar riegos. Además hay especialistas en manejo de crisis y apoyo a las víctimas entrenados para intervenir y reducir la intensidad de las situaciones, expertos en seguros que analizan las reclamaciones y veteranos de los mundos bancarios y de ciberseguridad que ayudan a detectar fraudes en los pagos.

Cuando suceden cosas malas se codifican desde Nivel Uno (asuntos de fraudes en pagos, robos de tarjeta de crédito o cargos rechazados, donde muchas veces la víctima es Airbnb), hasta Nivel Cuatro (que es cualquier caso donde la seguridad física de un huésped o anfitrión esté en juego). Un sistema de protocolo de intervención ayuda a enviar los casos a la gente correcta tan pronto como sea posible. Una vez que los casos están en marcha, un equipo vinculado con la policía trabaja con cualquier investigación policiaca local que ocurra, y un equipo de política formula estándares para responder.

Además, el producto tiene características para que no ocurran incidentes. Para empezar, el sistema de evaluaciones que crearon los fundadores de Airbnb desde el principio todavía es una de las herramientas más efectivas para valorar la reputación (los viajeros sólo pueden completar una evaluación después de haber pagado la estancia, así que nadie puede generar una imagen favorable pidiéndole a sus amigos que escriban varias evaluaciones). En Estados Unidos la compañía realiza revisiones de antecedentes de todos los usuarios. En 2013 introdujeron la verificación con identificación oficial, el proceso de comprobación mejorado que incluye una prueba de identidad más rigurosa y confirma una conexión entre las identidades de la persona dentro y fuera de internet. Tanto huéspedes como anfitriones tienen la opción de realizar negocios sólo con individuos verificados con identificación oficial. Y en todas las interacciones la información personal, como número de teléfono y dirección, no es visible hasta que el anfitrión acepta un huésped y se realiza la reservación, eliminando las posibilidades de que las dos partes reserven fuera del sitio.

Hay una junta de asesores de confianza, un equipo de consejeros que incluyen al antiguo subgerente de FEMA, el asistente del ex secretario del Department of Homeland Security, un antiguo agente del servicio secreto de Estados Unidos, el jefe de seguridad de Facebook, un destacado experto de ciberseguridad de Google y un experto en prevención y atención de violencia doméstica. La junta se reúne una vez por trimestre para hablar sobre las formas en que Airbnb puede mejorar la prevención de incidentes.

Pero aún con todo esto, todavía hay mucho que hacer. Por ejemplo, "Plush" de alguna manera pasó el proceso de verificación con identificación oficial. Un representante de Airbnb debió llamar a Barbara Loughlin de inmediato para expresarle comprensión y explicarle de manera amable por qué la compañía deja la persecución de personas malas en manos de la policía. No debieron ponerla en espera durante 15 minutos cuando llamó a la línea de ayuda de emergencia de Airbnb y no debió tardar 45 minutos en encontrar el teléfono. De hecho, buscar el número de emergencia o de servicio al cliente en el sitio de Airbnb es un ejercicio para la frustración porque (al menos hasta el momento de escribir este libro) no aparece ahí. Shapiro dice que hay una razón: si ocurre una verdadera emergencia es mejor llamar al 911 de forma inmediata. Señala que el número de Airbnb aparece en Google y la compañía tiene equipos que monitorean Twitter y Facebook para llamadas de emergencia. Antes sí tenía el número en la página web, pero ahora se está construyendo la infraestructura para ser capaz de responder llamadas no urgentes sin tiempos de espera (y cuando los haya se les devolverá la llamada). Pero por el momento todas las búsquedas de un número telefónico canalizan al centro de ayuda en internet.

Personas buenas, accidentes malos

Las personas malas son una cosa. Pero ¿qué hay de los accidentes causados por problemas de seguridad en las casas? Nadie tenía la intención de que esas cosas pasaran. En noviembre de 2015 Zak Stone, un escritor que vive en Los Ángeles, publicó en la revista *Medium* un ensayo desgarrador. Hablaba sobre la trágica muerte de su padre en un alquiler de Airbnb. Toda la familia había viajado a Austin, Texas, para vacacionar juntos.[6] Cuando su padre se sentó en el columpio que estaba en el patio de atrás de la casa, la rama se rompió y le cayó en la cabeza, lo que provocó una lesión cerebral traumática que lo mató, una escena trágica y horrorosa que Stone describió de manera detallada. En el escrito, Stone también reveló otro accidente relacionado con Airbnb: en 2013 encontraron muerta a una canadiense que se quedó en un alojamiento en Taiwán; el calentador de agua estaba defectuoso y el departamento se llenó de monóxido de carbono.[7] El peligro merodeaba en ambos lugares: el departamento de Taiwán no tenía detector de monóxido de carbono y el árbol de Austin llevaba dos años muerto (Stone narró que su familia descubrió esto después).

Airbnb sostiene que, desde una perspectiva legal, no es responsable de estos incidentes, lo cual queda muy claro en el descargo de responsabilidad de su página web: "Por favor, nota que Airbnb no tiene control sobre la conducta de los anfitriones y se libera de toda responsabilidad. El fracaso de los anfitriones en satisfacer sus responsabilidades puede resultar en la suspensión de actividades o la eliminación del sitio web de Airbnb." (En la página de México aparece bajo el título "Exención y renuncia de responsabilidad de los huéspedes en las experiencias" y el contenido está en inglés.) Pero ¿quién asume el costo cuando ocurre un accidente? Aunque hay algunas excepciones, la mayoría de las pólizas del seguro de los dueños no cubre la actividad comercial, y una gran cantidad de aseguradoras considera que rentar habitaciones en Airbnb es una actividad comercial. En el caso de Stone, el anfitrión de la casa de Austin tenía una póliza que cubría la actividad comercial y la familia llegó a un acuerdo con la compañía de seguros. En el caso de la mujer canadiense, Stone reportó que Airbnb pagó dos millones de dólares a la familia. (Airbnb no quiso hablar del caso.)

Chesky confiesa que estos incidentes fueron "trágicos" para la compañía. "Los tomé de manera muy personal. Soy muy idealista sobre la idea de ayudar a crear un mundo mejor y que la gente va a mejorar en él. Si algo es contrario a eso, y ni qué decir de una mala experiencia… me para en seco." Dice que la compañía trata de aprender cómo mejorar de cada experiencia. "Tienes la responsabilidad de aprender todo lo que puedas para que no vuelva a pasar."

Hablé con Zak Stone sobre la muerte de su padre: "Creo que la pregunta es, en esencia, qué era evitable y qué pudieron hacer para prevenirlo. Yo diría que se podía prever." Afirma que el anfitrión publicó una foto del columpio para anunciar la propiedad. Airbnb tiene la habilidad de ver algo así y detectar un riesgo mayor. "Aconsejaría a Airbnb que tome un enfoque mucho más cauteloso al incorporar nuevas propiedades." También señala que habla desde la perspectiva de alguien que ha tenido muchas experiencias positivas en Airbnb. "Tengo 29 años, trabajo en *startups*, muchos de mis amigos en Nueva York alquilan departamentos en Airbnb, ganan el doble de su renta y con ese dinero pueden ser artistas y viajar. Pero mi historia es tan importante, si no es que más, que todas las otras historias usadas para vender la plataforma."

En 2014 Airbnb empezó a ofrecer un millón de dólares en cobertura de responsabilidad secundaria a todos los anfitriones (significa que si la aseguradora principal del anfitrión rechaza un reclamo, la política de Airbnb se activa). Un año después Airbnb creó el seguro principal. En más de 20 países los anfitriones tienen una cobertura de responsabilidad automática hasta por un millón de dólares en el incidente de un reclamo de terceros por lesiones corporales o daños a la propiedad, incluso si la póliza del dueño no los cubre por actividad comercial (y si no tienen una póliza de seguro de dueño o arrendatario).

Por todo esto, el tema de la seguridad de las instalaciones es una de las mayores quejas de la industria hotelera contra Airbnb y los alquileres a corto plazo en general. Los hoteles deben apegarse a normas de seguridad rigurosas respecto a la prevención de incendios, seguridad alimentaria y sanitaria, cumplimiento de la Americans with Disabilities Act (Ley para Personas con Discapacidad), entre otras. Airbnb y todos los sitios de alquileres de casas no tienen tales requisitos. En su sección "Ser un anfitrión responsable", Airbnb recomienda que los propietarios se aseguren de tener un detector de humo, de monóxido de carbono, extintor de incendios y botiquín de primeros auxilios; que arreglen los cables expuestos y acomoden cualquier área donde los huéspedes puedan tropezar o caer, y que quiten todos los objetos peligrosos. Pero en realidad es responsabilidad del anfitrión *seguir* estas recomendaciones; la compañía no tiene control sobre él.

Los accidentes graves también ocurren en los hoteles. Por ejemplo, en 2013, una investigación del *USA Today*[8] descubrió que, durante los últimos tres años, ocho personas habían muerto y 170 habían sido atendidas por intoxicación con monóxido de carbono. En el artículo, un consultor de la industria hotelera decía que, en comparación con el riesgo, para los hoteles era demasiado caro equipar cada habitación con un detector de monóxido de carbono. Un estudio previo[9] descubrió que, entre 1989 y 2004, hubo 68 problemas de envenenamiento por monóxido de carbono en hoteles y moteles de Estados Unidos que causaron 27 muertos y 772 intoxicados de manera accidental. Según la National Fire Protection Association[10] (asociación contra incendios), entre 2009 y 2013 hoteles y moteles tuvieron un promedio de tres mil 520 incendios al año que provocaron nueve muertos.

Hasta cierto punto, nos ponemos en riesgo cada vez que entramos a la casa de alguien. Pero al menos cuando hay un accidente en el Sheraton, los huéspedes saben a quién culpar y demandar o con quién quejarse. En cambio, están bastante solos en el nuevo y valiente mundo de los alquileres de casas, donde la compañía que provee el producto no tiene control sobre él o sobre las cosas malas que puedan pasar dentro de él. Al respecto Shapiro dice: "Siempre pasará algo. Estamos lidiando con gente que entra a un hogar y no puedes predecir su comportamiento. Hacemos nuestro trabajo lo mejor que podemos y creo que eso se nota."

La escala de la plataforma de Airbnb ha crecido tanto que el hecho de que no salgan más cosas mal muestra que quizá se merece la confianza. Algunos dicen que tal vez nos estamos acercando a un nuevo paradigma de expectativas ajustadas por el reciente mundo de la economía colaborativa. "De manera fundamental, este modelo de negocios no tendrá el mismo tipo de protección que las compañías hoteleras o de renta de autos —dice Arun Sundararajan de NYU—. Siempre hacemos un intercambio y con la economía colaborativa empezaremos a hacer unos diferentes."

Algunas de las víctimas de los peores incidentes de la violación de confianza parecen apoyar ese argumento: Mark King, de Calgary, cuya casa fue destrozada y tuvo que ser reconstruida, afirma que su experiencia es "una en varios millones" y dijo: "Esto no me quita las ganas de usar Airbnb." Rachel Bassini, cuyo penthouse fue destruido en 2014, volvió a hospedar gente en Airbnb y tiene muchas evaluaciones positivas.

LO OPUESTO A "PERTENECER"

Airbnb pasó bastante tiempo refinando sus mecanismos de confianza y seguridad porque los fundadores de la compañía estaban conscientes de que al principio encontrarían riesgos. Sabían que descubrir una manera de minimizarlos lo más posible era esencial para atraer gente a su plataforma. Pero estaban menos preparados para otra epidemia de mal comportamiento: la discriminación·racial.

En 2011 Michael Luca, un profesor asistente de administración de negocios en la Facultad de Negocios de Harvard, empezó a estudiar los mercados en internet. Le intrigaba la forma en que sitios bastante anónimos (como eBay, Amazon y Priceline) se transformaron en plataformas de economía colaborativa de rápido crecimiento donde las identidades de los usuarios tenían un papel mucho más importante. En particular, a Luca le interesaba la forma en que estas páginas web usaban las fotos y los perfiles personales de la gente detrás de las transacciones para construir confianza. Aunque estas herramientas ayudaban al objetivo admirable de generar seguridad y responsabilidad, sospechaba que también habían tenido una consecuencia involuntaria: facilitar la discriminación. Al conducir un experimento en Airbnb (porque es la plataforma más grande y requiere que los usuarios suban fotos), Luca y su equipo descubrieron que los anfitriones no negros cobraban más o menos 12% más que los anfitriones negros, incluso cuando las propiedades eran equivalentes en ubicación y calidad (y que los anfitriones negros veían penalización de precio mayor por tener una ubicación pobre en comparación con los no negros).[11]

De manera curiosa, el estudio llamó la atención al publicarse en 2014. Cuando salió en la prensa, Airbnb hizo una declaración desdeñosa diciendo que la investigación tenía dos años, que sólo se refería a una de las 35 mil ciudades en donde opera la compañía y que los investigadores tomaron "decisiones subjetivas o inexactas" al reunir los descubrimientos. Dos años después Luca y su equipo publicaron un segundo estudio que observó de manera específica el índice de aceptación de reservaciones de los huéspedes negros comparados con los blancos.[12] Crearon 20 perfiles, 10 con "nombres afroamericanos típicos" y 10 con "nombres blancos típicos"; los otros elementos de los perfiles permanecieron iguales. Luego enviaron seis mil 499 mensajes a anfitriones en cinco ciudades preguntando la disponibilidad para un fin de semana específico en dos meses a partir de ese momento. Los resultados confirmaron sus sospechas: las solicitudes de los huéspedes con nombres afroamericanos tuvieron alrededor de 16% menos aceptación que los huéspedes con "nombres blancos típicos". Las diferencias persistieron, aunque otros factores como etnia, género, precio de la propiedad, casa compartida o entera se mantuvieron constantes. "En general, descubrimos discriminación extendida contra los huéspedes con nombres afroamericanos típicos", escribieron los investigadores.

Se enfocaron en Airbnb porque es el ejemplo "canónico" de la economía colaborativa, pero citaron investigaciones anteriores que encontraron problemas similares en otros sitios de actividad crediticia en internet como Craigslist.com y demás. "Nuestro resultado contribuye a un cuerpo de literatura pequeño, pero creciente, que sugiere que la discriminación persiste (y argumentamos que quizá se ha exacerbado) en las plataformas de internet."

Esta vez el estudio atrajo mayor atención. Unos meses después el problema alcanzó el punto de ebullición cuando un segmento de radio de NPR expresó el problema. En abril de 2016 un programa se enfocó en la experiencia de Quirtina Crittenden, una consultora de negocios afroamericana de Chicago. Contó que de manera rutinaria la rechazaban en Airbnb cuando usaba su verdadero nombre, pero al cambiarlo a Tina y poner la foto de un paisaje, dejaron de rechazarla.[13] Empezó un *hashtag* en Twitter que ganó mucha atención: #AirbnbWhileBlack.

Transmitido durante el horario más escuchado por millones de personas, la historia de Crittenden se volvió viral. Los tuits con #AirbnbWhileBlack llegaban a raudales y mucha gente presentaba historias similares.

Semanas después, en Washington, Gregory Selden, un afroamericano de 25 años, presentó una demanda contra Airbnb. Reclamaba que un anfitrión en Filadelfia le negó su alojamiento, pero luego lo aceptó cuando usó un perfil falso de hombre blanco. En su caso, alegaba violaciones a la Civil Rights Act (Ley de Derechos Civiles) y dijo que Airbnb no respondió a sus quejas. Declaró que cuando enfrentó al anfitrión con los resultados de los perfiles falsos, éste le respondió que "la gente como él sólo se hacía la víctima".

Unas semanas después, cuando una mujer negra trató de reservar una habitación en Charlotte, Carolina del Norte, fue aprobada, pero luego el anfitrión le canceló y le envió un mensaje donde le escribió muchas veces el peor término despectivo, diciéndole: "Odio a los XXX, así que te cancelaré. Éste es el sur. Busca otro lugar para descansar tu XXX cabeza."[14]

La controversia de la discriminación racial se desató. Airbnb reaccionó de manera rápida y envió un comunicado diciendo que la compañía estaba "horrorizada" y asegurando a los miembros de su comunidad que este tipo de lenguaje y conducta violaban sus políticas y "todo en lo que creían". Al día siguiente Chesky publicó un tuit enérgico: "El incidente en Carolina del Norte es alarmante e inaceptable. En Airbnb no caben el racismo ni la discriminación. Hemos eliminado de forma permanente al anfitrión." En las siguientes semanas Chesky repitió de manera pública, tantas veces como pudo, que Airbnb quería y necesitaba ayuda, ideas y sugerencias sobre cómo mejorar en este tema. La compañía enfatizó que "no tenemos todas las respuestas", que hacían un llamado para ideas y sugerencias y que buscarían expertos para conseguir consejos. El mensaje era: el racismo es un problema que nos pertenece a todos, también necesitamos tu ayuda. Más tarde en esa semana, surgieron dos *startups*, Noirbnb e Innclusive, como plataformas de alojamiento para gente de color.

Conforme la controversia seguía aumentando, la compañía lanzó una revisión integral de 90 días para descubrir cómo abordar el problema, trayendo expertos externos con el ex fiscal general Eric Holder y Laura Murphy, ex directora legislativa del ACLU. Unos meses después sacó un informe[15] de 32 páginas que anunciaba un extenso conjunto de cambios con base en las recomendaciones de los expertos: la compañía pedirá a cualquiera que use su plataforma que firme un "compromiso con la comunidad" prometiendo que seguirá la nueva política de no discriminación. Se iniciará una política llamada Open Doors (Puertas Abiertas) en la que, a cualquier huésped discriminado Airbnb le encontrará un lugar similar para quedarse, ya sea en Airbnb o en otro lado, y podrá aplicarse de manera retroactiva. Implementará entrenamiento sobre preferencias inconscientes para anfitriones. Establecerá un equipo de especialistas para ayudar con las aplicaciones y el manejo de las reclamaciones. Creará un nuevo equipo de producto (dedicado a combatir la discriminación) que experimentará con reducir la importancia de las fotografías y poner más énfasis en las evaluaciones. Esto aumentaría el número de alojamientos disponibles por Instant Book (inmuebles disponibles para ser reservados sin el proceso de aprobación) de 550 mil a un millón. "Por desgracia, nos tardamos en abordar estos problemas y me disculpo por ello. Asumo la responsabilidad por cualquier dolor o frustración que haya causado a los miembros de nuestra comunidad", dijo Chesky.

Los líderes afroamericanos aplaudieron los cambios; por ejemplo, el Congressional Black Caucus dijo que era "una norma modelo para la industria de la tecnología". Otras personas, como Jamila Jefferson-Jones, profesora asociada de leyes en la Facultad de Derecho de la Universidad de Missouri-Kansas, sintió que los cambios no fueron tan profundos y que la plataforma debería quitar las fotografías por completo. También dijo que el problema plantea serias preguntas como dónde se traza la línea legal entre una plataforma y un proveedor (todavía no se ha analizado en la corte) y que en lugar del esfuerzo de Airbnb por "autorregularse" se necesitan leyes nuevas. Pero lo siguiente prueba las dificultades para usar las cortes en este tema: Airbnb respondió a la demanda de Suit con un movimiento forzándolo al arbitraje (como todos los clientes, él estuvo de acuerdo en adherirse al arbitraje cuando firmó los términos de servicio de la compañía, lo que significa que, para usar el servicio, pierde su derecho a presentar una demanda contra la compañía). A principios de noviembre de 2016 un juez dictaminó que la política de arbitraje impedía que demandara.

Por su parte, Luca, el investigador de Harvard, dice que los cambios antidiscriminación de Airbnb son "reactivos": "No creo que nadie en Airbnb pretenda facilitar la discriminación." También dice que la compañía está demasiado enfocada en el crecimiento.

De manera legal, el asunto es turbio. Los hoteles deben cumplir las leyes de derechos civiles, pero Airbnb funciona como una plataforma, no como un proveedor de alojamiento público, fuera del alcance regulatorio de sus usuarios. Pone la responsabilidad del cumplimiento de las leyes locales en los individuos, pero la Civil Rights Act de 1964 no se aplica a la gente que renta menos de cinco habitaciones en su casa. Así que, bajo la ley federal (las leyes locales pueden diferir), los anfitriones pueden rechazar a alguien no sólo por odiar sus creencias personales, sino por todo tipo de razones: ser fumador, ser un grupo que busca un espacio para hacer una fiesta de despedida de soltera, tener niños pequeños, entre muchos otros ejemplos. Durante mi investigación, escuché de un anfitrión que sólo rentaba a personas de China porque eran un gran mercado de viajeros que "pagaban bien", y de otro que sólo rentaba a "orientales" porque eran "agradables, tranquilos y no daban problemas".

Pero legal o no, y sin importar si Airbnb es culpable, la discriminación fue una crisis central para la compañía. El problema es que ser amigable y dar la bienvenida a otro deben ser un solo concepto. No es como Dove, que cree en la imagen saludable del cuerpo pero vende jabón, o lululemon, que cree en la comunidad pero vende ropa. Airbnb vende bienvenida y aceptación, y construyó toda su marca y su misión en torno a la idea de pertenecer. Si hubiera un polo opuesto a pertenecer sería éste. "Para la mayoría de las compañías la discriminación es sólo un complemento de su misión", dijo Chesky en una entrevista para la conferencia Brainstorm Tech de la revista *Fortune* cuando estalló la controversia. "Nuestra misión es reunir a la gente. Éste fue un obstáculo para nuestra misión y si sólo tratábamos de 'abordar el problema' quizá no lograríamos cumplirla."[16]

Y el principal culpable fue uno de los elementos que formaban el núcleo de la comunidad de Airbnb: las fotos y los perfiles de sus miembros en internet. Como señalaron los investigadores de Harvard: "Aunque las fotos son justo lo que ayuda a crear un sentimiento de humanidad en la plataforma de Airbnb, igual de fácil pueden sacar lo peor de los seres humanos. [La discriminación implicó] una consecuencia importante e involuntaria de un mecanismo para construir confianza que parece rutinario."

En el escenario del evento de *Fortune*, Chesky mencionó que Airbnb atendió tarde el problema porque estaba tan enfocada en usar las fotos y las identidades para mantener a la gente segura que no se dieron cuenta de las consecuencias involuntarias de hacer las identidades tan públicas. "Quitamos el ojo del balón", dijo. Otra razón, agregó, fue que él y sus fundadores no pensaron en eso al construir la plataforma porque eran "tres chicos blancos". "Hay muchas cosas en las que no reflexionamos cuando diseñamos esto. Y hay muchos pasos que necesitamos reevaluar."

5
Fuerzas antiairbnb

Acostarse y levantarse temprano, trabajar mucho y organizarse.
CHRIS LEHANE

En algún momento de la primavera de 2010 Chesky recibió la llamada de un anfitrión de Nueva York. "Me dijo que debía preocuparme por una ley que estaban tratando de promulgar en esa ciudad y le pedí que me contara más", recuerda. No sabía nada de esa ley y, otra vez, no tenía experiencia en el tema (en este caso políticas locales y gobierno municipal). Alguien le sugirió que consiguiera representación y contratara a un cabildero para tratar de presentarse ante los legisladores de Nueva York. "Ni siquiera sabía qué era un cabildero", dice. Entre más investigaba, más extraño le sonaba. "No puedes hablar con esa gente, así que ¿debes contratar a alguien para hablar con esa gente? Pensé que era una locura. ¿Contrataré a unas personas para hablar con otras personas porque no hablarán conmigo? Está bien." La compañía contrató a Bolton-St. Johns, una famosa firma de cabildeo en Nueva York. Pero no había mucho tiempo, era muy probable que la ley en cuestión se aprobara en unos meses. "Tuvimos un curso intensivo", recuerda Chesky.

Este curso intensivo se convertiría en una curva de aprendizaje de varios años sobre los pormenores de las políticas locales y las poderosas fuerzas detrás de ellas, no sólo en Nueva York sino en montones de gobiernos municipales alrededor del mundo. Y se convertiría en el mayor regulador de velocidad en la joven vida de Airbnb. Resulta que su actividad, rentar la casa de alguien por un periodo corto, viola las leyes de muchos lugares. Las leyes son hiperlocales y varían no sólo entre estados o ciudades, ¡sino entre pueblos! Y el mosaico legislativo es complejo: los anfitriones pueden operar en conflicto con leyes locales que regulan los alquileres a corto plazo, recaudación de impuestos, normas de construcción, estatutos de zonificación y más.

En muchos mercados Airbnb ha trabajado con reguladores para enmendar estas reglas y que les permitan funcionar de manera legal. A lo largo de los años ha forjado acuerdos clave con ciudades como Londres, París, Ámsterdam, Chicago, Portland, Denver, Filadelfia, San José, Shanghái y muchas más para liberalizar leyes, crear nuevas o recaudar impuestos. La compañía participa de manera activa en pláticas con muchos otros gobiernos municipales para hacer lo mismo.

Pero algunos lugares simplemente no lo permiten. En un pequeño número de mercados de alto perfil, en particular Nueva York, San Francisco, Berlín y Barcelona, entre otros, los reguladores y los legisladores no dan su brazo a torcer. Y conforme Airbnb crece con los años, la intensidad de la oposición también. Estas mismas leyes gobiernan HomeAway, VRBO y otras plataformas de alquileres a corto plazo y dichas compañías también están involucradas en algunas de las mismas batallas legales, pero ninguna de estas empresas se volvió tan grande tan rápido o se instaló en tantos lugares urbanos como Airbnb.

En ninguna parte la batalla ha sido tan acalorada como en Nueva York, el mercado más grande de la compañía en Estados Unidos, con un estimado de 450 millones de dólares de ingresos anuales generados por sus anfitriones. La ley de 2010 marcó el inicio de una larga saga que tuvo muchos giros con los años, mientras Airbnb peleó por permisos regulatorios (y agitó la ira de los legisladores y las industrias arraigadas de hoteles y bienes raíces al seguir operando de todas formas). A finales de 2016, la compañía sufrió un golpe importante cuando el gobernador Andrew Cuomo firmó una ley que hacía ilegal anunciar que se rentan departamentos por menos de 30 días si el dueño no está presente (la mayoría de los negocios de Airbnb en

Nueva York). De inmediato, Airbnb presentó demandas contra la ciudad y el estado, las cuales se resolvieron después, pero la batalla tuvo gran impacto en uno de los mercados más notorios de la compañía.

La experiencia de Nueva York también es un estudio de caso para los tipos de colisiones que pueden ocurrir cuando surgen ideas y tecnologías nuevas que amenazan el *statu quo* y las industrias establecidas (y cómo las realidades políticas no siempre son tan suaves como la línea ascendente sin restricciones de las gráficas de crecimiento de estas compañías). Resalta los problemas profundamente emocionales que se obtienen en torno al alojamiento. La batalla de Airbnb en Nueva York y otros lugares también enfrentó a demócratas contra demócratas, reunió a extraños asociados y provocó que a veces fuera difícil aclarar quién era David y quién era Goliat.

Nueva York sufre una de las carencias más graves de vivienda rentada en el país, con tasas de desocupación de alrededor de 3.4%. Es el mercado hotelero más lucrativo en Estados Unidos. Es uno de los pocos lugares donde el movimiento laboral permanece sólido. Y cuando se trata de políticas de estado y ciudad agresiva, nada supera a Nueva York. Así que, como muchas cosas en la Gran Manzana, la lucha por Airbnb es más grande, dura y vibrante que en ningún otro lugar.

La ley por la que le llamaron a Chesky a principios de 2010 se refería a una nueva enmienda a la llamada Multiple Dwelling Law (Ley de Vivienda Múltiple). Ésta haría ilegal rentar departamentos en Nueva York en edificios con tres o más unidades por menos de 30 días si el residente permanente no estaba presente. En la práctica ya se violaba la mayoría de los reglamentos de condominios y cooperativas, pero esta iniciativa la haría una ley establecida. Promovida por la senadora demócrata Liz Krueger, estaba dirigida principalmente a los dueños que operaban hoteles ilegales al convertir el alquiler que estaba destinado a rentas a largo plazo en unidades rentadas a turistas por noche.

Ofrecer alquileres a corto plazo lleva décadas practicándose, pero al igual que ha pasado con muchas cosas, internet hizo que correr la voz fuera mucho más fácil, rápido y económico. Incluso con el inmueble más pequeño y gastado, capaz de cobrar tarifas nocturnas de tres dígitos y tener altos niveles de ocupación, los dueños y algunos emprendedores astutos recurrieron a los sitios web para comercializar de manera más eficiente sus unidades (ya sea Craigslist, HomeAway, operadores locales como IStay New York o el universo poco conocido de sitios web en lengua nativa dirigido a turismo específico que canaliza alojamientos para el resto del mundo). No significaba que Airbnb fuera el objetivo (en 2010, pocos legisladores en la ciudad y el estado habían escuchado de la *startup* extravagante de California). Así que, aunque Airbnb consiguió el apoyo de cientos de anfitriones en Nueva York para escribir cartas al gobernador Andrew Cuomo, la iniciativa de ley se aprobó.

Pero conforme Airbnb ganó impulso, las cosas empezaron a cambiar. Todas las condiciones que permitieron que la compañía se esparciera tan rápido ocurrieron de manera particular en Nueva York: la Gran Recesión, los precios demasiado caros de las rentas y las grandes oleadas de inquilinos y millennials (los dos grupos que más usaban Airbnb). De 2010 a 2011, cuando la compañía llegó al millón de reservaciones, Nueva York, su primer mercado, también se convirtió en uno de los más grandes. Pero en 2012 la compañía empezó a sentir las primeras señales de que no era bienvenida. "Empezamos a escuchar algunos rumores de que se tomarían medidas drásticas contra nuestros anfitriones", recuerda Belinda Johnson, la directora de asuntos comerciales y jurídicos que en aquella época acababa de unirse a Airbnb como abogada general.

En septiembre de ese año, según *The New York Times*, Nigel Warren, un diseñador de páginas que tenía 30 años, usó Airbnb para rentar la habitación del departamento en East Village que compartía con un compañero de cuarto, mientras iba unos días a Colorado. Con la aprobación de su compañero, la anunció en 100 dólares la noche y rápido tuvo la reservación de una mujer rusa. Cuando Warren regresó de su viaje, supo que la Office of Special Enforcement, un cuerpo especial multiagencia que investiga las quejas de calidad de vida, visitó el departamento y le puso tres multas a su casero por violaciones que sumaban 40 mil dólares.[1] El caso le dio vuelta a algunos tecnicismos, pero varios meses después un juez dictaminó que Warren había violado la ley y multó a su casero con dos mil 400 dólares. Airbnb intervino y apeló en nombre de Warren, argumentando que como rentó una habitación en su hogar y no el departamento entero, estaba dentro de la ley. En septiembre de 2013 la Environmental Control Board (Junta de Control Ambiental) revocó la decisión.

Airbnb celebró la noticia y el entonces director de políticas, David Hantman, lo llamó una "gran victoria". Aunque el fallo aclaró que la ley permite rentar una habitación mientras el residente está presente, eso no era representativo de manera necesaria. Más de la mitad de la gente que alquila sus espacios en Nueva York renta su hogar completo. El veredicto de Warren, relacionado con la situación de departamentos compartidos, tenía poco que ver con estos anfitriones, pero una coalición creciente de fuerzas antiairbnb quería que se relacionara por completo con ellos. La batalla de la compañía en Nueva York acababa de empezar.

Con el tiempo, la alianza antiairbnb comenzó a formarse. Se componía de funcionarios electos, activistas de vivienda accesible y representantes del sindicato de hoteleros y la industria hotelera. Sus argumentos contra la compañía eran los mismos que hoy en día: el tráfico de Airbnb baja la calidad de vida para los vecinos, quienes no se inscribieron para tener turistas desfilando por sus edificios. Crea problemas de seguridad, tanto por dar acceso a extranjeros a edificios residenciales, como por no cumplir las regulaciones de seguridad de los hoteles tradicionales. Y, tal vez la más grave, la proliferación de departamentos que sólo se rentan en Airbnb (llamados hoteles ilegales) quita las casas del mercado, ya de por sí en grave crisis de vivienda accesible, encareciendo los precios para todos.

Un golpe mucho más severo llegó en el otoño de 2013, cuando Eric Schneiderman, el fiscal general del estado de Nueva York, le envió a Airbnb un citatorio, diciendo que iría tras los hoteles ilegales y buscaría registros de transacciones para 15 mil anfitriones. La compañía realizó el raro movimiento de resistir contra el citatorio, presentó una moción para bloquear la solicitud, alegando que era demasiado amplia e invasiva para la privacidad de sus clientes. Al siguiente mayo, un juez estuvo de acuerdo, pero la oficina de Schneiderman regresó con una versión simplificada solicitando sólo la información de los jugadores más grandes de Airbnb. Una semana después Airbnb y la oficina del fiscal general anunciaron que habían llegado a un "acuerdo": Airbnb entregaría datos anónimos de casi 500 mil transacciones de 2010 a mediados de 2014.

Cuando salió el reporte del fiscal general, decía que 72% de los alojamientos "privados" en Nueva York violaba la ley estatal. Y que, aunque 94% de los usuarios tenía sólo uno o dos inmuebles, el otro 6% estaba compuesto por los llamados anfitriones comerciales (los que tienen tres o más departamentos de manera regular a través de Airbnb) y representaba más de un tercio de las reservaciones y los ingresos. Informó que había 100 anfitriones con 10 o más anuncios. Las 12 personas que estaban hasta arriba publicaban entre nueve y 272 unidades y ganaban más de un millón de dólares al año. El mayor usuario, con 272 alojamientos, había generado 6.8 millones.[2]

La actividad ilegal no era algo nuevo, después de todo, según la ley de 2010, cualquier alojamiento de Airbnb era ilegal (a menos que fuera una casa con menos de tres habitaciones) y, tanto antes como ahora, miles de anfitriones y huéspedes no conocían la ley o la ignoraban. Lo nuevo era que este informe (primera vez que alguien ajeno a Airbnb tenía acceso a la información de la compañía) reveló el alcance de la actividad de multipropietarios en el sitio. Esto encajó con los reportes anteriores que sugerían que un pequeño porcentaje de anfitriones era responsable de una parte desproporcionada del negocio de la compañía en Nueva York. Airbnb dijo que la información era incompleta y obsoleta. Aseguró que las reglas actuales de Nueva York no eran claras y que quería trabajar con la ciudad para crear nuevas regulaciones y detener a las personas malas mientras implementaban "reglas claras y justas para compartir casa".

Los jugadores del sistema

Esta cuestión de anfitriones con multidepartamentos o "alojamientos comerciales" ha molestado a Airbnb en Nueva York y en otros lugares. Los ideales de la compañía promueven un mundo donde compartir casa permite que gente normal abra su hogar a extraños, sin importar si el anfitrión está en la residencia o fuera de la ciudad, ofreciendo una forma de viajar única y especial. Pero sin importar si le gusta o no a Airbnb, esto también presenta un arbitraje frío para ser jugado (el dinero que se gana rentando una unidad de vivienda por noche puede ser el doble de lo que generaría si se rentara a largo plazo). Y a lo largo de los años muchas personas, desde gerentes de propiedad hasta gigantes corporativos de bienes raíces, pasando por emprendedores familiares, han saltado para jugarlo. La compañía ha dicho una y otra vez que no quiere este comportamiento y ha sacado a los operadores profesionales. Pero no ofrece información al respecto, lo que permite a sus oponentes llenar los huecos con sus propias estimaciones. "Los ingresos generados por los alquileres de Airbnb son uno de los grandes misterios sin resolver, como el monstruo del Lago Ness o el chupacabras", escribieron los autores de un reporte en 2015 realizado por Airdna, una de las muchas proveedoras de datos independientes que "rasca" en el sitio de Airbnb para generar informes de datos y analíticos.[3]

Nadie niega que los primeros días de Airbnb en Nueva York atrajeron a muchas personas malas. Una de las más grandes fue Robert Chan, un promotor de fiestas que se puso el nombre de Toshi y trabajaba alrededor de 200 alquileres ilegales a corto plazo en Airbnb y otros sitios, fuera de 50 edificios residenciales en Manhattan y Brooklyn. Rentaba muchos departamentos, pagaba el arrendamiento a los dueños y luego los alquilaba por noche.

Al final, la ciudad de Nueva York demandó a Chan y, en noviembre de 2013,[4] ganó un acuerdo de un millón de dólares, pero otros operadores siguen usando la plataforma. En el otoño de 2014 Gothamist publicó el video de un departamento de dos habitaciones en la sección Murray Hill de Manhattan repleto con 22 colchones.[5] Un par de inquilinos de una unidad de tres recámaras en el último piso de una casa en Elmhurst, Queens, instalaron tablaroca para dividir cada dormitorio en tres pequeños cuartos que publicaron en Airbnb por 35 dólares la noche.[6] En Nueva York y otros lugares abundan las historias de propietarios comerciales que desalojan a sus inquilinos para buscar el mayor rendimiento de una noche de alquiler.

En 2014 la compañía implementó una estrategia para hacer retroceder a sus oponentes: movilizar a sus anfitriones. Justo después de que Schneiderman expidiera el citatorio, Douglas Atkin, el director de comunidad global de Airbnb, trabajó con un anfitrión de Nueva York para empezar una solicitud. Querían que la legislatura de Nueva York cambiara la "Ley Slumlord", la cual fracasó en distinguir entre operadores comerciales y neoyorquinos cotidianos que buscaban rentar su casa por un tiempo. La compañía contrató al veterano estratega político demócrata Bill Hyers, un socio en Hilltop Public Solutions y el jefe de campaña detrás de la victoria del alcalde Bill de Blasio, quien concibió y ejecutó una campaña de varios millones de dólares muy enfocada en un mensaje: Airbnb ayuda a la clase media de Nueva York. El sello distintivo de la marca fue un comercial de televisión llamado "Conoce a Carol" que presentaba a una madre afroamericana y viuda que vivía en su departamento desde hacía 34 años en Bajo Manhattan y había recurrido a Airbnb después de perder su trabajo. En cámara lenta, Carol tiende una sábana limpia sobre la cama mientras el sol entra por la ventana y voltea *hotcakes* para sus sonrientes huéspedes sentados a la mesa del desayuno. Al final del comercial dice: "En mi perfil puse: 'Cómete el mundo, un *hotcake* a la vez.' ".[7]

El mensaje de clase media se convertiría en el grito de guerra en su batalla regulatoria global de los siguientes años: todos los días, Airbnb ayuda a que la gente llegue al fin de mes. La compañía argumenta que permite que los residentes usen algo que por lo general es uno de sus mayores gastos (su casa) para tener ingresos extras y esto les ayuda a pagar las cuentas. Airbnb dice que es un impulso para el turismo en las ciudades. (En particular, distribuyendo dólares turísticos en los vecindarios que de manera típica no los reciben, ya que, por lo general, las propiedades en Airbnb están fuera de las zonas tradicionales de hoteles.) Afirma que ayuda a los negocios pequeños y locales en las colonias que por lo común no verían nada de este movimiento económico.

A través de los años, Airbnb ha lanzado muchos informes para apoyar este argumento. Según un reporte publicado en 2015, los anfitriones ganaron más de tres mil 200 millones de dólares en Estados Unidos en los siete años anteriores. En otro informe enfocado en Nueva York, Airbnb reportó que en 2014 su negocio aportó mil 145 millones en actividad económica, de los cuales 301 millones fueron para los anfitriones y 844 para los negocios. Muchos de los últimos fondos fueron para colonias que, por lo general, no ven dólares del turismo. De los 767 mil turistas que Airbnb llevó a Nueva York en 2014, 40 mil se quedaron en la sección Bedford-Stuyvesant en Brooklyn, donde gastaron 30 millones de dólares. En Harlem gastaron 43 millones, en Astoria 10.6 millones y en South Bronx 900 mil dólares (para este estudio Airbnb contrató a HR&A Advisors).[8]

Pero nada de esto calmó a los oponentes de Airbnb, quienes la seguían acusando de aumentar la gentrificación en zonas donde ya había empezado. En el verano de 2014, cuando la investigación del fiscal general estaba en camino y poco después de que la compañía había conseguido otra megarronda de financiamiento valuada en 10 mil millones, la conversación sobre Airbnb empezó a ser más alarmante. Después, Chesky me dijo: "Una persona comentó que no quería a Al Qaeda en su edificio, por lo tanto, no quería a Airbnb en su colonia. Se estaba volviendo irracional, es decir, no estaba basado en la realidad y pensé que esto se estaba poniendo peligroso y poco saludable. Así que fuimos a Nueva York."

En 2010, cuando apareció por primera vez la iniciativa de ley, la reacción de Chesky fue resistir; desde el principio, las mentes de Silicon Valley le habían aconsejado mantenerse fuera del radar, con un perfil bajo, incluso ser antagónico. Pero en 2011 entró Belinda

Johnson y trajo un enfoque mucho más conciliador. Lo animó a que se reuniera con sus oponentes. Chesky recuerda: "Belinda me enseñó que sin importar cuánto te odien tus enemigos, siempre es mejor conocerlos." Se embarcó en una "gira de encanto masivo", viajó a Nueva York y se reunió con las partes interesadas: reguladores, hoteleros, miembros de la comunidad de bienes raíces, periodistas, incluso con el alcalde Bill de Blasio (con quien tuvo "una conversación muy buena"). En la mayoría de los casos, conocerlos de frente no cambió su postura (esta frase pronto se quedaría corta), pero los hizo escuchar su versión.

El movimiento de oposición siguió ganando fuerza. A finales de 2014 el poderoso sindicato hotelero de la ciudad, funcionarios elegidos opuestos a Airbnb y un consorcio de abogados de la vivienda accesible y la industria hotelera unieron fuerzas para formar Share Better, una especie de comité de acción política contra Airbnb. Su primer movimiento fue una campaña de tres millones dólares.

Los dimes y diretes de compartir casa

La respuesta de Airbnb siempre ha sido que no quiere usureros corporativos y con los años ha trabajado para eliminarlos. En el otoño de 2015 intensificó estos esfuerzos al introducir un nuevo "acuerdo de comunidad", un compromiso para colaborar más de cerca con los funcionarios de la ciudad y, en particular, para ayudar a frenar cualquier impacto de su negocio en la vivienda accesible.[9] Lanzó un informe sobre sus operaciones en Nueva York y dijo que se estaban mudando a una política de "un anfitrión, una casa". El reporte decía: "Nos oponemos con firmeza a los especuladores a gran escala que convierten docenas de departamentos en habitaciones de hoteles ilegales. Éstos no benefician a nuestros huéspedes, anfitriones, ni a las ciudades donde se comparten los espacios ni a la compañía." El informe más reciente de Airbnb sobre sus operaciones en Nueva York mostró que 95% de sus anfitriones en la ciudad sólo tenía un alojamiento, y la mediana de noches reservadas por inmueble era de 41 al año.[10]

Pero el problema con los críticos no era el porcentaje de anfitriones, sino el volumen del negocio que proviene de los intereses comerciales, sin importar si los anfitriones controlan múltiples departamentos o sólo uno dedicado exclusivamente a alquilarse por Airbnb. A lo largo de los años, diferentes estudios han mostrado que los alojamientos comerciales representan hasta 30% del inventario y, dependiendo de la definición, hasta 40% de los ingresos o más en algunos mercados. En el verano de 2016, Share Better publicó un estudio de la actividad de Airbnb en Nueva York que identificó ocho mil 58 "alojamientos de impacto", ofrecidos por anfitriones que tenían más de un departamento rentado por tres meses al año mínimo o sólo uno alquilado por seis meses al año mínimo. Decía que estos departamentos reducían 10%[11] la disponibilidad de viviendas en renta.

Airbnb siempre ha afirmado que la información ofrecida por las partes externas es inexacta. Su reporte más reciente, al momento de escribir este libro, muestra que la actividad de múltiples alojamientos representa 15% de su inventario activo de casas enteras en la ciudad y 13% de los ingresos generales de los anfitriones, menos de 20% de los ingresos de meses anteriores.[12] Los críticos dicen que esta información no cuenta la historia completa; quieren que la compañía revele datos anónimos que muestren la ubicación y el comportamiento de las rentas de sus anfitriones individuales, lo cual Airbnb se niega a hacer para proteger la privacidad de sus clientes.

Chesky dice que en los encabezados se pierden muchos matices sobre el funcionamiento de Airbnb. "En verdad nos preocupamos mucho por este tema y tratamos de resolverlo." Insiste en que la compañía no quiere grandes grupos de bienes raíces. "Si esto se convirtiera en alquileres corporativos ya no seríamos tan diferentes, se sentiría como un hotel… sería menos pertenecer."

Pero deshacerse de operadores comerciales no es tan fácil. Algunas de las actividades multialojamientos son legales: departamentos que se rentan por más de 30 días o casas que tienen menos de tres habitaciones (por ejemplo, en inmuebles de piedra rojiza en Brooklyn o en una hilera de casas iguales en Queens) están exentos de la Multiple Dwelling Law. La compañía también tiene un número creciente (300 mil a nivel mundial en el último recuento) de hoteles *boutique* y *bed-and-breakfast* que se anuncian en su plataforma. Chesky dice que algunos anfitriones publican el mismo departamento en distintas formas, lo cual hace que un mismo alojamiento se vea como dos. Y señala que incluso si la compañía expulsa a un anfitrión particular, éste puede crear otra cuenta con un nombre diferente. "No conocemos a todos. No entrevistamos a cada persona y le preguntamos por qué está haciendo esto."

El mayor problema con los miembros de la industria hotelera es que sienten que los llamados hoteles ilegales proliferan en su plataforma. Los ejecutivos de los hoteles creen que a pesar de lo que Airbnb dice, tiene muchos más alojamientos de este tipo de los que afirma y piensan que la compañía tiene el poder de identificarlos y controlarlos. Vijay Dandapani, presidente de Apple Core Hotels, una cadena de cinco hoteles en el centro de Manhattan y presidente de la Hotel Association, dice: "Es absurdo que no puedan deshacerse de ellos. Alrededor del mundo existe la sensación de que no siguen las reglas y no son transparentes."

Muchos de los que trabajan en examinar la composición de los alojamientos de Airbnb están de acuerdo en que la mayoría de los operadores profesionales a gran escala en Nueva York y otros lugares han dejado el sitio. Muchos se han pasado a la competencia. En Nueva York y otros mercados parecen haber cedido el paso a más microemprendedores amateurs, personas comunes y corrientes que reúnen ganancias suficientes para comprar o rentar espacios que luego anuncian en el sitio, y otros se juntan con amigos o coinversionistas para hacerlo. Estos individuos son como Pol McCann en Sydney, que tiene dos alojamientos, está remodelando el tercero y espera retirarse en unos años para convertirse en anfitrión de tiempo completo. Otro ejemplo es Jonathan Morgan, el anfitrión mencionado antes que tiene seis anuncios de tres casas en Savannah. Scott Shatford, el fundador de Airdna, empezó su compañía después de desarrollar un negocio operando siete inmuebles en Santa Mónica, California. Dice que ganó 400 mil dólares en el mejor año y usó el dinero para poner en marcha su empresa.

Pero seguido estos emprendedores se esfuerzan mucho en esconderse, creando varias cuentas individuales con diferentes nombres y arreglando sus alojamientos para generar la apariencia y el sentimiento individual que Airbnb quiere y sus clientes esperan: "Todo el mundo quiere jugar con esta experiencia personal", dice Shatford. Él y otros comentan que, a pesar de lo que dicen los críticos de Airbnb, es muy difícil evitar que la gente juegue con el sistema: "Cualquiera que sea inteligente puede sortear cualquier cosa que pongan en torno a la administración de múltiples propiedades." Pero los reguladores siguen esperando para aprovecharse: en 2016, después de que Santa Mónica aprobó una de las leyes más rigurosas que regulan a Airbnb en el país y que Shatford dio una entrevista sobre su negocio, le cobraron cinco cuentas por delitos menores. Llegó a un acuerdo con la ciudad, pagó cuatro mil 500 dólares de multas y se mudó a Denver, donde ahora sólo se dedica a Airdna.

Cuando le pregunté a Chesky sobre esto, en el desayuno ordenado en un modesto alojamiento de Airbnb, en una hilera de casas iguales donde se estaba quedando en Georgetown, Washington, D. C., me dijo: "Creo que toda esta controversia sobre alquileres corporativos se trata de una pregunta: ¿hay departamentos dedicados a la actividad de Airbnb en una ciudad donde hay escasez de vivienda? Pienso que cualquier otra cosa sobre lo comercial que es o cuántas casas tiene es irrelevante por completo." Desde una perspectiva política, dice, en mercados donde no hay problemas de vivienda, Airbnb no está en contra de los múltiples alojamientos. De hecho, en algunos lugares como Lake Tahoe, el gobierno municipal prefiere compañías de administración de propiedades para gestionar alojamientos en Airbnb (en 2015 la compañía piloteó socios administradores de propiedades en algunos mercados de alquileres vacacionales).[13] Es otra forma de alcanzar vacacionistas potenciales y llevarlos al destino. Chesky aclara: "Como *política*, no puedes estar en contra de eso", pero en ciudades donde hay un verdadero problema de vivienda, como Nueva York, la política debería ser un alojamiento por anfitrión.

Aunque desde la perspectiva de marca, dice que se trata de una historia diferente. "Nuestra comunidad principal son los anfitriones comunes, gente que renta y comparte las casas donde vive. Creemos que eso es muy especial." Señala nuestro alrededor durante la entrevista, con libros y recuerdos sobre los estantes, y dice que si esto fuera un alquiler dedicado sólo a las rentas masivas, no veríamos los toques humanos que nos rodean. "Tienes proximidad. Hay cuidado. Hay un sentido de pertenencia. No de 'servicio', sino de *pertenecer*. Ésa es la base de nuestra compañía."

¿Se entiende? Airbnb no se opone a los anfitriones con múltiples departamentos en ciudades que no tienen restricciones de vivienda, pero sólo si los anfitriones ofrecen lo que Airbnb considera una buena experiencia, lo cual se define como un humano verdadero brindando la clase correcta de hospitalidad. "No queremos administradores de propiedades que hagan esto por dinero." El objetivo es lo que el director de hospitalidad de Airbnb, Chip Conley, llama "Hospitalidad con H mayúscula y negocio con n minúscula". Así que Airbnb argumenta que, en una ciudad sin problemas de vivienda, deberían permitirse los microemprendedores como McCann en Sydney o Morgan en Savannah. Pero los reguladores en Savannah están en desacuerdo y han golpeado a Morgan con más de 15 notificaciones que suman 50 mil dólares que no ha pagado. En Sydney, McCann también siente la presión de una posible intensificación de las reglas; si el gobierno pone un límite en el número de días que se puede rentar un departamento al año, su negocio no será viable. Pero al momento de escribir este libro, un informe de gobierno recomendó permitir alquileres a corto plazo por un número ilimitado de días al año en Nueva Gales del Sur (el asunto se encargó al Parlamento).

Neoyorquinos con problemas

Muchos de los puntos que señala el grupo antiairbnb son entendibles. Dar acceso a huéspedes pasajeros en edificios residenciales significa que gente sin investigar tiene llaves de las áreas comunes de los edificios y podría no cerrar las puertas de forma adecuada o generar otros peligros. Los departamentos no tienen las mismas precauciones de seguridad que los hoteles, como sistemas de aspersión y planes de evacuación claros (aunque el código de construcción de Nueva York exige que los edificios residenciales también sigan las normas de seguridad contra incendios). Tal vez el problema más válido para todos los neoyorquinos es el de la calidad de vida. La gente en Nueva York vive en espacios pequeños apilados unos encima de otros y comparten paredes, pisos, techos y áreas comunes.

Hay pocas cosas que los neoyorquinos valoren más que su espacio personal y sus rutinas. Tener turistas tocando en la puerta, tratando de entrar, tirando la basura en el lugar incorrecto o arrojando colillas de cigarro en la terraza viola un poco de las dos. Muchos de los neoyorquinos que conozco tienen alguna historia relacionada con los turistas pasajeros de Airbnb. Una residente de toda la vida en un edificio de West Village dijo que sabía que su vecino de al lado empezó a anunciar su estudio en Airbnb porque escuchaba ruidos a través de las paredes y notó que cada semana entraba y salía gente diferente. Uno de esos grupos, una familia de cuatro, dejó el carrito del equipaje en el pasillo del edificio durante toda su estancia; se dio cuenta porque vio a los niños subidos con singular alegría en el reluciente carrito dorado paseando de arriba para abajo en la Eighth Avenue. No muy lejos de donde vivo hay un alojamiento popular entre los turistas escandinavos, así que los vecinos ya se acostumbraron a ver grupos de jóvenes muy altos y rubios afuera del edificio, fumando y platicando hasta altas horas de la noche.

Pero aún con estas molestias, la polémica no es tan clara como la hace sonar la oposición (por un lado, nueve de cada 10 mujeres en Nueva York dirían que reciben con agrado cualquier afluencia de hombres altos, pasajeros o no). Muchos neoyorquinos saben qué es lidiar con un vecino permanente que es una molestia todo el año.

A lo largo de los años la oposición concentró su argumento en el problema de la vivienda accesible: Airbnb quita unidades de vivienda del mercado y esto eleva los precios para todos los demás. De hecho, la compañía tiene un número enorme de alojamientos en Nueva York, más de 44 mil, según el último conteo. Pero con más de tres millones de unidades de vivienda en total, las de Airbnb representan menos de 1.5% del total. Una cantidad mucho más grande, 200 mil inmuebles, está vacía por otras razones. Hay muchas fuerzas (leyes de zonificación, altos costos de construcción, regulaciones estrictas del uso de suelo, afluencia de compradores extranjeros millonarios y una enorme población) que contribuyen de manera más directa a la falta de vivienda y al aumento de precios que Airbnb. "Reconocemos que quizá [Airbnb] no es la causa del problema, pero eso no significa que no debería importarle y sacar miles de departamentos del mercado", dice Murray Cox, un activista de vivienda accesible y fundador del proveedor de información Inside Airbnb.

Entre más grande se vuelve Airbnb, más se incrementa el conflicto en Nueva York. Además de la ley, los alquileres a corto plazo están prohibidos por la mayoría de los dueños y algunos ya empezaron a agregar cláusulas en sus contratos que prohíben a los inquilinos el uso de Airbnb, implementando protocolos estrictos sobre tener invitados, instalando cámaras y contratando investigadores privados para atrapar a los residentes con las manos en la masa. Related Companies es la dueña más grande de alquileres residenciales de lujo en Nueva York, con más de siete mil unidades. Se dice que esta compañía hizo una presentación en PowerPoint para enseñar a sus administradores de propiedades cómo detectar a los inquilinos que estaban rentando sus unidades en Airbnb.[14] En el otoño de 2015, el alcalde De Blasio prometió 10 millones de dólares para personal adicional y tecnología mejorada para hacer cumplir la ley de alquileres vacacionales a corto plazo en la ciudad.

Hay pocas cosas más difíciles que una batalla política en Nueva York, en especial una que mezcla trabajo, grandes negocios y el problema hipersensible y profundamente emocional de la vivienda accesible. Conforme las acciones crecen, también lo hace el nivel de críticas fuertes. Cuando el actor e inversionista Ashton Kutcher escribió una carta defendiendo a la compañía, la legisladora y crítica de Airbnb, Linda Rosenthal, dijo al *The Wall Street Journal* que la carta "no hacía la más mínima diferencia" y agregó que "trata de hacerme una broma pesada".[15] Helen Rosenthal, miembro del gobierno municipal que representa el Upper West Side (es demócrata igual que Linda, pero no tienen ningún parentesco), dijo a *The Real Deal*: "Para mí, el mensaje más importante es que le estamos haciendo la vida imposible a Airbnb que por cierto, sigue ignorando la ley estatal."[16]

A principios de 2016 Share Better lanzó un comercial donde se burlaba del eslogan "pertenecer a cualquier lugar", lo titularon: "Airbnb: problemas en cualquier lugar". La sarcástica voz en *off* decía:[17] "De todos modos, gracias Airbnb, aunque no estás ayudando a nadie más que a ti." Más o menos al mismo tiempo, dos miembros del gobierno municipal enviaron una carta a los 30 inversionistas más importantes de Airbnb, notificándoles sobre la naturaleza ilegal de sus operaciones en Nueva York y advirtiéndoles que podía afectar el valor de su inversión. Los autores escribieron: "Por nuestra parte, si invirtiéramos en una compañía a sabiendas de que está involucrada en tanta actividad ilegal, lo pensaríamos dos veces antes de seguir manteniendo nuestro dinero en ella."[18]

Airbnb desestimó la carta y dijo que era una "actitud teatral".[19] Reunió más potencia de fuego político: empleó a una de las principales firmas de cabilderos, estrategia política y comunicaciones de Nueva York. Contrató como su director de política en Nueva York a Josh Meltzer, quien había trabajado para el fiscal general Schneiderman. Para ayudar en el acercamiento con los sindicatos de trabajadores trajo a bordo a Andy Stern, ex presidente del poderoso Service Employees International Union (Sindicato Internacional de Empleados de Servicio). Gastó más en publicidad. Patrocinó maratones. Quizá de manera predecible, en la víspera del recién llamado Airbnb Brooklyn Half Marathon, aparecieron manifestantes usando playeras que decían #RunFromAirbnb.[20]

Pero tenían fuerzas poderosas y bien financiadas que se alineaban en su contra; por ejemplo, REBNY, el grupo de presión de bienes raíces, pronto se unió a la batalla. A mediados de 2016, al final de la sesión legislativa del estado, empezó a ganar fuerza la iniciativa de ley que Linda Rosenthal había presentado a principios de año, en la que llamaba a una prohibición estatal de la publicidad para alquileres a corto plazo. Escrito de forma deliberada como una regulación a la "publicidad" para sortear la defensa legal de que un sitio web no puede ser responsable por el contenido que publican sus usuarios, la iniciativa prohibía a los habitantes de los departamentos anunciar la renta de sus habitaciones desocupadas por menos de 30 días y cambiaba el castigo del dueño al inquilino o residente, quien podía ser multado con mil dólares por la primera ofensa y siete mil 500 por la tercera. A pesar de un empuje de RP por los pesos pesados de la industria tecnológica, incluidos los inversionistas de Airbnb Paul Graham, Reid Hoffman y Kutcher, que criticaron con fuerza la propuesta porque impedía la innovación y afectaba a la clase media de Nueva York (por ejemplo, el actor tuiteó: "¡La gente perderá sus casas por esta ley ignorante!"), la iniciativa se aprobó el último día de la sesión legislativa, dando un golpe repentino e inesperado a Airbnb.

Airbnb sostiene que la iniciativa de ley se introdujo de manera injusta, dice que el resultado fue un acuerdo secreto de última hora negociado por intereses especiales que ignoraron las voces de miles de neoyorquinos. Lanzó una campaña de publicidad de un millón de dólares, quitó más de dos mil alojamientos de la plataforma en Nueva York que parecían ser anfitriones con múltiples departamentos e introdujo una propuesta para crear una herramienta tecnológica en su sitio y un proceso de registro para prohibir a los anfitriones anunciar más de una casa. Pero cuatro meses después de que se aprobó la iniciativa, un viernes a finales de octubre de 2016, el gobernador Cuomo promulgó la ley. En un comunicado, su vocero dijo: "El problema se atendió con cuidado, se deliberó de manera consciente, pero al final estas actividades quedan expresamente prohibidas por la ley." Después de que la iniciativa fue firmada, Linda Rosenthal (quien la propuso) dijo a *The New York Times:* "Estoy muy satisfecha de que [el gobernador Cuomo] defendiera la causa de la vivienda accesible y la protección a los inquilinos."

Airbnb respondió de inmediato: horas después de la firma, la compañía presentó una demanda contra la ciudad de Nueva York y el fiscal general del estado, alegando que la ley violaba los derechos de la compañía a la libertad de expresión, juicio justo y protección otorgada bajo la Communications Decency Act (Ley de Decencia de Comunicaciones). Airbnb circuló un artículo titulado "Los hoteles celebran la posibilidad de disparar sus precios" después de que un ejecutivo de alto nivel de la industria hotelera dijo en una videoconferencia de resultados que la legislación impactaría de manera positiva en la fijación de precios de la empresa (Vijay Dandapani de la Hotel Association de Nueva York no está de acuerdo con esta línea de ataque y dice que la fijación de precios depende de la oferta y la demanda en el trabajo, de la misma forma en que las aerolíneas ponen el precio de su producto).

Días después, Airbnb organizó un mitin afuera de las oficinas de Cuomo en Nueva York. Alrededor de dos docenas de anfitriones aparecieron con carteles que decían "Cada centavo paga mi renta" y *"Freelancers* apoyan Airbnb" (un intrépido fan de Cher hizo un juego de palabras y escribió "Cher tu casa" en su letrero. "Cher" suena como "share" que significa "compartir" en inglés). Gritaban consignas como "¡Airbnb, tú y yo!" y "¡Airbnb por Nueva York!" Pero los calló una contraprotesta de un grupo de activistas de viviendas accesibles, inquilinos, miembros del sindicato y la legisladora Rosenthal, quien dirigía la carga mientras el grupo marchaba hacia los manifestantes de Airbnb y gritaban más fuerte y de manera mucho más enérgica "¡Airbnb, malo para Nueva York!" y "¡Las casas no son hoteles!" Días más tarde, en otro mitin, el miembro del gobierno municipal Jumaane Williams le dijo a *The New York Daily News*: "Jamás había estado tan feliz de ver perder a una organización."[21]

Para la comunidad de Airbnb en Nueva York las noticias crearon confusión. Los huéspedes que ya habían reservado viajes a esta ciudad preguntaban si deberían cancelar. Evelyn Badia, la anfitriona en Brooklyn con su negocio de consultoría, editó su entrada para que dijera: "Legal, cómodo, amplio, departamento de dos habitaciones en una casa." En el mitin, un espectador me preguntó si Airbnb compraba edificios y los convertía en alquileres.

Hablé con Chris Lehane, el director de políticas públicas de la compañía poco después del mitin. Dijo: "Todo se puso en contra de nuestros anfitriones. Malas políticas guían a malas leyes. Cuando los intereses especiales te llevan a escribir una ley y aprobarla sin ningún proceso público donde los anfitriones no tienen voz ni voto, terminas en una de estas situaciones." Afirma que la compañía seguirá presionando por una solución legislativa para las regulaciones que restringen la actividad comercial en su plataforma y permiten a la gente común rentar sus espacios de manera ocasional, una propuesta que dice: "Cualquier análisis objetivo es bueno para el estado." Cuando este libro iba a prensa, la compañía resolvió sus demandas con el estado y la ciudad de Nueva York (en el caso de la ciudad, en teoría ambas partes están de acuerdo en trabajar juntas en identificar a las personas malas y tomar las medidas necesarias).

Neal Kwatra, CEO de la firma de consultoría política Metropolitan Public Strategies y estratega de Share Better, dice: "Desde 2010 hay una ley en los libros que ha prohibido gran parte del modelo económico de Airbnb, pero tenían un enfoque muy estratégico." Comenta que la compañía "sabía de manera clara que, a pesar de la regulación actual, la aplicación de la ley no pasaría al tipo de escala que afectaría su negocio. Y creo que tenemos una coalición de diferentes componentes concentrados en el impacto sobre la vivienda accesible, donde Airbnb ha impulsado los alquileres al quitar miles de suministros de vivienda a largo plazo."

La legisladora Linda Rosenthal dice: "Estoy encantada de que [la iniciativa] se firmara ley, pero creo que estamos arrastrando a Airbnb, que grita y patalea, a operar su negocio de acuerdo con la ley y pienso que tratará de salirse de la forma que pueda." Está en desacuerdo con lo que llama el "modelo diferente de negocio, el cual es abordar un área, sobrepasarla y luego dictar la política, en vez de que el gobierno te diga qué hacer". Dice que si a la compañía le preocuparan sus usuarios pondría la ley de forma clara en la página de inicio de su sitio web (Airbnb anima a sus clientes a cumplir con todas las leyes locales en la página "Responsible Hosting in the U. S.").

Airbnb y los familiarizados con su estrategia dicen que a través de los años muchas veces se intentó ofrecer un compromiso, pero que los legisladores no estaban interesados en tener una conversación. "Ellos [Airbnb] estaban dispuestos a hacer casi cualquier trato", dice Bill Hyers de Hilltop, quien en la actualidad no está trabajando con la compañía, pero afirma que varias partes "ni siquiera estaban dispuestas a hablar. Al final del día no había nadie con quién negociar por eso."

Lehane dijo que es probable que la situación de Nueva York con el tiempo represente una serie de batallas en una "guerra a largo plazo", y que en los próximos años los cambios sorpresivos del conflicto serán la "música de fondo". Asegura que la compañía seguirá presionando para cambiar la ley subyacente de 2010.

Organizar, movilizar, legitimar

Lehane fue amigable y cordial cuando lo conocí por primera vez en las oficinas centrales de Airbnb, meses antes de que la ley se aprobara en Nueva York. No parece el belicoso guerrero que dicen. Lehane es un peso pesado de la política: este abogado entrenado en Harvard ha estado con los demócratas desde la década de 1980. Después de trabajar en la campaña de Bill Clinton en 1992 fue contratado en la oficina del consejo especial de la Casa Blanca, un equipo de élite que controlaba el daño por investigaciones durante la administración de Clinton (hizo el informe de 332 páginas que acuñó la frase "gran conspiración de la derecha"). En el año 2000 sirvió como secretario de prensa para la campaña de Al Gore antes de cambiarse al sector privado. Conocido por sus tácticas a puño limpio, sus breves comentarios ingeniosos y su hábil trabajo de investigación de oposición, Lehane fue apodado "el maestro del desastre". Mientras trabajaba para clientes como Microsoft, Goldman Sachs, Lance Armstrong, sindicatos de trabajadores y organizaciones sin fines de lucro (como los esfuerzos del multimillonario Tom Steyer para defender el cambio climático), escribió y produjo una película irónica sobre un estratega político llamada *Knife Fight*. En 2014 Airbnb trajo a Lehane como asesor para ayudar con la batalla de la compañía en San Francisco y pronto se unió de tiempo completo.

Lehane es delgado, pero tiene gran presencia en las oficinas centrales de Airbnb, donde todos lo conocen como "Lehane". La zona de impacto de sus operaciones es un edificio independiente de tres pisos en un callejón detrás de las oficinas centrales de Airbnb, llamado el Anexo. Lehane lo rebautizó como Unidad de Vivienda Extra (ADU, por sus siglas en inglés), un término para las casas pequeñas o los cuartos extras que se construyen para el abuelo o la familia política. Tales unidades se prestan bastante bien para compartir casa (y son polémicas para regular). En Airbnb la ADU alberga a todo el equipo de movilización, comunicaciones, operaciones políticas y otros departamentos, incluyendo impacto social y búsqueda estratégica (alrededor de 200 empleados, muchos de ellos son demócratas). Lehane acomodó la disposición a partir de la manera en que el alcalde Bloomberg diseñó la oficina en Nueva York, con un espacio al centro y diferentes equipos agrupados alrededor, pero cercanos entre sí para poder interactuar. "Si alguna vez caminaste dentro de una campaña política, se siente igual", dice.

Lehane tiene la responsabilidad de supervisar la estrategia de Airbnb para conseguir que las leyes estén a favor de la empresa. "Es algo salvaje —dice en una de nuestras pláticas, sentado en las oficinas de Airbnb—. Es como si estuvieras creando un auto, construyendo el camino, escribiendo las reglas y la gente te arrojara piedras… ¡Es genial!" Pero admite con libertad que también es un consumidor de lo que ahora muchos llaman el Kool-Aid Airbnb. Cree que la compañía tiene el potencial de ser una fuerza motriz para la clase media. Afirma que el compartir casa se puso de moda entre los clientes de la forma en que lo hizo porque reunió una serie de grandes tendencias socioeconómicas. Esto refuerza los contratos sociales que se han vuelto tensos, permite que la gente común se empodere de forma económica y reúne a las personas. En 2016 la conferencia de alcaldes de Estados Unidos dijo: "Al final del día, la razón por la que Airbnb tiene éxito al nivel que lo está logrando no es porque le pusieron alguna poción mágica o polvo de hadas a un algoritmo… Es porque hemos construido una plataforma que permite a la gente interactuar con otras personas y vivir una experiencia transformadora."

Lehane afirma que la mayoría de las ciudades en el mundo está abierta a hacer equipo. Rápidamente señala los muchos lugares donde Airbnb ha trabajado con los legisladores locales para actualizar o enmendar las leyes existentes para legalizar su actividad. El día que hablamos la ciudad más reciente era Chicago, donde se aprobó una medida para legalizar alquileres a corto plazo sin límites en el número de días y permitiendo la recaudación de 4% de impuestos en cada renta, lo cual financiará servicios para la gente sin hogar ("Alégrate, los fanáticos de la vivienda alternativa recorren la Ciudad de los Vientos", decía un artículo sobre las reglas).[22] Conforme arreciaba la batalla en Nueva York, los legisladores aprobaron una legislación amistosa justo al otro lado del río Hudson en Newark y Jersey City, Nueva Jersey, y en la misma semana en que Cuomo firmó la iniciativa de ley, los reguladores hicieron acuerdos en Nueva Orleans y Shanghái. Lehane dice que a la gente le gusta "señalar demasiado" a Nueva York, pero él y otros indican que la plataforma ahora es tan grande que ningún lugar es indispensable para la compañía en general. Esto parece ser verdad: la información de Airdna estima que los ingresos totales de los anfitriones de Airbnb en Nueva York representan 10% del total de Estados Unidos y 3% del total mundial. Lehane me dijo que de los 100 mercados principales que la compañía ha identificado como importantes, entre 75 y 80 "van por buen camino", 10 están "como estáticos" y los otros 10 "siempre están en algún tipo de conflicto" con cuatro principales: Nueva York, San Francisco, Berlín y Barcelona.

Lehane dice que en estos lugares de gran conflicto todo ha sido difícil y el común denominador son las políticas existentes. En Barcelona el gobierno es sensible al flujo de turismo en el barrio gótico. En San Francisco el problema es la escasez de vivienda aunada a una lucha de poder entre las raíces progresivas de la ciudad y la industria tecnológica más moderada y adinerada. En Berlín, donde se prohibieron todos los alquileres a corto plazo de casas enteras sin un permiso y se pusieron multas hasta de 115 mil dólares, hay problemas desde hace mucho en torno a las viviendas que datan desde la reunificación de Alemania y ahora han aumentado por la crisis de refugiados. Y claro, Nueva York, el epicentro de lo que Lehane llama "el complejo industrial hotelero".

Dominar las políticas exclusivas es la especialidad de Lehane. Sabe que la clave para ganar las batallas regulatorias de Airbnb consiste en movilizar a los anfitriones. Dice que Airbnb tiene algo que ninguna otra entidad del sector privado que conozca tiene: cientos de miles de anfitriones y huéspedes comprometidos que pueden ser un "ejército de cambio". Su solución: implementar un esfuerzo de movilización popular, parecido al que hicieron en Nueva York cuando el fiscal general atacó primero, pero uno equivalente en tamaño y escala a una campaña presidencial... Y luego lo lanzarían al resto del mundo.

Según su forma de pensar, Airbnb tiene dos elementos únicos que hacen esto posible. Uno es su escala: sólo en Estados Unidos, la base de datos de la compañía es más grande que algunos de los grupos de presión más grandes del país, como Sierra Club, la American Federation of Teachers (Federación Estadounidense de Maestros) y la Campaña de Derechos Humanos. Muchos en la comunidad de Airbnb son usuarios casuales; Lehane los divide en "votantes fijos" (los anfitriones que están más comprometidos, pero son un grupo pequeño que sólo suma unos cuantos millones) y "votantes ocasionales" (los huéspedes). Pero los sondeos de la compañía muestran que incluso el huésped ocasional se puede movilizar con facilidad, y en algunos mercados de 5 a 15% del electorado general usa Airbnb de alguna manera. "Si hay algo que los políticos sabemos usar... son las matemáticas. Y estas matemáticas son bastante convincentes."

La segunda cosa que sólo Airbnb tiene es su modelo económico. Sus "votantes fijos" no sólo creen en la causa: ganan dinero de ella. Los anfitriones reciben todos los ingresos que entran por la puerta, pero la compañía cobra 3% de la tarifa. "Ellos ganan 97 centavos de cada dólar. Si juntas todos los elementos, creo que en verdad podemos ser políticamente disruptivos."

Parte de este trabajo preliminar ya se había hecho cuando Lehane empezó a colaborar. El esfuerzo de Douglas Atkin por construir un movimiento de petición durante la investigación del fiscal general de Nueva York fue parte de un esfuerzo mayor en 2013 y 2014 para comprometer a la comunidad de Airbnb en las tres ciudades donde se enfrentaba la oposición: Nueva York, San Francisco y Barcelona. Fue un enfoque de movilización sofisticada llamado Firestarter que se basó en las tácticas de la campaña presidencial de Obama (en especial, el modelo "copo de nieve" de las dirigidas por la comunidad, una especie de campaña ascendente y de convocatoria abierta que empodera a los voluntarios para organizarse y entrenarse entre ellos). Intensifica las preguntas y las peticiones de los miembros de la comunidad hasta una "curva de compromiso", desde aparecer en una reunión o enviar un tuit hasta escribir artículos de opinión, esta táctica está diseñada para extraer tanta pasión como sea posible de la gente común. Lehane dice: "Puedes hacer un montón de comerciales en televisión y eso tendrá algún tipo de impacto, pero conseguir un par de cientos de llamadas cuando eres un concejal de la ciudad es demasiado. Y esto pasa."

En esencia, Lehane fue encargado de llevar su fuerza de defensa política al modelo Firestarter, expandirlo y lanzarlo a 100 ciudades claves en todo el mundo. La columna vertebral de sus esfuerzos son los clubes de compartir casa, grupos de anfitriones que van desde 10 o 15 personas hasta algunos cientos a quienes Lehane ve casi como gremios actuales. Airbnb los sembró y les dio infraestructura y apoyo, pero los clubes tienen sus propios estatutos, establecen sus objetivos y se espera que se conviertan en su entidad de ciudadanía política. "Estos clubes deben ser guiados por ustedes, construidos por ustedes, formados por ustedes", le dijo a una audiencia de cinco mil anfitriones cuando presentó la idea en el Open de Airbnb de 2015 en París. "Les daremos herramientas de defensa y apoyo, pero será su voz la que salga victoriosa."

La "prueba beta" de Lehane para esta estrategia fue el esfuerzo de movilización en San Francisco en 2015 para rechazar la Proposition F, una iniciativa de votación que pondría restricciones a los alquileres a corto plazo y, junto con Nueva York, la batalla regulatoria más notoria de la compañía. La ciudad y Airbnb ya habían llegado a un acuerdo para legalizar los alquileres a corto plazo, aprobando la llamada "Ley Airbnb" en el otoño de 2014 (aceptando rentar las casas enteras con un número limitado de días por año y solicitando a los anfitriones que se registraran con la ciudad). Pero la oposición aumentó a raíz de la iniciativa de ley y la Proposition F propuso reducir el límite, solicitar el reporte de información trimestral y dar a vecinos y grupos del sector inmobiliario la capacidad de presentar quejas y reclamos legales. Con un presupuesto de ocho millones de dólares para la campaña, Lehane desplegó un grupo de veteranos organizadores de campo y cientos de voluntarios para movilizar a la base de usuarios de Airbnb. Al final, 138 mil miembros de la comunidad tocaron 285 mil puertas y contactaron a 67 mil votantes para rechazar la Proposition F. Dicho presupuesto también se destinó a publicidad, incluyendo la televisión, con una serie de espectaculares sarcásticos que fueron percibidos como maliciosos e insultantes: "Querido Sistema de Bibliotecas Públicas, esperamos que se usen algunos de los 12 millones de impuestos hoteleros para mantener la biblioteca abierta hasta tarde. Con amor, Airbnb." Después de que los anuncios desencadenaron una respuesta negativa, la compañía los retiró y se disculpó.

La victoria fue significativa, pero efímera. En junio de 2016 la Junta de Supervisores aprobó una nueva legislación requiriendo que las plataformas de alquileres a corto plazo investigaran sus alojamientos para asegurarse de que sus anfitriones estaban registrados o pagarían multas de mil dólares diarios por cada inmueble no matriculado. Unas semanas después Airbnb presentó una demanda contra la ciudad de San Francisco que, al momento de escribir este libro, seguía en la corte (igual que la de Nueva York).

ESCALANDO LA HOSPITALIDAD

Airbnb enfrenta un acertijo: quiere que su negocio crezca, en Nueva York y en todas partes... pero quiere hacerlo de forma casera. "Entre más interacción humana haya, más cerca estamos de nuestra misión", dice Chesky. He aquí el reto: ¿cómo incrementar el tipo de hospitalidad humana y hecha a mano que Airbnb quiere? ¿Cómo tomar el modelo acogedor de hospitalidad de una casa y un anfitrión y escalarlo a un gran tamaño? Como muchas otras cosas, los fundadores consideraron esto un desafío para el diseño.

Una solución alternativa es establecer asociaciones con los propietarios. Airbnb es un fenómeno urbano y en muchos lugares, a pesar de las leyes locales, los residentes de los departamentos no pueden hospedar en Airbnb porque los propietarios no lo permiten. Muchos no quieren alquileres a corto plazo en sus edificios porque violan sus políticas o porque van contra las leyes locales (y por lo general las multas se aplican a los dueños, no a los habitantes). A veces hay operadores aficionados en edificios sin elevador. Pero la mayoría de la gente en las ciudades, cuando va a rentar un departamento, acude a alguna compañía de un pequeño grupo de megapropietarios:

gigantes de bienes raíces como Avalon Bay Communities, Camden Property Trust y Equity Residential Properties. Estas y otras compañías controlan cientos de miles de departamentos en todo el país y rentan a un número desproporcionado de millennials. De manera típica contratan a grupos de administradores de propiedades a gran escala para la gestión diaria de sus edificios, pero el dueño pone las reglas. Abrir una posibilidad en este grupo y conseguir que cambien sus reglas para permitir el compartir casa dejaría que Airbnb creara ganancias significativas (y, de manera ideal, el tipo de ganancias que quiere, dejando a los residentes del departamento rentar sus casas ya sea que estén ahí o no).

En los últimos años Airbnb ha trabajado en formar alianzas con estos conglomerados de alquileres. En 2016 Kia Kokalitcheva, de *Fortune*, reportó el lanzamiento de una nueva iniciativa llamada Airbnb Friendly Building Program, en el que dueños y desarrolladores de grandes multifamiliares podían inscribirse para una asociación con Airbnb.[23] Según el acuerdo, los inquilinos tienen permiso para subarrendar sus espacios en Airbnb; a cambio, el desarrollador o dueño posee la capacidad de establecer las reglas, por ejemplo la hora del registro de entrada y la duración de la estancia, y recibe una parte de los ingresos. La reservación se sigue haciendo por Airbnb, pero la compañía dice que compartirá información con los propietarios sobre los tipos de transacciones que realizan los inquilinos y en cuáles departamentos. La idea sirve a los intereses de los dueños: su objetivo principal es llenar sus edificios y asegurar rentas a largo plazo que generan el tipo de flujo de ingresos estables y predecibles que les gusta ver a los inversionistas. El caso que Airbnb está preparando parte de la idea de que sus clientes principales, los millennials, sólo quieren vivir en casas que se pueden compartir. Airbnb ha estado presente en toda su vida adulta y, al igual que hacen con muchas cosas, se sienten con un poco de derecho a ese flujo de dinero. Entonces el discurso para los propietarios es más o menos el siguiente: si aprovechas Airbnb y permites que tus inquilinos compartan su espacio, llenarás tus edificios con mayor facilidad, tendrás una tasa de ocupación más alta y, como tus clientes tendrán un flujo de ingresos extra, será más probable que te paguen la renta a tiempo, lo cual será más atractivo para los inversionistas. Al momento de escribir esto los propietarios de alrededor de dos mil departamentos se habían inscrito, una fracción del mercado potencial, pero la compañía espera llegar a los peces más gordos de bienes raíces.

En el futuro, la compañía espera que estas asociaciones lleguen más lejos. Las compañías de bienes raíces también desarrollan nuevos complejos de departamentos, con cientos de miles de habitaciones, y Airbnb está en pláticas con ellos para diseñar nuevas distribuciones de espacios expresamente para compartir casa: departamentos con, digamos, un baño extra o con una disposición que es más favorable para tener huéspedes, donde la segunda habitación está muy cerca de su baño y en el lado opuesto de la sala.

Después de contarme estos planes, le señalé a Chesky que esto no podía pasar en Nueva York, donde la forma más popular de usar Airbnb es ilegal (rentar el departamento cuando estás fuera de la ciudad). Chesky me respondió que hay propietarios por todo el país y no sólo en Nueva York. "Pero esta idea implica…", empecé a decir; él asintió y completó mi enunciado: "Un horizonte con el cielo despejado."

ACOSTARSE Y LEVANTARSE TEMPRANO…

Chesky es optimista sobre conseguir ese cielo despejado. Cree que Airbnb ha aprendido de sus batallas en Nueva York, donde sus oponentes la han criticado por hacer oídos sordos a las políticas locales. "Hemos aprendido a no esperar un problema", dijo Chesky a la audiencia de la conferencia Brainstorm Tech de la revista *Fortune* en el verano de 2016.[24] "Si quieres trabajar con una ciudad, debes conocerla. Si primero consigues eso [y] llegas con las mejores intenciones, puedes terminar con una asociación. Pero si la ciudad viene a ti, puedes tener muchos, muchos años de conflictos potenciales."

Algunos mercados siguen tomando medidas enérgicas. En la primavera de 2015, a pesar de una protesta de 100 miembros de la comunidad de Airbnb, la ciudad de Santa Mónica instituyó lo que fue en esa época una de las leyes más duras para los alquileres a corto plazo en Estados Unidos, donde se prohibía la renta de una casa entera por menos de 30 días. Sólo los huéspedes que se quedaran en las instalaciones podían rentar espacio en sus hogares y sólo si obtenían una licencia comercial de la ciudad, seguían los códigos de construcción e incendios y remitían 14% de impuestos hoteleros (éstas fueron las nuevas regulaciones que metieron en problemas a Scott Shatford, el fundador de Airdna y anfitrión de Airbnb).

Airbnb se volvió un asunto complicado en Reykjavík, Islandia, un mercado mucho más pequeño, pero donde el turismo ha aumentado y la capacidad hotelera se ha mantenido igual. Los alojamientos de Airbnb llenaron ese vacío y ahora la pequeña ciudad tiene el doble de inmuebles de Airbnb per cápita que ciudades como Roma o San Francisco.[25] Los investigadores estiman que al menos 5% de las viviendas de la ciudad se arrendaban en Airbnb, empeorando un suministro de hogares que ya de por sí era escaso.[26] La ciudad puso en marcha regulaciones estrictas: los anfitriones deben registrarse, pagar un tarifa y rentar menos de 90 días al año si no quieren pagar impuestos comerciales. Al momento de escribir esto, el problema de los alquileres a corto plazo se estaba calentando en Toronto y Vancouver. Sadiq Khan, el nuevo alcalde de Londres, expresó interés en revisar las leyes de alquileres a corto plazo de la ciudad que tratan sobre la vivienda accesible y los problemas de calidad de vida para los vecinos.

Mientras tanto, los usuarios de Airbnb ya se acostumbraron a tolerar la falta de claridad en algunos mercados. Los anfitriones les piden a los huéspedes que digan a los vecinos que encuentren en el pasillo que son amigos o familiares que están de visita. A una conocida mía que viajó a Los Ángeles le indicaron que buscara la llave escondida en las bicicletas, y que si alguien le preguntaba respondiera que iba a visitar a una amiga. Incluso antes de que aprobaran la iniciativa de ley en Nueva York, los propietarios habían notado un número creciente de inquilinos con amigos con equipaje que iban y venían con frecuencia para "cuidar a los gatos".

Incluso los que rentan habitaciones en sus casas de forma legal doblan sus esfuerzos para seguir las reglas. "Hasta que esto se aclare, quiero estar tan cerca del límite como sea posible", dice Chris Gatto, un anfitrión de Nueva York. Él renta una habitación extra, por lo que su actividad está permitida, pero cada vez que tiene un huésped se asegura de darle un recorrido de 10 minutos para mostrarle dónde está el extintor y las salidas, además instaló señalamientos claros en todo el lugar. Sheila Riordan, la viajera entusiasta del capítulo 3, no se queda en ningún alojamiento donde la legalidad esté en el aire. "No quiero estar en ningún lado donde alguien me pregunte por qué estoy ahí." Las compañías que han construido su negocio gracias al *boom* de compartir casa ya se resignaron al hecho de que el conflicto puede tardar años en resolverse. "Es una característica externa con la que tenemos que vivir", dice Clayton Brown, CEO de Keycafe, la *startup* de entrega de llaves. Mientras tanto, ha surgido un nuevo subconjunto de la industria de pequeños negocios: compañías que ayudan a gobiernos y propietarios a descubrir violadores de la ley de alquileres a corto plazo.

En el Open de Airbnb de 2015 en París, los esfuerzos de movilización estuvieron en el centro del escenario. Chesky le dijo a la multitud: "Como saben, muchas veces nos malinterpretan por ser un anfitrión, incluso a veces nos atacan." Y les prometió que esto pronto cambiaría. Lehane los exhortó a realizar acciones: "Porque verán no sólo nuestra casa, sino quiénes somos en nuestros corazones. Vamos a tener más peleas y batallas en los días, meses y años que están por venir, pero cuando esta comunidad esté empoderada para ser un movimiento, nada nos detendrá." Mientras sigan avanzando juntos, les dijo: "Nuestro mantra será 'Acostarse y levantarse temprano, trabajar mucho y organizarse'."

UN JUEGO DE NÚMEROS

Pero a largo plazo, muchos expertos y observadores piensan que las probabilidades están del lado de Airbnb y que, al final, le darán la libertad para trabajar, incluso bajo regulaciones muy estrictas en algunos mercados, por una sola razón: los clientes lo quieren. No se obtiene el tipo de crecimiento que Airbnb ha observado sin tocar las fibras sensibles del público consumidor. En este sentido, no son tanto los anfitriones como los más de 140 millones de huéspedes, los que reservan y se quedan, los que pueden persuadir sobre los reguladores. "Pienso que en términos de... ¿habrá más gente haciendo esto mañana que hoy? Sí. Y más pasado mañana —dice Lehane—. El público ya está ahí y los políticos van a donde está el público." Carl Shepherd, el cofundador de HomeAway, piensa que los reguladores que deciden no subirse a bordo tienen las cabezas en la arena. En una entrevista de *Los Angeles Times* comentó: "Es como decir: 'En 2015 no participaré en el mundo'. Puedes negar su existencia o descubrir cómo hacerlo seguro."[27]

Puedes medir el entusiasmo del usuario de Airbnb de varias maneras, pero todas muestran lo mismo: es un tren de carga. Un sondeo de Quinnipiac descubrió que los neoyorquinos que apoyan a Airbnb superan en número a los que querían su prohibición en 56 contra 36%. Durante el curso de mi informe observé un fenómeno revelador: hay neoyorquinos que se quejan de vecinos pasajeros en su edificio, pero usan Airbnb para viajar.

En Nueva York, fuera de la industria hotelera, la comunidad económica apoya a Airbnb, aunque de forma moderada. Kathy Wylde, presidenta de la Partnership for New York City, una organización sin fines de lucro formada por los CEO de los negocios más grandes de la ciudad y empleadores del sector privado, le dijo a *The Real Deal*: "Es cierto que no permitiremos los abusos y no apoyaremos a Airbnb en todos los términos, pero pensamos que hay espacio para llegar a un acuerdo donde todo el mundo gane."[28]

Así que es cierto, al plantar una bandera en los mercados, incluso cuando las leyes lo prohibían de manera específica, la compañía mostró cierta cantidad de ingenuidad, valentía o indiferencia por la autoridad, dependiendo de qué lado estés de la discusión. Pero hay una razón por la que millones de clientes han adoptado con gusto Airbnb. No sólo fue que tres chicos rompieran todas las reglas. Fue una culminación de fuerzas que eran más poderosas que eso: una recesión épica que dejó a la gente con una motivación mucho más grande por viajar barato o aprovechar la oportunidad de convertir su casa en algo monetizable; un sentido general de cansancio con una industria hotelera que se ha vuelto demasiado cara y te trata como mercancía; una ola de nuevos valores y actitudes millennials que hacen que la idea de una forma de viajar más extravagante, más ecléctica, original y auténtica no sólo sea aceptable, sino una forma de vida; una baja de confianza en el gobierno, en especial entre la clase media, y la búsqueda de medios de empoderamiento económico autosuficientes. Entender estas fuerzas puede ayudar a los reguladores a comprender por qué Airbnb atrapó a la gente de la forma en que lo hizo y por qué sus usuarios están tan preparados para tomar una espada y luchar por su causa. "Díganles a los líderes de la ciudad que vamos a ganar", dice Jonathan Morgan, el anfitrión de Savannah que enfrenta 50 mil dólares en multas. "Díganles: 'Voy a pelear hasta que me muera… y soy más joven que tú'."

Muchas otras industrias han atravesado problemas regulatorios en su camino a la aceptación: cuando eBay estaba ganando terreno, enfrentó fuerte resistencia de los minoristas tradicionales; uno de sus oponentes trató de que aprobaran una ley que exigiera a los usuarios tener licencia de subastador para vender ropa en la plataforma. Las *startups* de pago, desde PayPal hasta Square o Stripe, tuvieron que probar su legitimidad a los reguladores horrorizados con la idea del intercambio de dinero en internet. Jeff Jordan, miembro de la junta de Airbnb, dice: "El éxito casi siempre termina en legitimidad." (Claro, no todas las tecnologías populares ganan: por ejemplo, Napster, el servicio de compartir música entre pares, fue cerrado por problemas de violación de los derechos de autor, aunque la música *streaming* después se volvería el estándar y la industria descubriría una forma de cobrarla.) Ninguno de los inversionistas de Airbnb parece muy preocupado. Reid Hoffman dice: "Pienso que al final llegaremos a un lugar donde el mundo será como debe ser, y en el peor de los casos habrá un menor crecimiento en dos ciudades estadounidenses [Nueva York y San Francisco] que, de manera paradójica, deberían ser el hogar de los juegos tecnológicos audaces, pero son las más problemáticas en el mundo."

Chesky adora salpicar sus discursos con citas de grandes pensadores de la historia y seguido parafrasea una de George Bernard Shaw: "El hombre razonable se adapta al mundo, el irrazonable intenta adaptar el mundo a sí mismo. Por lo tanto, todo el progreso depende de los hombres irracionales." Es una referencia muy citada en Silicon Valley, donde legiones de fundadores de *startups* se enorgullecen de ser lo suficientemente irracionales para conseguir financiamiento y que después las leyes cambien a su favor.

Por esta razón Chesky no está sorprendido de que Airbnb haya generado tanta resistencia activa. "Cuando empezamos este negocio sabía que si teníamos éxito sería polémico de alguna manera", me dijo en un momento de reflexión en el Salón del Presidente, una réplica con paredes de madera de las oficinas ejecutivas de 1917, pero construido casi 100 años después, en 2015, en las oficinas centrales de Airbnb. Recordó que incluso en los días de aquellas vacaciones de 2007 en casa, en Niskayuna, cuando desempleado y desanimado empezaba a hablar de la idea de AirBed & Breakfast... las personas tenían una reacción visceral: la amaban o la odiaban. O "genial, ya quiero probarlo" o "no me gustaría tener eso en mi colonia". Además, cuando Chesky escuchó por primera vez sobre la ley de 2010 en Nueva York, cuando los reguladores de aquella época le aseguraron que no se trataba de Airbnb y que no afectaría a los usuarios de la compañía, tenía la sospecha de que no siempre estaría bien. Recuerda que pensó: "No parece 'bien' porque es la ley."

Incluso George Bernard Shaw habría dicho que era una suposición razonable.

Chesky confía en que se solucionará y que "mi cabello seguirá siendo café cuando esto ocurra". Cree que con el tiempo se aprobará una ley que permitirá a la gente rentar sus casas principales y prohibirá las rentas de segundas casas y alquileres de tiempo completo en Nueva York. También que Airbnb tendrá que recaudar y remitir impuestos al gobierno. "Creo que eso pasará, pero pienso que habrá que hacer un poco de maniobras durante los próximos dos años para llegar ahí."

Sin nada más, toda esta saga ha hecho que Chesky planee un poco diferente el futuro. Antes, en 2007, le parecía imposible que Airbnb estuviera en 10 mil casas, mucho menos en tres millones. Ahora que ha visto al enemigo con sus ojos, planea la siguiente fase de la compañía (su ambicioso impulso a las experiencias en los lugares), asumiendo el mismo tipo de crecimiento y toda su esperada resistencia activa. "He estado diseñando asumiendo todo eso —dice después de darme una vista previa de los nuevos planes de expansión de la compañía—. ¿Qué hará esto a las colonias? ¿Vamos a enriquecer o dañar a las comunidades? Todo esto no vendrá sin críticas. Es lo primero que aprendí."

Otros tienen un enfoque diferente: se encogen de hombros o lo ignoran. Dicen que todo esto, aunque es un dolor de cabeza gigante, también es predecible. "Es *100%* inevitable —dice Michael Seibel, el primer consejero de los cofundadores de Airbnb y la persona que, más que nadie después de los fundadores, puede ser responsable de que Airbnb se convirtiera en lo que es hoy. Y agrega—: siempre que convulsionas una industria masiva y tratas de hacer espacio para ti dentro de ella, los diferentes intereses te harán retroceder. No construyeron una industria hotelera de miles de millones de dólares por no saber cómo quitar a los demás… Entre más metido estés, más puedes usar las políticas para lograrlo." Como dice Seibel y muchos otros, al final del día el cliente es el que vota y el que, por lo general, gana.

Otra de las citas favoritas de Chesky es de Victor Hugo: "No puedes matar una idea cuya época ha llegado", parafraseó para la audiencia en el Open de Airbnb de 2014. Pero Seibel lo hace aún más conciso: "Al final, ¿a la gente le gusta usar Airbnb? ¿Millones y millones y millones de personas quieren Airbnb? Sí. Todo lo demás es un problema que se puede solucionar con gente inteligente, tiempo y dinero."

Y concluye: "Lo que no puedes resolver es... construir algo que nadie quiera."

6
Hospitalidad, trastornada

El mundo nos lleva a esto… Aprovéchalo.
Sébastien Bazin, ceo de AccorHotels, en *Skift*

En 1951 la esposa de Kemmons Wilson, un empresario y padre de cinco hijos que vivía en Memphis, lo convenció de que dejara su trabajo y salieran de vacaciones. Subió a su familia en el auto y fueron rumbo a Washington, D. C., para visitar los monumentos nacionales.[1]

Decepcionado por la mala calidad de los moteles a orilla de carretera en los que se hospedaron a lo largo del camino (tenían habitaciones pequeñas, camas incómodas y cargos extra por cada niño), Wilson vio la oportunidad de hacer algo mejor. Para cuando llegó a D. C. ya tenía una idea: construir una cadena de 400 moteles en todo el país, ubicados en las salidas de las autopistas, a un día de distancia uno de otro, limpios, económicos y, lo más importante, predecibles: estarían estandarizados hasta el último detalle para que los huéspedes tuvieran las mismas condiciones sin importar el lugar. Después de tomar medidas minuciosas de cada habitación en las que la familia se alojó, definió las dimensiones ideales y, de regreso en Memphis, contrató a un dibujante para que hiciera los planos. Por casualidad veía una película de Bing Crosby de aquella época que se llamaba *Holiday Inn* y al instante anotó el nombre en el título de los planos. Un año después, en 1952, el primer Holiday Inn abrió sus puertas en una de las autopistas principales a Nashville en las afueras de Memphis y al año siguiente construyó tres más.

En verdad eran de lo más predecible, limpios, de ambiente familiar (no había cargos adicionales por cada niño) y de fácil acceso al costado de la carretera. Fueron revolucionarios en su tiempo. La idea echó raíces, se difundió y se convirtió en una marca global. Su sello distintivo eran los enormes letreros de 15 metros a la orilla del camino con el logo de la compañía. Para 1972, Holiday Inn tenía mil 400 ubicaciones en todo el mundo y consiguió una portada en la revista *Time* como "The World's Innkeeper" (El posadero del mundo).[2]

Wilson no fue el único que tuvo esa idea. En Texas, un hombre joven llamado Conrad Hilton comenzó a construir hoteles en la década de 1920 durante el auge del petróleo.[3] En 1957, J. W. Marriott abrió el Twin Bridges Motor Hotel en Arlington, Virginia.[4] Ellos, de manera colectiva y junto con otros pocos, inaugurarían la era de las cadenas de moteles a pie de carretera para el mercado de masas, predecibles y extendidos. Fue una de las ideas más revolucionarias en la industria hotelera. Antes de esto, el alojamiento se limitaba en su mayoría a pensiones, moteles pequeños e independientes, hoteles caros o grandes fincas para vacacionar que eran destinos turísticos en sí mismos. Pero las condiciones se prestaban para la innovación: millones de soldados regresaron de la guerra y formaron familias, el *boom* económico de la posguerra trajo prosperidad a una nueva clase media que crecía con mucha velocidad, millones de hogares seguían asombrados con los nuevos y maravillosos automóviles privados y la libertad de movimiento que otorgaban… y gracias al presidente Eisenhower y a la Ley Federal de Autopistas, la gran era de construcción de interestatales estaba en camino. Viajar, que alguna vez fue privilegio de los ricos, se abrió y se democratizó.

Wilson, Marriott, Hilton y unos cuantos más fueron los primeros en convulsionar la industria hotelera. Sacudieron las cosas con su visión novedosa de cómo deberían ser los viajes, crearon grandes fortunas y allanaron el camino para los conglomerados de cadenas de hoy en día.

Ahora, unos 60 años después, en octubre de 2015, un representante de los últimos disruptores de la industria se paró en el escenario frente a un grupo de ejecutivos de hoteles y bienes raíces. "Soy uno de ustedes —le aseguró Chip Conley a la audiencia de la reunión del ULI en San Francisco, en 2015—. Soy evidencia de que un perro viejo puede aprender trucos nuevos."[5] El empresario de hoteles convertido en ejecutivo de Airbnb se dirigía a la audiencia con una charla sobre la historia de la innovación en el negocio de la hotelería, basándose en su experiencia como un doble innovador: primero como empresario de hoteles *boutique* que abrió la cadena Joie de Vivre[6] en 1987 y ahora como director de hospitalidad de Airbnb. Guio al público por un recorrido de la historia moderna de las disrupciones en la hotelería, desde los moteles de carretera hasta los hoteles *boutique* y terminó con el apogeo de los alquileres a corto plazo o "compartir casa". Su mensaje era: la industria hotelera ha sido trastornada muchas veces, las perturbaciones seguido responden a alguna necesidad de fondo que no se ha atendido y, al final, las grandes cadenas se unen y todos ganan. Dijo: "Con el paso del tiempo, y esto tranquilizará a los que dirigen compañías grandes en este momento, el sistema acepta las innovaciones que representan una tendencia de largo plazo."

La relación entre Airbnb y la industria hotelera es complicada y evoluciona con el tiempo. Airbnb se ha esforzado en decir que *no* es un disruptor de la industria y en plantear un panorama de coexistencia benigna. A Chesky le gusta decir: "No es necesario que los hoteles pierdan para que nosotros ganemos." Él y su equipo a menudo ofrecen algunos datos para demostrarlo. Las estancias en Airbnb son más largas que las estancias tradicionales en hoteles. Más o menos un cuarto de sus ubicaciones se encuentra fuera de las áreas donde se localizan los hoteles grandes. Atraen a grupos más grandes. Es un caso de uso distinto, como se dice en términos de la industria de la tecnología. Una gran cantidad de los viajeros se quedan con amigos y familiares, "así que, si algo alteramos, es el quedarte con tus padres", dijo Chesky a la audiencia del ULI, un poco antes en el programa de la conferencia.[7] Y la compañía señala que la industria hotelera alcanzó un récord en tasas de ocupación en 2015. Si Airbnb en verdad convulsionara el negocio de los hoteles, ¿cómo podría suceder eso? Nathan Blecharczyk le dijo al *The Globe and Mail*: "Ningún hotel se fue a la quiebra por culpa de Airbnb."[8] Chesky confiesa que no le gusta la palabra "disruptor". "Nunca me agradó el término porque de pequeño yo fui bastante disruptor en clase y eso nunca fue algo bueno", dijo en el evento del ULI.

Pero claro que Airbnb tuvo impacto en el negocio de los hoteles. Renta habitaciones, por noche, a millones de personas. Ha crecido como plaga. Capturó la imaginación del sector más importante para la industria del alojamiento: los millennials. Así que entre más grande se vuelve Airbnb, las compañías hoteleras más lo ven como una amenaza disruptiva y que, además, juega con reglas distintas. Al mismo tiempo reconocen que la compañía encontró algo, una necesidad fundamental que no estaba cubierta y admiran ese descubrimiento. ("Me quito el sombrero ante ellos", le dijo Steve Joyce, CEO de Choice Hotels, a la audiencia de la Americas Lodging Investment Summit a principios de 2016. "Vieron una oportunidad que al resto se nos pasó.")[9] Todo esto se convierte en una situación dinámica fascinante en la que las compañías hoteleras financian la batalla contra Airbnb, se involucran con cautela y experimentan formas de aprovechar la tendencia de los alquileres a corto plazo ya sea probando sus conceptos, comprando o invirtiendo en otras compañías o estableciendo alianzas con las docenas de *startups* que emergieron en la naciente industria del "alojamiento alternativo", todo al mismo tiempo.

En la mayoría de los casos, la industria hotelera se tardó en ver o reconocer que Airbnb era algo a lo que debían prestar atención. Jason Clampet, cofundador del sitio de noticias de viajes *Skift*, recuerda que, en una reunión, cuando le preguntó sobre Airbnb al CEO de una de las cadenas de hoteles más grandes en 2013, éste le respondió: "¿Qué es Airbnb?" En el otoño de 2016 Clampet afirmó: "En realidad nadie lo conocía hasta los últimos 18 meses, como máximo." La mayoría de los ejecutivos de hoteles sostiene que Airbnb atiende a un tipo de cliente diferente. "Lo hemos pensado mucho. Investigamos bastante", dijo el presidente y CEO de Hilton Worldwide, Christopher Nassetta, en una videoconferencia de resultados a finales de 2015. "Sospecho que con el paso del tiempo los inversionistas… se darán cuenta de lo que es. Es un buen negocio, muy distinto (no al 100%) de lo que hacemos nosotros, y se darán cuenta de que hay oportunidades para que ambos tengamos modelos de negocios muy exitosos." Dijo que sería difícil que Airbnb replicara los servicios que Hilton ofrece. "No creo que nuestros clientes de base de pronto despierten y digan: 'En realidad no nos interesan los productos de alta calidad consistente y no necesitamos el servicio ni las comodidades'. Simplemente no lo creo."

En 2013 Barry Diller, el fundador del conglomerado de consumidores de internet IAC y presidente del gigante de viajes en internet Expedia.com, le explicó a *Bloomberg Business Week* que no pensaba que Airbnb robara muchos clientes a los hoteles urbanos. "Creo que atiende a personas que no viajaban porque les daba miedo, no podían pagarlo o lo usan como antídoto para la soledad.[10] Una habitación en la casa de alguien no se valúa como una habitación en el Helmsley." El desarrollador de bienes raíces en Nueva York Richard LeFrak también se pronunció al respecto diciendo al *Commercial Observer*: "No es que la elección sea entre la casa de alguien o el St. Regis."[11]

David Kong, el CEO de los Hoteles y Resorts Best Western, recuerda una charla en un panel en algún momento de 2011 donde le preguntaron sobre la economía colaborativa. "En ese momento dije que era un segmento pequeño, que con probabilidad podríamos coexistir y que no tendría un impacto mayor —recuerda Kong—. Desde entonces creció muchísimo: duplicó su tamaño cada año."

En 2015 Bill Marriott, el presidente ejecutivo de 84 años y presidente de la junta de Marriott International, reconoció que Airbnb se convirtió en un contendiente. "Es un verdadero disruptor para nosotros —dijo, al señalar que Airbnb tenía más habitaciones disponibles en Orlando que Marriott—. Todos los que tienen un condominio ahí (y hay muchos condominios) lo rentan en Airbnb", confesó. Reconoció que es una buena idea. "Es un gran concepto

—y luego añadió con una risita—: aunque uno se preocupa por la calidad que le va a tocar, ya que no hay consistencia. Puede que convenga llevar tu propia toalla."

Los líderes en la industria hotelera se han involucrado en una delicada danza con Airbnb. A principios de 2014, los CEO o los equipos ejecutivos de cuatro de las seis compañías de hoteles más importantes visitaron las oficinas centrales de la compañía por separado para tener una "inmersión" durante un día o día y medio. Pero entre más crecía Airbnb, la relación se volvió más fría y competitiva. Y aunque es verdad que en fechas recientes los hoteles tuvieron años sobresalientes (la industria vivió un ciclo de crecimiento durante los últimos años que alcanzó cifras récord en 2015, tanto de ocupación como de ganancias por habitación disponible o "revpar", la medida de la industria), hay señales de que el ciclo quizá llegó a su punto más alto. En 2016 la oferta comenzó a exceder la demanda y, al momento de escribir ese libro, se proyectaba que la ocupación no crecería o disminuiría en ese año. Además, la demanda, ocupación, tarifa promedio por noche y revpar seguiría descendiendo lentamente en 2017. En particular, las cosas están más débiles en Nueva York, donde el desempeño ha sido flojo durante los últimos años.

Buena parte de esta debilidad se debe a otros factores que incluyen la fuerza del dólar y el exceso de oferta en algunos mercados, en particular en Nueva York, donde la industria está a la mitad de un *boom* de construcción sin precedentes (seguramente los neoyorquinos ya notaron los brillantes hoteles nuevos de marcas económicas que aparecen en las calles secundarias de Manhattan y Brooklyn en años recientes). Pero esta debilidad se atribuye cada vez más a la competencia de Airbnb. En un reporte de septiembre de 2016, la gente de Moody mencionó que la "extracción de la demanda del mercado" de Airbnb era un factor por el que la demanda de la industria estaba creciendo más lento.[12] "Airbnb continuará invadiendo el negocio de la industria del alojamiento tradicional", concluyó en un reporte de 2016 del CBRE llamado *The Sharing Economy Checks In* (La economía colaborativa registra su entrada).[13] El informe, que generó un Índice de Competencia de Airbnb, encontró que el impacto más grande fue en Nueva York y San Francisco. "En particular en Nueva York, hemos visto un desempeño hotelero muy débil desde 2009, donde la ocupación volvió a la ciudad, pero perdió su poder tarifario, y pensamos que se puede atribuir, al menos en parte, a Airbnb", dice Jamie Lane, economista de la firma.

Un estudio en Texas de la Universidad de Boston que se cita muchas veces descubrió que Airbnb causó una disminución significativa en términos estadísticos en las ganancias de los hoteles por habitación, mostrando que en Austin la presencia de Airbnb llevó a descensos de 8 a 10% en los hoteles más vulnerables.[14] El informe encontró que el poder tarifario limitado afectó de manera desproporcionada a los hoteles durante la temporada alta y que el impacto cayó sobre todo en los más económicos y sin instalaciones para conferencias. Los investigadores escribieron: "Nuestros resultados sugieren que el riesgo de Airbnb, como un nuevo operador en el mercado, es significativo y creciente para los hoteles establecidos."

Una manera importante en que los hoteles hacen dinero es en la llamada compresión de precios: la capacidad de aumentar las tarifas en los momentos de alta demanda. Esas noches representan sólo de 10 a 15% de las estancias, pero son una fuente crítica de ganancias. Una de las características de Airbnb que hace temblar a los ejecutivos de hoteles es que cuando un evento grande llega a la ciudad, su inventario puede crecer de manera instantánea para hacer frente a la demanda. Antes los viajeros habrían tenido que pagar tarifas más altas o alejarse hacia los suburbios tanto como fuera necesario para encontrar una habitación con un precio razonable. Ahora pueden recurrir a Airbnb. Kong, de Best Western, dice: "La próxima vez que vayas a un congreso, pregunta: '¿Cuántos de ustedes se están quedando en Airbnb?' Y verás que más y más gente levanta la mano. Así que, ¿cómo la industria hotelera puede decir que no le afecta?"

Incluso para las compañías de hoteles que ven una alteración mínima en su línea más económica, lo que sucede con Airbnb es que, aunque su impacto actual sea muy pequeño, sus tasas de crecimiento (alimentadas por costos marginales cercanos a cero) y la habilidad para expandirse por nuevos mercados de la noche a la mañana indican que esa influencia crecerá. Una nota de inversionistas de Barclays advierte: "Cualquiera que sea nuestra conclusión sobre el riesgo que Airbnb representa hoy, debemos estar conscientes de que esa amenaza puede ser el doble de significativa sólo en un año, si continúa este ritmo de crecimiento."[15]

Con el paso de los últimos años, los ejecutivos de la industria hotelera, algunos tras bambalinas y otros de forma pública, se unieron al esfuerzo para combatir a Airbnb. La fuerza de cabildeo de la industria, la American Hotel and Lodging Association (Asociación Estadounidense de Hoteles y Hospedajes), ha sido un participante activo del movimiento de oposición contra Airbnb en Nueva York y San Francisco. Los ejecutivos de la industria hotelera y sus representantes dicen que no tienen nada en contra de compartir casa, pero que el límite son los llamados hoteles ilegales, y dicen que Airbnb debería operar en igualdad de condiciones con los hoteles: sus anfitriones deberían respetar los estándares de la industria en términos de seguridad contra incendios, prevención de enfermedades, ajustarse a la Americans with Disablities Act y pagar su parte de impuestos. Afirman que el agente disruptivo, antes una linda ocurrencia y ahora un peso completo, ha crecido mucho porque se expande sin ninguna verificación y eso no es justo. Así que mientras muchos en la industria se aferran a la creencia de que no hay competencia, el argumento es cada vez más difícil de sostener.

Airbnb tampoco puede decir que no va tras el negocio de los hoteles, porque una de las áreas de expansión que tiene como objetivo apunta al corazón de la industria hotelera: los viajes de negocios. En este segmento lucrativo del mercado los clientes corporativos hacen hincapié en cosas como la seguridad de sus empleados, porque si algo sale mal el patrón es responsable. En 2014 Airbnb anunció una asociación con el servicio de administración de gastos de viajes

Concur para que reconozca a Airbnb de manera oficial como un proveedor corporativo, y a partir de ahí ha construido su programa de manera constante. En 2015 Airbnb lanzó un proyecto llamado Business Travel Ready (Listo para Viajes de Negocios), un programa de credenciales para propiedades completas en renta que cumplen con ciertas tasas de opiniones favorables, de respuesta, y se apegan a ciertos estándares, como ofrecer registro de entrada las 24 horas, wifi, espacios de trabajo adecuados para una computadora portátil, ganchos, plancha, secadora de cabello y shampoo. La ventaja para los anfitriones: obtienen un logo especial que hace que su propiedad destaque para una gran fuente de huéspedes profesionales, que pagan más, se comportan bien y pueden llenar las fechas vacías o las temporadas bajas en su calendario (porque los viajeros de negocios con frecuencia reservan entre semana y en temporada baja). "Es ideal para cualquier tipo de viaje de negocios", afirma el sitio de viajes de negocios de la compañía, promocionando estancias prolongadas, sitios alejados, retiros y viajes grupales.

Para la primavera de 2016 Airbnb dijo que unas 50 mil compañías se dieron de alta. La gran mayoría eran pequeños o medianos negocios cuyos empleados viajan en pocas ocasiones, pero la compañía también logró acuerdos con unos cuantos pesos pesados, como Morgan Stanley y Google. Pocos meses después Airbnb anunció una asociación con American Express Global Business Travel, BCD Travel y Carlson Wagonlit Travel, los pesos completos del negocio de los viajes corporativos que manejan la parte operativa de las necesidades de compras de viaje de muchas compañías. Estos acuerdos demuestran una disposición creciente en el mundo de los viajes de negocios por reconocer a Airbnb a partir de la demanda orgánica que los departamentos de viajes corporativos ven surgir de sus empleados. Carlson Wagonlit dijo que sus datos muestran que uno de cada 10 viajes de negocios ya usa Airbnb y la cifra creció 21% en el caso de los millennials. "Es tiempo de que los hoteles en verdad comiencen a preocuparse por Airbnb", dice un encabezado en el sitio *Quartz* cuando se anunciaron los acuerdos.[16]

Conley dice que los viajes de negocios aún representan un porcentaje menor de las ventas de Airbnb comparado con el de las compañías de hoteles tradicionales. Señala que los viajeros de negocios de Airbnb son más jóvenes y su comportamiento cuando viajan es distinto: tienden a quedarse más tiempo, con una estancia promedio de seis días, que Conley atribuye a la tendencia del "bleisure" o "neg-ocio", es decir, huéspedes que mezclan el placer con sus viajes de negocios. Pero Airbnb también comienza a incursionar en las reuniones y los eventos: Conley dio una plática en un congreso de eventos (una charla sobre el negocio de las conferencias) en la que planteó a Airbnb como una manera de personalizar los viajes corporativos y sugirió que podría ser un "jugador periférico" en la industria de los congresos.[17] Y aunque la compañía no ha dicho mucho sobre entrar en el negocio de las bodas, hay una lista de deseos llamada "los mejores destinos para bodas" en su sitio, que en el verano de 2016 incluía una casa de piedra del siglo XVI en el Reino Unido, una villa en Italia y la "casa campestre de estilo Ralph Lauren" en el Valle Morongo en California. Ninguna tenía un logo de "lista para bodas", pero quizá eso sólo es cuestión de tiempo.

Considerando todo esto, es difícil para Airbnb decir que no plantea un reto para los negocios de la industria hotelera en su conjunto. Pero una de las cosas que la industria debería temer más es lo mucho que Airbnb les gusta a sus clientes. Goldman Sachs realizó una encuesta a dos mil consumidores para medir las actitudes respecto al alojamiento entre pares, y aunque la familiarización general con el concepto fue baja, la proporción de personas que sí conocían el concepto subió de 24% a principios de 2015 a 40% a comienzos de 2016.[18] Cerca de la mitad de los encuestados que sí estaban familiarizados con los sitios, no sólo Airbnb sino HomeAway, FlipKey y otros, los habían usado. Y si en los últimos cinco años se habían alojado en ese tipo de habitaciones, la probabilidad de preferir hoteles tradicionales se reducía a la mitad. Los investigadores descubrieron que incluso si usaron esos sitios para reservar menos de cinco noches, los clientes encuestados experimentaron este "dramático cambio de preferencias". La gente de Goldman Sachs consideró sorprendente que las personas "den un giro de 180 grados".

Claro, ésta no es la primera vez que la industria hotelera es trastornada. Como señaló la charla de Conley ante el ULI, en la década de 1950 la idea misma de cadenas para el mercado masivo fue disruptiva. Pero desde entonces la industria ha enfrentado con éxito a varios arribistas. En la década de 1960 unos cuantos emprendedores en Europa tuvieron una idea novedosa que combinó los viajes de placer con el creciente interés en ser propietario de bienes raíces: la idea de comprar un inmueble como un "derecho de uso" en lugar de tener la posesión completa y de que, de cierta manera, tus vacaciones serían algo que "posees" en lugar de rentar. Este nuevo modelo se afianzó y se extendió a Estados Unidos. La industria moderna de los tiempos compartidos había nacido, y al poco tiempo las grandes compañías hoteleras entraron a ese mercado.

En 1984, Ian Schrager y su socio del Studio 54, Steve Rubell, introdujeron un nuevo concepto de hotel cuando renovaron un viejo edificio en la avenida Madison y abrieron el Hotel Morgans en Nueva York. Concentrándose sobre todo en el diseño y en los espacios sociales, ese hotel atrajo a un público chic y se convirtió en una "escena". En la Costa Oeste, Bill Kimpton incursionó en un concepto similar con los Hoteles Kimpton, transformando propiedades únicas en hoteles concentrados en el diseño y la atmósfera de los espacios públicos.

Kimpton sumó ubicaciones en todo el país, Morgans lanzó variantes (el Delano en Miami y el Royalton en Nueva York) y Conley pronto hizo su entrada con Joie de Vivre a partir del Phoenix, un hotel venido a menos en el barrio Tenderloin de San Francisco que reinauguró con una actitud rebelde, como de estrella de rock, dirigida a los músicos que estaban de gira.

Las cadenas de hoteles convencionales se opusieron a los hoteles *boutique*, pero ese sector tuvo mejor desempeño que ellos: la nueva camada de hoteles individualizados, de alto diseño, se dirigían a una nueva generación de viajeros para quienes el encanto social y estético de una propiedad era un gran atractivo. "Creo que iniciamos el futuro de la industria —le dijo Schrager a *The New York Times* en aquel momento—. Si tienes algo único y distintivo, la gente tirará las puertas para venir."[19] Pronto las cadenas de hoteles los siguieron: en 1998 Starwood creó la pionera marca W y muchos más pronto entraron a la escena. En años más recientes, Marriott se asoció con el mismo Schrager para desarrollar una nueva marca llamada *Edition*, una colección de cuatro propiedades hasta ahora (hay más en camino) con estilo y diseño exclusivos que no se parecen en nada al Marriott estándar.

En años recientes otra gran amenaza para la industria hotelera vino del crecimiento de las agencias de viajes en internet (OTA, por sus siglas en inglés), sitios web como Travelocity, Expedia, Priceline y Orbitz que permiten a los viajeros acceder a tarifas con descuento de diferentes marcas en un solo sitio. Durante años estos arribistas representaron sólo una pequeña parte del negocio de las cadenas hoteleras, pues cobraban comisiones altas por el acceso a sus plataformas de distribución amplias. Y dado que manejaban el proceso de reservación, pudieron "apropiarse" de la relación directa con los clientes, algo que las compañías hoteleras eran renuentes a soltar. Pero ante el 9/11, cuando las personas dejaron de viajar, los sitios de reservaciones a través de terceros y sus plataformas masivas se convirtieron en una manera fácil de llenar habitaciones, así que los hoteles les dedicaron más de su inventario. Ha sido difícil recuperar esas ventas, los hoteles ahora lanzan grandes campañas de publicidad para convencer a los viajeros de reservar de forma directa y con el paso de los años las OTA ganaron influencia para demandar mejores condiciones. Hoy Priceline es mayor en valor de mercado que Marriott, Hilton y Hyatt juntos.

Pero por muy disruptivas que fueran, las OTA no ofrecían un sitio para descansar tu cabeza por la noche que compitiera con los hoteles. Así que, como Goldman Sachs señaló en su informe sobre los resultados de su encuesta, mientras muchos sectores de servicios al consumidor sobrevivieron a la amenaza de ser remplazados por su competencia en internet (pensemos en Amazon y Walmart o Netflix y Blockbuster), el llamado alojamiento entre pares, del que Airbnb es el mejor ejemplo, marcó la primera vez en que la industria hotelera enfrentó una opción real de alojamiento alternativo a los hoteles. "Airbnb ha tenido un impacto más radical en la industria de los viajes que cualquier otra marca en una generación", dice Jason Clampet de *Skift*.

LA DISRUPCIÓN DE COMPARTIR CASA EN INTERNET... DE 1995

Claro, Airbnb no fue el primero ni el único servicio de este tipo. Como señaló Chip Conley en su charla con el ULI, en la década de 1950 los sindicatos de maestros holandeses y suizos establecieron una práctica de intercambio de casas para que los profesores viajaran de forma económica a los países de los demás durante el verano. Pero la industria de alquileres a corto plazo en internet se remonta a mediados de la década de 1990 cuando, por un lado, Craigslist empezó a ganar popularidad como un sitio para anunciar una casa o un departamento, sin importar si se trataba de viajeros o subarrendatarios, al igual que se convirtió en un lugar para comercializar casi todo lo que existe bajo el sol.

Más o menos al mismo tiempo Dave y Lynn Clouse, un matrimonio que vivía en Colorado, necesitaban rentar su condominio de esquí en Breckenridge. Lo compraron como una propiedad de inversión y para anunciarlo crearon un sitio web llamado VRBO.com,[20] es decir, alquileres vacacionales por dueño (VRBO, por sus siglas en inglés). En aquella época los alquileres vacacionales se manejaban de manera fragmentada, ya fuera por intermediarios locales de bienes raíces, revistas de viajes con intereses especiales, anuncios clasificados caros o números 01-800. La idea de los Clouse era que la gente pudiera realizar las transacciones de alquiler entre sí, de forma directa. Dave Clouse reunió una base de datos rudimentaria en su sótano, consiguió ayuda de sus amigos y pronto tuvieron un sitio web (internet era tan joven en aquellos días que se autonombraron *webmasters*).

En esa época era una idea disruptiva. La mayoría de la gente usaba hoteles para sus vacaciones y la incipiente industria atrajo a la gente apasionada por la idea contestataria de "por dueño", incluso "defensores de alquileres por dueños", que apoyaba los beneficios de esta nueva forma de viajar. (¿Te suena familiar?)

A mediados de la primera década de 2000 VRBO.com creció a 65 mil propiedades y 25 millones de viajeros al año. Los alquileres vacacionales por dueño pasaron de ser un subconjunto dentro de la industria turística a ser mucho más dominantes, el interés internacional fue impresionante y había más demanda por los alquileres vacacionales de la que los Clouses podían manejar sin hacer la primera gran inversión en tecnología y publicidad. Así que en 2006 vendieron su compañía a HomeAway, una empresa ambiciosa fundada un año antes por Brian Shaples y Carl Shepherd en Austin, Texas, con la meta de consolidar bajo un mismo techo todos estos sitios de alquiler internacionales e incipientes.

HomeAway llegó a construir un negocio muy exitoso, su estrategia de juntar muchas compañías pequeñas en una grande le permitió escalar de 60 mil alojamientos a los más de 1.2 millones que tiene en la actualidad. Como VRBO, al inicio HomeAway se concentró en el alquiler tradicional de segundas viviendas. Al comprar cada jugador importante en la industria, HomeAway obtuvo un financiamiento significativo, recaudando más de 400 millones de dólares antes de empezar a cotizar en la bolsa en 2011.

Estos sitios sirvieron a un mercado creciente y saludable por años, funcionando en gran parte como páginas de anuncios en internet, donde un dueño publicaba un espacio y manejaba su relación con el posible cliente. Los pagos se manejaban entre el comprador y el vendedor de forma directa.

Cuando surgió Airbnb, tuvo diferencias pequeñas pero significativas. Su interfaz era mucho más amigable con el usuario que cualquier otra. Dio al dueño y al cliente una forma nueva y más íntima de relacionarse, mostrando las personalidades de los propietarios y exponiendo sus casas con fotografías dignas de revista. Fue un sistema autónomo que tenía todo: pagos, mensajes y servicio al cliente. Poseía un respaldo tecnológico complejo, lo que al final se benefició de todos los avances novedosos de la nueva época de oro de Silicon Valley (tiene una nube informática barata, potente y eficaz, con una forma sofisticada de buscar, hacer coincidencias y emparejamientos). Y, tal vez más importante, en lugar de concentrarse en destinos vacacionales en áreas resort, se enfocó en ciudades. A pesar de la atención puesta en las casas de árbol y los tipis, la gran innovación de Airbnb fue volverse desde el inicio un fenómeno urbano casi por completo, echó raíces con los viajeros millennials que estaban concentrados en las ciudades y con los anfitriones millennials que querían sacarles provecho a sus pequeños departamentos urbanos.

Si bien se expandió más allá de eso, en 2015 70% de los alojamientos enteros en Airbnb eran estudios o departamentos de una o dos habitaciones, según Airdna.[21] Así que por primera vez los alquileres a corto plazo no fueron destinos como la gran casa de lago, playa o montaña. Fueron el departamento justo al lado del corazón de cada ciudad alrededor del mundo. Eso hizo que la plataforma creciera tan rápido y que la compañía se volviera una amenaza para los hoteles. Pero también por eso muchas personas fueron atraídas a Airbnb, tanto por el lado del anfitrión como por el lado del huésped, no utilizaron cualquier otro sitio de alquileres vacacionales, eran por completo un tipo distinto de cliente.

Después de negarlo por tanto tiempo, la industria hotelera poco a poco empezó a confrontar sus problemas con Airbnb. Los ejecutivos comenzaron a hablar de forma abierta sobre ellos en los eventos de la industria. En 2016, en la NYU International Hospitality Industry

Investment Conference (Congreso Internacional de Inversión en la Industria Hotelera de la Universidad de Nueva York), una serie de CEO subió al escenario y, refiriéndose a la "segunda fase" de Airbnb, señaló por qué no sería competencia. Citaron las fortalezas de la industria hotelera (los hoteles se concentraban en la gente y el servicio, siempre habrá un cliente para los hoteles) y dijeron que sólo necesitaba redoblar esfuerzos. *Skift* describió las reacciones de los CEO como "sorprendentemente tibias y genéricas, en especial comparadas con la rabiosa emoción del consumidor en torno a Airbnb".[22]

Aunque algunos dijeron que la industria necesitaba ser más precavida, Javier Rosenberg, COO y EVP del grupo hotelero Carlson Rezidor, pariente de los hoteles Radisson en Estados Unidos, aseguró a la audiencia que mientras los clientes de Airbnb tal vez eran diferentes y más concentrados en el ocio, había algo que analizar en su éxito: "Lo que funciona es el 'concepto de casa' y esa cosa de ser anfitrión de alguien. El verdadero anfitrión te da la bienvenida con una sonrisa, te ofrece servicios y en verdad cuida de ti por cinco, seis, siete días: ¿cómo embotellamos eso, desde una perspectiva de liderazgo?"

Con o sin Airbnb, las compañías hoteleras ya estaban en marcha con la remodelación de sus negocios para ganarse a los millennials, quienes tienen una nueva base consumidora masiva: hábitos y gustos por completo diferentes a todas las generaciones anteriores. Durante los últimos años casi todas las cadenas hoteleras principales han trabajado duro cocinando nuevas tendencias enfocadas al grupo más joven. Con la colaboración de edición de Schrager, Marriott lanzó Moxy, una cadena global de hoteles modernos y económicos para viajeros jóvenes con presupuestos ajustados (Marriott los llama "Fun Hunters") y AC Hotel by Marriott, una cadena más sofisticada y concentrada en las ciudades. Hilton lanzó dos marcas, Tru y Canopy, y se dice que tiene considerado sacar una nueva cadena "tipo hostal" para la demografía más joven. Best Western posee dos nuevas marcas chic de hoteles *boutique*, GLō, para sus mercados suburbanos, y Vīb, un "elegante hotel *boutique* urbano". Casi todas las compañías agregan detalles y toques para atraer a los millennials, ya sea entradas sin llave, asociaciones con marcas como Uber y Drybar, contenidos en *streaming*, estaciones de carga o (en un singular intento) servicio al cuarto usando *emojis*.

Los hoteles aprovechan los mismos cambios del cliente que impulsaron a Airbnb y ahora se promocionan como todo *menos* estandarizados y rutinarios. Los últimos promotores de campañas publicitarias de Royal Caribbean dicen: "Ésta no es la página tres de la guía turística." Shangri-La Hotels and Resorts incita a sus clientes a "dejar atrás lo aburrido". En la primavera de 2016 Hyatt anunció la Unbound Collection by Hyatt, una selección de hoteles independientes y de lujo que mantendrían sus propios nombres; la idea es que cada uno tenga su historia única y "enriquezca la aceptación social" de la colección. Notó que las futuras propiedades de Unbound pueden incluir productos no hoteleros como cruceros fluviales y otras experiencias, así como "alojamientos alternativos". "Es una colección de estancias, no sólo de hoteles", dijo Mark Hoplamazian, CEO de Hyatt, cuando anunció la nueva marca.[23]

Hoplamazian también supervisó un esfuerzo por reintroducir más "empatía" en la experiencia del huésped, simplificando procedimientos, políticas y respuestas. Por ejemplo, renovó el proceso de registro de entrada para concentrarse menos en la computadora e incluir más interacción cara a cara. Además, implementó un mandato de "darles rienda suelta [a los empleados] y dejarlos ser". Eliminó los estándares de arreglo y los animó a vestirse y a verse como quieran (dentro de lo razonable). Les pidió que se "salieran del guion" y se sintieran más libres. Dijo que la meta es "devolver la humanidad a la hospitalidad".

A mediados de 2016, cuando la industria de los hoteles *boutique* se reunió en el congreso anual de inversión de la Boutique and Lifestyle Lodging Association en Nueva York, su disruptor original, Ian Schrager, subió al escenario y advirtió a la multitud que deberían estar preocupados. "Airbnb viene por sus hijos." Agregó que era una grave amenaza para la industria, sin importar si querían tomarlo en cuenta o no. Sus comentarios inspiraron a la asociación a formar un Comité de Disrupción para descubrir cómo la industria hotelera puede innovar y adaptarse para competir.

Lo más dramático que las compañías de hoteles han hecho hasta ahora es probar las aguas de los alquileres a corto plazo. En la primavera de 2015 Hyatt fue el primero en mover sus piezas cuando invirtió en Onefinestay, una arribista de rápido crecimiento con base en el Reino Unido, concentrado en los alquileres a corto plazo con servicios adicionales de súper lujo en el mercado. Aunque la inversión de Hyatt fue pequeña, marcó la primera vez que una compañía hotelera reconoció que este tipo de alojamientos era válido, los encabezados lo llamaron "la señal más clara de que un operador hotelero importante considera las rentas de viviendas un negocio viable".[24] Casi al mismo tiempo, Hoteles Wyndham, parientes de Ramada y Travelodge, invirtieron en otro *startup* con base en Londres: Love Home Swap, una plataforma de intercambio de casas basada en suscripciones. Y el grupo InterContinental forjó una sociedad con Stay. com, un sitio con base en Noruega que ofrece recomendaciones de los locales para viajeros.

A principios de 2016 Choice Hotels dijo que se asociaría con compañías de administración de alquileres vacacionales, con un puñado de destinos alrededor de Estados Unidos, para lanzar Vacation Rentals by Choice Hotels, un nuevo servicio que proporcionaría una alternativa a los cuartos tradicionales de hotel. "Es un gran negocio —dijo el CEO Steve Joyce en el momento—. No necesitamos una gran inversión para hacerlo muy bien."[25] Marriott no ha hecho movimientos en los alquileres a corto plazo, pero a mediados de 2016 anunció la creación de su nueva colección de tiempos compartidos urbanos llamados Marriott Vacation Club Pulse.

Hasta ahora la compañía hotelera con el pensamiento más vanguardista es ActorHotels, la cadena de hospedaje multinacional francesa y emparentada con las marcas de hotel Sofitel, Raffles,

Fairmont, entre otras. Es más notable por su impulso agresivo dentro de la economía colaborativa. En febrero de 2016 anunció que compró 30% de las acciones en Oasis Collections, una *startup* de lujo con base en Miami, que se promociona como "hotel *boutique*" con alquileres a corto plazo. El mismo día Accor también anunció una inversión en Squarebreak, una *startup* francesa de rentas por periodos cortos. Pocos meses después hizo su mayor movimiento hasta ahora, al adquirir por completo Onefinestay por cerca de 170 millones de dólares. El trato fue pequeño para Accor, pero significativo, porque fue la primera validación que tuvieron los llamados alojamientos alternativos al entrar en el portafolio de hospedaje de la marca. El CEO de Accor, Sébastien Bazin, fue sincero sobre los cambios que esas compañías traían a la industria: "Sería tonto e irresponsable pelear contra cualquier concepto, oferta o servicio nuevo como éste, por no mencionar la lucha contra la economía colaborativa." En *Skift*, Bazin afirmó: "El mundo nos lleva a esto. Todos esos nuevos servicios son muy poderosos, bien implementados y ejecutados. Aprovéchalo."[26]

De hecho, ahora hay una industria de pequeños negocios de *startups* de alquileres a corto plazo. Sea que empezaran antes o después de Airbnb, la categoría ahora incluye docenas de otras compañías: Roomorama, Love Home Swap, Stay Alfred y muchas más. Algunas fueron alzadas en brazos por los gigantes de la industria hotelera (FlipKey y HouseTrip de TripAdvisor, Booking.com de Priceline), y en otoño de 2015 Expedia pagó tres mil 900 millones de dólares por la empresa veterana HomeAway y sus más de 1.2 millones de propiedades en lista.

Algunos participantes empiezan a ofrecer sus propios giros en el concepto, evidencia del tipo de segmentación que sucede cuando una idea nueva y atrevida se vuelve más sólida. Onefinestay fue la primera en tener adherencia significativa. Fundada en 2009 por tres amigos con antecedentes en tecnología y negocios, la compañía creó su segmento de mercado en alquileres a corto plazo de lujo y personalizados (es común que lo describan como el "Airbnb fresa"). Los posibles anfitriones tienen que aplicar para que acepten sus residencias (y necesitan cumplir algunos estándares, como cierto número de copas de vino a la mano o el grosor y tipo del colchón). El personal de la compañía visita cada propiedad antes de cualquier reservación y la arreglan, dejándola grandiosa: la limpian, ordenan, quitan la ropa de cama y la anonimizan de manera apropiada, colocan edredones mullidos y sábanas de lujo y proveen shampoo y jabón.[27]

La compañía, que se autodenomina como "no hotel", tiene empleados que dan la bienvenida a los clientes en el registro de entrada y les ofrecen un trato de pipa y guante en el lugar, incluyendo un iPhone personal para que lo usen durante su estancia, un *concierge* remoto de 24 horas y servicio al cuarto entregado por una red de proveedores. Este modelo de servicio de primera no es capaz de expandirse, ya que deben aprobar y arreglar cada propiedad, así que hasta ahora sólo hay dos mil 500 alojamientos disponibles en cinco ciudades, pero, igual que Airbnb, ha crecido bastante por la publicidad de boca en boca.

En 2006 Parker Stanberry vivía en Nueva York y lo acababan de despedir de Miramax Films tras su separación de Disney. Decidió mudarse a Buenos Aires por tres meses y necesitaba encontrar un lugar para quedarse. Después de atravesar un proceso difícil relacionado con agentes inmobiliarios y Craigslist, encontró un lugar, pero cuando llegó extrañó la falta de nivel en el servicio, en particular los toques personalizados, el bar animado y la escena social que un hotel *boutique* proveía. Le surgió la idea de Oasis, un negocio que traería los elementos de un hotel *boutique* al mundo de los alojamientos con alquileres a corto plazo. En ese momento Airbnb no existía, pero el proyecto de Stanberry era diferente, más pequeño, no incluía alojamiento entre pares y estaba más enfocado en el servicio, con un empleado en el sitio para revisar el registro de entrada y salida de los huéspedes, la cercanía de "clubes" de miembros accesibles, pases gratis a SoulCycle y cosas similares. Llamó al modelo un "hotel *boutique* deconstruido" (o, como él lo describe en comparación con Airbnb, "quitar un poco de incertidumbre ofreciendo cosas geniales"). Ahora Oasis tiene dos mil alojamientos en 25 ciudades y sus precios van desde los 120 dólares, así que ofrece un rango más amplio que Onefinestay, y tiene la meta de alcanzar las 100 ciudades (también tiene enlistadas muchas de sus propiedades en otros sitios, incluyendo Airbnb y HomeAway).

Oasis tuvo algo de éxito: durante los Juegos Olímpicos de Río 2016 la compañía hospedó grupos de Nike, Visa y la BBC. Stanberry explica: "Podían acercarse y decirle a algún punto central de contacto: 'Necesitamos 30 alojamientos de nivel medio para empleados, 50 de lujo para distribuidores VIP y unas cuantas villas para atletas y CEO'. Y lo hacíamos." Reconoce que hay una "mina de oro" en los alquileres a corto plazo a raíz del éxito de Airbnb y dice: "Es muy fácil alcanzar de uno a tres millones de dólares en una Serie A y darle un giro en San Francisco o Londres, pero es más difícil construir algo en realidad diferente y escalarlo."

Otro híbrido reciente: Sonder, el relanzamiento de una compañía previa, Flatbook, que se denomina a sí mismo como "hogartel", un alquiler a corto plazo con toques de hotel. Como los demás, apunta a lo que ve como un defecto o inconsistencia en los sitios de alquiler a corto plazo como Airbnb. En fechas recientes consiguió un financiamiento de 10 millones de dólares. También emergen nuevos giros en los hoteles, compañías como Common, un modelo de alojamiento flexible, compartido, lanzado primero en Brooklyn, o Arlo, una nueva marca de hotel que se autodenomina "base para exploradores urbanos".

Todo es parte de esta súbita cultura dominante: la categoría de rápido crecimiento de "alojamientos alternativos" y varios de los jugadores en la industria hotelera quieren participar en ella. Hay muchas formas de dividirla, y en un número curioso de esos casos, los diseños de los sitios web, las voces amistosas y los sistemas de evaluación tienen una extraña semejanza con Airbnb. Pero la idea de algo que no es el cuarto de hotel de tu papá se ha enraizado.

Stanberry, de Oasis, dice: "En realidad es una buena rebanada, relevante y creciente, en el pay de los alojamientos… Y no hay duda de que sigue creciendo."

Claro, siempre habrá mercado para los hoteles, incluso uno sólido. A muchas personas no las atrapa la idea de quedarse en la casa o el departamento de alguien más, sin importar qué tan de lujo sean los servicios. Arne Sorenson, de Marriott, observó que una de las razones por las que Uber ha despegado es que el nivel de calidad que ofrece es mucho mejor que el de un taxi, que puede ser "horrible" y, en muchas ciudades, difícil de encontrar. Dijo para la revista *Surface:* "En el negocio hotelero aún creo que podemos brindar mejor servicio, así que no tenemos el mismo riesgo."[28] David Kong, CEO de Best Western, señala muchas cosas que los hoteles proveen que Airbnb no puede ofrecer: el vestíbulo, un espacio de reunión social, un miembro del personal que te da la bienvenida, la habilidad de llamar a recepción y solicitar una cobija extra o que arreglen algo que no funciona. "Sólo puedes encontrar eso en un hotel."

Una antigua colega mía, para quien viajar ha sido una pasión de toda la vida, rechaza todo lo relacionado con quedarse en casa de alguien más. "Quiero un lugar más grande que mi propio departamento, con frescas sábanas blancas, una televisión grande y buen aire acondicionado", dice. Y adora el servicio al cuarto: "Amo que lleven el carrito, el vaso con flores, todo." Si tiene un vecino ruidoso o algo no funciona, le gusta saber que puede llamar a la recepción y ellos mandarán a alguien a arreglarlo o le darán un nuevo cuarto. Entiendo su punto: cuando puedo despilfarrar o cuando mi compañía paga la cuenta, amo quedarme en hoteles de lujo; hay una razón por la cual mis anfitriones de Airbnb en Georgetown se refieren a mí como "Lady Four Seasons". Y aunque Nike usó Oasis para algunas de sus necesidades de viaje durante los Juegos Olímpicos, Stanberry señala que la compañía también reservó casi todas las habitaciones de un hotel, en especial porque reservaron uno en la ciudad para sus trabajadores.

Pero no hay duda de que el panorama de la hospitalidad está cambiando ante nuestros ojos. Un antiguo ejecutivo de alto nivel de la industria hotelera menciona que, al inicio, también despreciaba la amenaza que representaba Airbnb, al igual que los de su tipo. En retrospectiva, ahora entiende por qué y explica: "Superpuse mis propias preferencias de cuarenta y tantos. ¿Qué hay de las sábanas y el colchón? ¿Cómo obtendré la llave? Tengo todos los miedos de una persona adulta." Comenta que la generación más joven creció sin los temores y los gustos que él tiene. Los millennials han conocido sólo un mundo con Airbnb en él; son "nativos Airbnb" de la misma forma que son "nativos digitales"; para muchos en ese grupo, quedarse en la habitación de una cadena hotelera es tan extraño como hablar por un teléfono fijo, entrar a una sucursal bancaria o ver un programa de televisión grabado en vivo. "Airbnb educó a una generación entera", dice el ejecutivo. Además, indica que las compañías se deben fortalecer para ser más hábiles al usar los datos para predecir con precisión y entregar de manera exacta lo que los clientes quieren. "No apostaría ni un centavo contra Uber o Airbnb."

Un futuro de colaboración

Quizá, al final, los grandes hoteles tendrán más asociaciones con sitios de alquiler a corto plazo para colaboraciones que ofrezcan lo mejor de ambos mundos. Algunas de estas pruebas ya sucedieron. Antes de que Accor comprara Onefinestay, cuando Hyatt aún era inversionista en la *startup*, las dos compañías probaron un programa piloto en Londres donde los invitados de Onefinestay podían guardar su equipaje en la administración del Hyatt Londres (The Churchill), si llegaban antes del registro de entrada, y usar el hotel para bañarse, hacer ejercicio o comer. Room Mate, una innovadora cadena de hoteles de bajo costo en Europa y Estados Unidos, también ofrece una colección de "departamentos seleccionados a mano", pero los huéspedes que usan esas alternativas tienen la opción de emplear el hotel como un tipo de *concierge*: pueden recoger sus llaves en alguno de los hoteles antes de llegar al departamento, incluso en ese momento pedir servicio al cuarto y elegir con qué frecuencia quieren que limpien el espacio durante su estancia. Muchos en la industria ven esto como un modelo legítimo para una adopción más generalizada en el futuro.

Un área donde los analistas de la industria del alojamiento ya están presionando a los hoteles para acercarse a Airbnb es la distribución. Airbnb se volvió una plataforma de publicidad sólida que alcanza millones de visitas, algunos hoteles ya lo ven como una forma de atraer a los clientes. De forma global, hay más de 300 mil casas o espacios clasificados como proveedores profesionales de hospedaje o *bed-and-breakfasts* en su plataforma. Chesky dice que está abierto a este tipo de tráfico en Airbnb, siempre y cuando provea la experiencia correcta: "Queremos B and Bs. Estamos abiertos a algunas *boutiques*. Quiero negocios pequeños y profesionales que se den cuenta de que hay un lugar para la hospitalidad profesional en Airbnb."

Pero para algunos líderes de la industria esto sería como dormir con el enemigo. El CEO de Best Western, David Kong, adopta un enfoque cerebral pero firme ante el problema con Airbnb, dice que sería un terrible error, similar al que cometieron cuando se volvieron demasiado dependientes de las OTA. En un blog publicado sobre eso, Kong escribió: "El célebre autor y dramaturgo George Bernard Shaw dijo: 'El éxito no consiste en nunca equivocarse, sino en nunca hacer lo mismo una segunda vez'." (Kong y Chesky se sorprenderían al descubrir que comparten una afinidad por citar a George Bernard Shaw.)

La relación entre las dos partes tiende a volverse más tensa. Airbnb aún dice que quiere ser amiga de los hoteles y no competir con ellos. Pero ese lenguaje no concuerda con su modelo de negocios, ya que en la DNC en Denver 2008 se concretó una plataforma donde los viajeros podían reservar un cuarto en la casa de alguien tan fácil como podían reservar un cuarto en un hotel. Y cuanto más evoluciona, sus negocios se acercan más a los hoteles, ya sea un viaje de negocios o algo característico como Instant Book, el cual deja a los viajeros reservar un alojamiento de manera instantánea en lugar de esperar por la aprobación del anfitrión, igual que los hoteles en un sitio web.

Desde el inicio, los fundadores de Airbnb hablaron sobre alentar a sus anfitriones a dar un "servicio de siete estrellas", superando por mucho las cinco de la industria hotelera. En 2013, durante una charla con Sarah Lacy, Chesky mencionó tres razones por las que las personas se quedan en los hoteles: reservar no es una experiencia áspera, saben qué van a obtener y los servicios. Los expuso uno por uno: Airbnb se volvería menos complicado, con el tiempo darían un producto más consistente y "cada uno de esos servicios es algo que cualquiera en la ciudad puede ofrecer".[29]

Uno de los primeros lemas de la compañía fue "olvida los hoteles". Y en algún punto de 2014, mientras probaban un programa de *concierge*, Chesky le envió flores a su novia, Elissa Patel, con una nota que decía: "Querida Elissa, que se jodan los hoteles. Con amor, Brian." Se volvió un chiste privado entre ellos después de que un amigo sugirió cambiar el lema original; claro, no estaba destinado a ser visto en público, pero apareció una foto en internet y obtuvo algo de atención[30] (algunas personas de la industria se sintieron aliviadas al verlo porque al fin descubrían una prueba del conflicto actual. "Era cuestión de tiempo para que el asunto de Airbnb contra la industria hotelera se volviera real —escribió Curbed, un sitio web de bienes raíces—. Es la rivalidad de nuestro tiempo.")

Hay otro dicho que se oye dentro de las salas de Airbnb. Es una cita atribuida a Gandhi que Chip Conley recitó en su primer día, en 2013, cuando se dirigió a 400 empleados (y de seguro aún se repite porque al menos tres ejecutivos me lo contaron cuando mencioné la cuestión de la competencia con los hoteles): "Existe esta gran cita de Gandhi: 'Primero te ignoran, después se reirán de ti, por último te atacarán. Entonces habrás ganado'."[31]

7
Aprender a liderar

El diseño lo mueve, pero en realidad lo entrenaron
para realizar una campaña militar.

MARC ANDREESSEN, cofundador de Andreessen Horowitz

"Sólo quiero presumir a Brian por un momento", dice Barack Obama.

En marzo de 2016 Obama estaba en un escenario en La Habana, Cuba, en un evento que celebraba la apertura de las relaciones comerciales entre Cuba y Estados Unidos. Llevó una delegación de emprendedores estadounidenses que habían hecho negocios en Cuba desde que el presidente restableció las relaciones diplomáticas ahí, incluyendo a Brian Chesky y a los CEO de las *startups* de Silicon Valley: Stripe y Kiva.

Pero el presidente sólo "presume" a Chesky. Continúa:

—Primero, para los cubanos que no están familiarizados con Brian, miren ustedes qué joven es. La compañía que hizo, llamada Airbnb, inició como una idea con su fundador, quien también está aquí. ¿Hace cuánto empezaron, Brian?

—Ocho años —responde Chesky desde su lugar, atrás, en un estrado adyacente.

—¿Y en cuánto está valuada en la actualidad?

Chesky titubea y entonces el presidente le dice:

—No seas tímido.

—Veinticinco mil millones de dólares —contesta Chesky.

—Veinticinco mil millones de dólares —repite Obama—. ¿Nueve ceros?

—Sí —confirma Brian.

Obama sigue explicando a la multitud cómo Chesky es uno de los "emprendedores jóvenes sobresalientes" de Estados Unidos y elogia la plataforma de la compañía. Indica cómo en la actualidad alguien en Alemania puede ir a Airbnb, buscar una casa en Cuba, ver a los anfitriones y las evaluaciones. Incluso hay calificaciones, explica el presidente, así que "cuando llegas ahí la habitación de verdad se ve como la de internet", y si el huésped ha usado la plataforma antes, la persona que ofrece el espacio puede ver "que no haya destrozado una casa".[1]

Además de mostrar el nivel de conciencia detallada con el sistema de evaluaciones de Airbnb, el presidente señaló que Chesky era un buen ejemplo del potencial empresarial que se logra con la inversión adecuada en la infraestructura en internet. Pero para Chesky, su equipo en Cuba y los que veían la transmisión en San Francisco fue la primera vez de algo nuevo: ser "presumido" por el líder del mundo libre.

Uno de los aspectos únicos de Airbnb no tiene nada que ver con su idea rara e impensable de negocio, con sus batallas notorias con legisladores, incluso con el rápido crecimiento de su base de usuarios. Más bien es la falta de experiencia de gestión tradicional del equipo fundador (en especial el CEO) y la velocidad con la que aprendieron a convertirse en líderes de una compañía muy grande.

Airbnb ahora está en el noveno año de su llamado hipercrecimiento, la fase vertical en medio de la gráfica de palo de hockey, cuando los ingresos se duplican cada año o se acercan a eso. Tal explosión por lo general dura uno, dos, quizá tres años. Airbnb entró en esta fase en 2009 y todavía no sale de ella.

Pero la ascendencia vertical puede ser muy vertiginosa, sobre todo para sus líderes principales, y más cuando nunca antes lo habían vivido. El verbo en el lenguaje de la industria tecnológica es "escalar" y los anales de la historia de Silicon Valley están llenos de ejemplos de CEO fundadores que se rindieron o destruyeron, después de que sus compañías crecieron a un cierto tamaño, por las luchas de poder, por peleas monetarias, por incidentes de acoso sexual o por cualquier otra cantidad de razones. Chesky, Blecharczyk y Gebbia son extraordinarios porque siguen juntos, controlando su cohete nueve años después. Nunca he hablado con alguien que pueda mencionarme el nombre de un trío cofundador en el *boom* tecnológico actual o de cualquier compañía tecnológica que haya logrado lo mismo. Sus roles han evolucionado de manera significativa en formas que se ajustan a sus fortalezas individuales, sobre todo en los últimos años. No siempre fue un camino sin problemas, pero la manera en que lograron mantenerse y aprendieron a liderar una compañía del tamaño de Airbnb con tan poca experiencia previa ofrece un libro nuevo de jugadas para el desarrollo de liderazgo.

En especial, el camino fue extraordinario para Chesky, el líder de la compañía, y el único de los tres que no tenía experiencia en los negocios. "Fue algo así como ¿yo qué sé? —dice Chesky—. Casi todo era nuevo."

Pero no había tiempo para aprender cómo convertirse en CEO de manera convencional. Ser preparado por un predecesor, operar una división clave de negocios, pasar algunos años en las empresas filiales en el extranjero, obtener un MBA… Nada de estas estrategias se podía aplicar. Incluso la idea de conseguir algún tipo de entrenamiento formal era risible: no había tiempo. La compañía crecía demasiado rápido, en esencia cambiaba de piel cada pocos meses, las crisis atacaban a diestra y siniestra y había que construir toda una cultura, con los ojos mirando a Chesky para obtener visión y dirección. La compañía necesitaba que fuera un CEO de inmediato, no podía esperar a que algún día llegara ahí. "No hubo tiempo para obtener la curva de aprendizaje. Es como el viejo dicho de Robert McNamara: no hay curva de aprendizaje para la gente que está en guerra o en una *startup*", menciona Chesky parafraseando a otra figura histórica.

Y esta *startup* fue más compleja que muchas aplicaciones o incluso redes sociales. El negocio de Airbnb está construido alrededor de una idea simple, pero el desafío comercial y operativo detrás del amigable sitio es mucho más complicado de lo que parece. En algún punto del proceso el socio de Sequoia, Doug Leone, llamó a Chesky y le advirtió que tenía el trabajo más difícil de cualquier CEO del portafolio de Sequoia. Más allá de los desafíos rutinarios de operar una compañía tecnológica, dijo Leone, Airbnb era más global que cualquier otra: estaba casi en 200 países, así que debía tener oficinas y personas en esos lugares y descubrir cómo trabajar de manera internacional. En esencia es una compañía de pagos que maneja miles de millones de transacciones diarias en todo el mundo, por lo que Chesky debía preocuparse por todos los fraudes y los riesgos potenciales inherentes a eso. Cada noche había cientos de miles de personas quedándose en las camas de otras, ofreciendo muchas oportunidades para que pasaran cosas horribles, sin contar los malentendidos diarios y las diferencias culturales. Además, estaban los problemas regulatorios y las grandes cantidades de tiempo, atención y recursos de políticas públicas que se usan para resistir los problemas en cada ciudad.

"Un animal de aprendizaje"

Chesky ya poseía un par de habilidades clave que se volverían esenciales para su crecimiento como líder: un don para ser cabecilla que databa de sus días en la RISD y una curiosidad casi patológica. Su solución para adquirir las herramientas que necesitaba fue buscar ayuda de una serie de mentores expertos. Pero aunque cualquier CEO nuevo busca consejo, el proceso de Chesky se describe mejor como obsesivo, metódico e interminable. Nombró a su práctica "ir a la fuente": en vez de hablar con 10 personas sobre un tema en particular y luego sintetizar todos los consejos, pensó, pasa la mitad de tu tiempo aprendiendo quién es la fuente definitiva, identifica la persona que puede decirte más que cualquiera sobre una cosa y ve sólo con esa persona. "Si eliges la fuente correcta, puedes avanzar más rápido."

Ya había empezado este proceso con los consejeros de la etapa temprana de Airbnb: primero, las sesiones de horas oficina semanales con Michael Seibel y Paul Graham de Y Combinator; luego, desayunos en Rocco's con Greg McAdoo de Sequoia. Las siguientes rondas de inversión de Airbnb desbloquearon el acceso a los íconos de Silicon Valley como Reid Hoffman, Marc Andreessen y Ben Horowitz, todos vistos como gurús cuando se trata del arte de construir compañías tecnológicas en Silicon Valley. Entre más exitoso se volvía Airbnb, los fundadores tenían acceso a más gente importante, y conforme todo se hacía más grande, Chesky empezó a buscar fuentes para áreas de estudio específicas: Jony Ive de Apple para diseño, Jeff Weiner de LinkedIn y Bob Iger de Disney para gestión, Mark Zuckerberg de Facebook para producto y Sheryl Sandberg para expansión internacional y la importancia de empoderar a las mujeres líderes. En particular, John Donahoe de eBay fue un mentor importante que le enseñó a escalar operaciones, dirigir una junta y otros aspectos de ser el CEO de un negocio grande de mercado. También ocurrió una valiosa mentoría mutua, ya que Donahoe le pidió a Chesky su consejo en diseño e innovación y le preguntó cómo eBay podría mantener las características de ser joven, ágil y rápido. De Jeff Weiner, Chesky aprendió la importancia de eliminar a los gerentes que no tenían buen desempeño. De Marc Benioff, el CEO de Salesforce.com, aprendió cómo presionar a su equipo ejecutivo. También tuvo acceso a un grupo de apoyo informal entre sus *startups* compañeras de generación, incluyendo a Travis Kalanick de Uber, Drew Houston de Dropbox, Jack Dorsey de Square y John Zimmer de Lyft, todos compartían sus lecciones individuales, desde operar *startups* hasta equilibrar a los amigos, relaciones y otros elementos personales de la vida de un fundador joven.

Un principio clave en la estrategia de ir la fuente del conocimiento fue volverse creativo al identificar quiénes eran los expertos y buscar los orígenes en disciplinas inesperadas. Por ejemplo, Chesky se acercó al exdirector de la CIA, George Tenet, no para hablar sobre confianza y seguridad, sino para preguntarle sobre la cultura

("¿Cómo haces que las personas se sientan comprometidas en un lugar donde todo el mundo es un espía?"). Para experiencia en hospitalidad no acudió a Marriot ni a Hilton, sino a The French Laundry para estudiar cómo el legendario restaurante atiende a sus clientes y compone su estilo de cocina. Para las contrataciones, supuso que la fuente obvia sería un reclutador, pero una mejor sería la gente en esas industrias que viven del talento, como los agentes deportivos, incluso los líderes del Cirque du Soleil. A media conversación sobre este tema, Chesky se detuvo, me miró y dijo que yo podría ser una fuente. "Por cierto, estoy aprendiendo de esto —dijo señalando mis notas—. Si quiero aprender a entrevistar a un candidato, la persona obvia sería otro ejecutivo. Pero una mejor sería un reportero."

Claro, Chesky funciona a un nivel privilegiado de acceso a la información, no cualquiera puede llamar a Jony Ive, Mark Zuckerberg o Jeff Bezos. Pero insiste en que siempre hay buenos mentores, sin importar el nivel de alguien. "Cuando era un diseñador desempleado también me reunía con gente y era desvergonzado." De hecho, si se hubiera reunido con esos grandes bateadores cuando era un diseñador desempleado, señala, habría sido inútil. "No habría nada de qué hablar. Se trata de escoger a la gente que está, al menos, un par de años más adelantada que tú." Alfred Lin, de Sequoia, dice que muchos CEO tienen las mismas conexiones que Chesky, pero no son tan exitosos: "Creo que la red es muy útil, pero debes tener potencial."

Las "fuentes" no necesitan estar vivas: Chesky tomó algunas de las lecciones más valiosas de las biografías de sus dos héroes más grandes, Walt Disney y Steve Jobs; de figuras históricas como el general George S. Patton, el ex secretario de la Defensa Robert McNamara y otros; de montones de tomos de administración (su favorito es *High Output Management*, de Andy Grove), y de fuentes de industrias especializadas como *Cornell Hospitality Quarterly*. Decir que Chesky es un lector voraz no es suficiente. Una vez al año lleva a su familia de vacaciones y su forma de recargar baterías es devorar tantos libros como pueda. Cuando está fuera "no deja de leer", dice su madre, Deb. "Estamos en la cena y está leyendo." También pasa los días libres redactando su carta anual para los empleados "durante horas y días, sin parar", dice Deb. "Luego nos la lee, le decimos que es perfecta y va y la cambia cincuenta veces."

Otra fuente clave: Warren Buffet. Chesky se comunicó con el venerado inversionista para ayudar a expandir el número de habitaciones disponibles en Omaha durante la Berkshire Hathaway Annual Meeting, el Woodstock de la inversión que atrae a 40 mil visitantes y satura los hoteles de la ciudad. Pero Chesky quería que Buffet fuera una fuente, así que le preguntó si podía viajar a Omaha para almorzar con él. Buffet aceptó y la cita duró cuatro horas y media. ("Pensé que sería una comida de una hora —recuerda Chesky—. Estuvimos en su oficina un rato largo y luego dijo: '¡Vamos a almorzar!' Yo pensaba que eso ya había sido el almuerzo.") La mayor lección que se llevó: el valor de no quedar atrapado en el ruido. "Buffet está, literalmente, en el centro de Omaha. No hay pantallas. Pasa todo el día leyendo. Tiene una reunión al día y piensa de manera muy profunda." Camino a casa, Chesky escribió una recapitulación de su experiencia de cuatro mil palabras para enviarla a su equipo. Hay algo de coincidencia en esto: cuando Buffet tenía más o menos la edad de Chesky, viajó a las oficinas centrales de Disney y tuvo suerte en una reunión de extensión similar con el mismo Walt Disney. El joven inversionista también registró todo lo que pasó. "Todavía tengo mis notas de aquella entrevista."

Buffet dice que está impresionado con Chesky y Airbnb: "Es una máquina de hospedaje muy grande. No atrae a todo el mundo. La verdad, a mi edad y con mis hábitos, no me quedaría en Airbnb. Pero es evidente que tiene un gran atractivo para ambos lados: el cliente y el proveedor." Piensa que también el elemento social es una parte significativa de la atracción, recordando cómo su familia y él recibían invitados en casa muchas veces. "Durante muchos años tuvimos montones de gente que se quedaba en casa igual que los huéspedes", como George McGovern, otros líderes políticos, estudiantes de Sudán y de otras partes del mundo. "Genera una experiencia muy interesante. [Airbnb] será un factor muy significativo, igual que Hilton, Marriot y las demás cadenas hoteleras", afirma. Está impresionado por el crecimiento de Airbnb y, en particular ,por lo rápido que puede incrementar su suministro. "Tiene muchas ventajas; desearía haberlo pensado yo."

La observación más constante de los que conocen a Chesky es que posee un nivel de curiosidad extremo que se describe como una obsesión por absorber nueva información de manera constante. "La mayor fortaleza de Brian es ser una máquina de aprender —dice Reid Hoffman—. Hay un conjunto de habilidades que tienen todos los emprendedores exitosos, las resumo en ser 'aprendiz infinito', y Brian es el ejemplo canónico de eso." Hoffman recuerda que durante los primeros años de Airbnb tuvo una entrevista con Chesky en un escenario de San Francisco. En cuanto bajaron los escalones del estrado Chesky volteó y le pidió retroalimentación sobre lo que podría haber hecho mejor. "Literal, fue lo primero que me dijo."

Chesky siempre está tomando notas. "Quizá no comenta nada después la primera vez que escucha una idea nueva, pero siempre saca su Evernote, y si dices algo interesante, lo apunta —dice Alfred Lin, de Sequoia—. Para la siguiente ocasión que lo ves, ya revisó sus notas, las reflexionó, habló con mucha gente sobre el tema y formó su opinión." Lin y otros afirman que este implacable enfoque en el aprendizaje es la razón principal por la que Chesky ha sido capaz de escalar con la compañía. "Sí, tiene una mentalidad enfocada en el producto; sí, está muy concentrado en proveer un gran servicio al cliente… Pero también conocemos mucha gente que es así y no escala como CEO."

Marc Andreessen dice que una de las cosas que diferencia a Chesky es que está listo para el desafío. "Nunca tuve una conversación con Brian donde dijera: 'Ay, Dios, eso es demasiado'. Más bien siempre está tratando de descubrir la siguiente novedad."

"Es un animal de aprendizaje", dice Donahoe, de eBay.

Chesky es igual de obsesivo en compartir las lecciones que aprende y son comunes sus correos electrónicos (como el informe de cuatro mil palabras a su equipo después de la reunión con Buffet). Desde 2015 casi todos los domingos en la noche envía un correo a todo su personal sobre lo nuevo que aprendió, algo que trae en mente o un principio que quiere transmitir. Chesky dice: "En una compañía grande debes ser bastante fuerte al escribir o hablar en público porque se vuelve tu herramienta de dirección. En las primeras etapas estaba alrededor de una mesa de cocina con cuatro personas, así que la interacción era diferente." Una de sus primeras misivas fue sobre cómo aprender y se dividía en tres series.

Con seguridad, Chesky salió del útero con este tipo de enfoque intenso. Su madre dice: "Desde muy temprana edad abordaba cualquier cosa con todas sus fuerzas." Su infancia fue normal: creció en Niskayuna, Nueva York, un suburbio de Schenectady; es hijo de Deb y Bob, ambos trabajadores sociales. Su hermana menor, Alisson, fue la directora de una editorial de contenido para adolescentes llamada Tiger Beat Media que en fechas recientes lo dejó para empezar su compañía. La primera pasión de Chesky fue el hockey; empezó a patinar a los tres años y pronto decidió que sería el próximo Wayne Gretzky. Una Navidad le dieron su primer uniforme e insistió en dormirse con él: patines, palo, casco y todo ("decíamos que parecía un crustáceo", recuerda su madre).

Cuando quedó claro que no estaba destinado a convertirse en el próximo Gretzky (como declara Chesky: "El deporte es la única cosa donde rápido aprendes tus limitaciones"), el hockey cedió paso al arte. El pasatiempo desde chico por dibujar y rediseñar los tenis de Nike reveló un gran talento como ilustrador. Después, cuando estaba en preparatoria, su maestra de arte les dijo a sus padres que tenía potencial para volverse famoso como artista. Chesky fue dedicado; muchas veces desaparecía horas en los museos locales, donde hacía réplicas de pinturas. Un año, en un viaje a Florencia, se paró en la estatua del David durante ocho horas, dibujándolo con mucho cuidado. Su madre recuerda: "Nosotros como que ya queríamos irnos y ver otras cosas, pero no importaba lo que hiciéramos, él tenía su camino y lo iba a seguir."

En la RISD empezó a mostrar potencial como líder, primero a tra-vés del equipo de hockey, donde hizo disparates con Gebbia para promocionar sus ligas deportivas, y luego cuando dio su memorable discurso a toda la generación en la ceremonia de graduación. De ma-nera predictiva, Chesky se lanzó a la tarea devorando cada discurso que encontró. La noche anterior, para calmar sus nervios se paró en el pódium durante horas y vio cómo los empleados colocaron miles de sillas… una por una. "¿Quién hace eso?", pregunta Deb.

Pero aunque el aprendizaje fue más o menos fácil, dominar los secretos y los principios básicos de lidiar con la gente le tomó algún tiempo. Aprendió por el camino difícil que si dos personas tenían un desacuerdo, no debía tomar partido de manera automática. Con dureza, la experiencia le enseñó que sus palabras y acciones tienen una influencia importante en toda la compañía. (Toma un marcador verde de la mesa frente a mí y dice: "Es como si uso este mar-cador verde y entonces alguien comenta: 'A Brian sólo le gustan los marcadores verdes. ¡Saquen todos los marcadores de otro color de esta habitación!' Y quizá yo sólo lo había tomado por casualidad.")

Se tardó en contratar un equipo de liderazgo y delegar responsa-bilidades en él; de hecho, la compañía ya tenía cientos de empleados y él seguía involucrado en miles de detalles. Además, al principio tuvo dificultades para contratar candidatos con mucha más expe-riencia que él ("cuando estás sentado frente a alguien mucho más experimentado que ha hecho algo cincuenta veces y tú lo estás ha-ciendo por primera vez, piensas: "Esto es muy extraño"). Cuando los gerentes no funcionaban era muy lento para dejarlos ir. Una vez que tuvo listo a su equipo ejecutivo completo (la compañía llama a este grupo el "e-staff"), entonces debía descubrir cómo mejorar las cosas. Se preguntaba: "¿Cómo lograr que las personas vayan al siguiente nivel cuando ya están todas cansadas, no han visto a sus fa-milias, necesitan un descanso y les quiero decir: '*Sí, pero necesito que hagan esto otras diez veces*'?". La respuesta, surgida de una consulta con la "fuente" Marc Benoiff, fue que no podía pedirles que trabaja-ran más fuerte, pero podía pedirles que "nivelevaran su pensamiento de forma masiva" ("Nivelevar" es un cheskyismo común que significa subir un nivel. Otros términos de Chesky incluyen "saltar de nivel", es decir, hablarles a diferentes personas en distintos niveles de la compañía, y hacer un "cambio de paso", no sólo un paso iterativo, sino una nueva forma de pensar en algo. Y siempre habla de tener una "estrella del norte", una frase que se escucha repetidamente en los pasillos de Brannan Street, incluso entre anfitriones y viajeros de Airbnb).

El buscar la fuente fue muy útil cuando Airbnb enfrentó algunas de sus mayores crisis. En 2011, durante el incidente del saqueo de EJ, quizá la crisis más grande y existencial para la compañía hasta la fecha, Marc Andreessen ayudó a Chesky a ampliar su pensamiento al agregar otro cero a la garantía de cinco mil que había creado. Cuando los hermanos Samwer estaban tras Airbnb en Europa, Paul Graham le dijo que ellos eran mercenarios y en Airbnb misioneros, y "los misioneros casi siempre ganan". Esto ayudó a Chesky a tomar la decisión de construir su negocio europeo para competir con los Samwers. En la crisis más reciente sobre el comportamiento de discriminación en la plataforma de Airbnb (en algunas formas incluso más grande que la crisis de EJ), recurrió a fuentes externas como el ex fiscal general Eric Holder, la veterana de ACLU Laura Murphy, Andreessen Horowitz (cofundador de Ben Horowitz), su esposa Felicia y Stacy Brown-Philpot (CEO de TaskRabbit).

Los más cercanos a Chesky lo felicitan por su visión. "Toma una foto de la mente de Brian y ya está en 2030 o 2040", dice Lisa Dubost, una de las primeras empleadas de la compañía que trabajó en cultura, luego en el equipo de viajes de negocios y en 2016 dejó la compañía para mudarse a Europa y estar con su familia.

"Brian es un visionario increíble que parece que va no uno, dos, ni tres, sino diez pasos adelante", dice Belinda Johnson, su mano derecha y la persona que pasa más tiempo con él, quizá más que los fundadores. "Es muy inspirador, tal vez más que cualquier otro director que haya tenido. Lo menciono porque creo que será conocido como uno de los mejores CEO de nuestros tiempos."

Este tipo de elogios parecen un poco empalagosos después de un rato, pero se repiten una y otra vez. Y aunque mucho del lenguaje y el mensaje de Airbnb puede ser aburrido para los que no "luchan por la misión", como dice uno de los valores fundamentales, la devoción y la creencia fanática de Chesky en el mayor propósito de Airbnb parecen ser las que lo impulsan más que ninguna otra cosa. Chip Conley dice que Chesky cree en el compartir casa "de los pies a la cabeza" y que no habla del lema "pertenecer a cualquier lugar" como un CEO que vende el producto que hace su compañía, sino como la razón por la que en verdad está en esta tierra.

Paul Graham dice que a Chesky no lo impulsan las cosas típicas de otros fundadores: riqueza, influencia, poder y éxito. "No trabaja para Brian Chesky. De verdad. He visto muchos fundadores diferentes, literalmente, miles. Y puedo distinguir a los oportunistas de los creyentes. Para él, va más allá del dinero, incluso de la fama." Por esta razón, dice Graham, Chesky no se puede definir por cualquier rol de CEO. "Es el tipo de líder que guía a la gente a hacer las cosas en las que él mismo cree. No podrías contratarlo como el CEO de una compañía al azar."

Warren Buffet también se dio cuenta: "Él siente eso todo el tiempo. Creo que haría lo que hace aun si no le pagaran un quinto por ello."

De hecho, aunque cada CEO de Silicon Valley habla sobre su compañía, para Chesky, Airbnb parece más una vocación que un trabajo. "Tenemos la misión de crear un mundo donde puedas pertenecer a cualquier lugar", me explicó durante un almuerzo. Cree que si más gente en el planeta fuera anfitriona, "el mundo sería un lugar más hospitalario y comprensivo". Después le pregunté sobre sus metas económicas más tangibles. "El objetivo para 2020 se orienta a cuánta gente experimentará el pertenecer de una manera profunda, significativa y transformadora." Dice que nada es más importante que realizar la misión de que cualquiera pertenezca a cualquier lugar: viene antes de los accionistas, antes de la valuación. Antes de los ingresos y del producto, antes de todo. Quiere que el valor de Airbnb alcance el punto más alto en algún momento después de su muerte.

No sólo es Chesky; Gebbia y Blecharczyk también defienden estas creencias e impregnan el ambiente de las oficinas centrales de la compañía. Les gusta decir que son "la ONU en la mesa de la cocina", reuniendo gente de diferentes partes del mundo. "Quizá la gente que la infancia me enseñó a etiquetar como extraños, en realidad son amigos esperando a ser descubiertos", dijo Gebbia en una charla TED donde explicó cómo la compañía construyó su plataforma de confianza. Cuando se le preguntaron sus objetivos para la compañía, Chip Conley le dijo a uno de mis colegas que le gustaría ver que dentro de 10 años ganara el Premio Nobel de la Paz.[2]

Aunque nadie duda que esto sea sincero, la ética idealista "salva el mundo para la humanidad" ha generado algunos comentarios: "Nada de esto se hace con mucho sentido del humor", escribió Max Chafkin en *Fast Company*, refiriéndose a un letrero en la pared que en ese momento decía: "Airbnb es el próximo escalón en la evolución humana." "Incluso el famoso comercial 'Hilltop' de Coca-Cola ('Me gustaría invitarle al mundo una Coca-Cola y tomarla en compañía') tenía cierto tono de exageración."[3]

Durante una de nuestras conversaciones le pregunto a Chesky si alguna vez alguien le ha dicho que es demasiado idealista. Dice, parafraseando a Tom Friedman, el columnista de *The New York Times*: "Creo que Friedman tiene una cita muy buena: 'Los pesimistas suelen tener razón, pero los optimistas cambian el mundo'."

Incluso la gente que cambia el mundo tiene debilidades. La visión y la ambición de Chesky puede llevarlo a establecer objetivos que son imposibles de alcanzar. Paul Graham dice que Chesky debe tomar las cosas de manera menos personal: "Cuando alguien habla mal de Airbnb (lo cual es una consecuencia lógica de ser algo grande) le duele. En verdad le lastima, como si lo hubieran golpeado. Pero si se relajara un poco se libraría de mucho dolor. Aunque quizá es imposible. Tal vez es una consecuencia necesaria de liderar por creencia."

Marc Andreessen, quien ha visto a muchos jóvenes fundadores tratar de escalar sus compañías, dice que Chesky "es uno de los mejores CEO desde Mark Zuckerberg". Le atribuye esto a un hecho poco conocido: antes de entrar a la preparatoria de Niskayuna, Chesky pasó dos años en una escuela privada donde le enseñaron liderazgo y procedimiento militar. Andreessen dice que es un error fácil asumir que Chesky sólo es diseñador. "El asunto con Brian es que tiene alma de diseñador, pero la precisión y la disciplina de un estudiante de escuela militar. No hay nada de abstracto o borroso. El diseño lo mueve, pero en realidad lo entrenaron para realizar una campaña militar."

Un año en una *startup* es como siete en la vida real, y conforme Chesky evolucionó, también lo hicieron sus "fuentes". En la actualidad sus mentores han pasado a ser consultores pagados. Trajeron a Stanley McChrystal, el ex general del ejército, para ayudarle a incrementar la transparencia y el compromiso entre los líderes de nivel alto y medio en la compañía. Airbnb contrató a Simon Sinek, el autor y experto en encontrar el "porqué" o el propósito de la organización. Y aunque no entra en la categoría de pagados, también hay un nuevo pez gordo con quien Chesky compartió el escenario en Cuba: el presidente Obama. Los dos han pasado mucho tiempo juntos: se conocieron en la Oficina Oval, cuando Chesky fue nombrado para el programa Presidential Ambassador for Global Entrepreneurship, un grupo de élite de emprendedores que incluía a la diseñadora de modas Tory Burch, Steven Case (fundador de AOL) y Hamdi Ulukaya (fundador de Chobani). Además de la iniciativa de Cuba, Chesky fue parte de las delegaciones oficiales del presidente para las cumbres mundiales del espíritu emprendedor en San Francisco y Nairobi (donde Chesky asistió a la cena de Estado en la casa del presidente Kenyatta y conoció a la familia keniana de Obama). Hay una gran distancia con aquellos primeros días cuando la relación con Obama era más periférica: relanzar Airbnb en la saturada DNC para su discurso de aceptación de 2008 y diseñar las Obama O's y el sitio crashtheinauguration.com en su investidura presidencial en 2009.

De vuelta a casa, en el estado de Nueva York, Deb y Bob Chesky todavía no logran creer la travesía de su hijo: "Sólo podemos decir que ha sido surrealista. Ni siquiera sé cómo decirlo."

"Las malas noticias que debes escuchar"

Como CEO de Airbnb, Chesky recibe los reflectores y la mayoría de la atención de los medios de comunicación, pero Joe Gebbia y Nate Blecharczyk también tienen una presencia importante y diaria en la compañía. Si Chesky encontró su llamado como líder de las tropas y capitán de la nave, sus cofundadores tuvieron sus propias travesías de liderazgo, todas diferentes. Gebbia también buscó ayuda de mentores y dice que Chip Conley fue uno de los más útiles. Otro fue David Kelley, el fundador de la firma de diseño IDEO, quien le aconsejó cómo mantener una cultura creativa cuando la compañía creció tanto. "¿Cómo mantienes un ambiente creativo, donde la gente esté segura de proponer algo nuevo, a veces hasta ideas arriesgadas o atemorizantes, sin que sienta que la echas abajo?", pregunta Gebbia.

Escalar como líder fue más o menos fácil para Chesky, pero mucho más difícil para Gebbia, quien se siente más en su elemento concibiendo ideas audaces y fuera de lo común en un equipo pequeño que dirigiendo gran parte de la organización (lo que de pronto estaba haciendo). Conforme la compañía empezó a ser cada vez más grande en 2013 y 2014, el crecimiento y el ritmo empezaron a abrumarlo. Dice: "Había tantas partes en movimiento... En un punto podías mantener los ojos en todo, pero después ya no." Sintió un nivel de ansiedad creciente. "Los equipos aumentaban. Los números también. Todos crecían a mi alrededor. ¿Cómo hacer lo mismo?" Confiesa que no pudo: "Tengo que admitirlo, topé con pared."

Para ayudar a encontrar la respuesta, la compañía trajo a un consultor externo que realizó una revisión de 360 grados. Entrevistas honestas y anónimas con las personas que trabajaban más cerca de Gebbia arrojaron algunos resultados dolorosos. Lo veían como un líder optimista y alegre, pero tenía una reputación de perfeccionista, así que les daba miedo ser honestos con él cuando los proyectos no marchaban bien. "Fue algo muy fuerte", dice. Cada vez que alguien le daba una mala noticia, su lenguaje corporal cambiaba, se cerraba y se ponía a la defensiva; por eso, después de un tiempo, optaron por ya no decirle nada. "Los problemas empeoraban, luego me enteraba y se volvía más difícil lidiar con ellos", recuerda.

Este perfeccionismo también provocaba que hasta las decisiones más simples tardaran mucho tiempo en tomarse, y a veces se convertía en un cuello de botella para su compañía. Además no se daba cuenta de que sólo porque tenía una ética de trabajo fuerte (el mismo impulso que lo llevó a crear dos compañías antes de empezar Airbnb) no significaba que todos los demás también la tuvieran. La revisión de 360 grados le reveló que las personas en su equipo no habían cenado con sus seres queridos en semanas, no iban al gimnasio ni hacían otras cosas por el estilo y, en realidad, algunos pensaban salirse de la compañía. "Mi impulso por el perfeccionismo estaba matando a los demás."

Así empezó un gran proceso educativo para Gebbia. Con ayuda de un asesor ("brutalmente honesto") aprendió que estaba bien sacar productos, aunque no fueran perfectos, y que a veces una decisión rápida es mejor que una informada de manera completa. Su equipo lo apoyaba, incluso inventaron un mantra para él: "80% equivale a hecho." Gebbia confiesa: "Fue muy incómodo para mí." Poco a poco empezó a preguntarle a la gente (en reuniones y de forma personal): "¿Cuáles son las malas noticias que debo escuchar?"

Se dio cuenta de que este comportamiento se había esparcido por el resto de la compañía. "La gente observa a los líderes para saber cómo comportarse. Entonces, al no crear un espacio donde la gente pudiera ser honesta y abierta sobre lo que pasaba, otras partes de la compañía empezaron a actuar igual." Así que a mediados de 2014 Gebbia dio una charla con todo lo que había aprendido a cientos de empleados y la transmitieron a todas las oficinas de la compañía en el mundo. "Tenemos un problema con la honestidad en nuestra compañía", iniciaba, antes de revelar con gran detalle los comentarios que había recibido y cómo trabajó para cambiar su estrategia. Luego les presentó la teoría que aprendió llamada "elefantes blancos, peces muertos y vómito". Es una serie de herramientas diseñadas para alentar conversaciones difíciles: un "elefante blanco" es una verdad importante que todos conocen, pero nadie menciona; un "pez muerto" es una queja personal que debe resolverse, por lo general con una disculpa, o corre el riesgo de empeorar ("tenía bastantes 'peces muertos' por resolver", le dijo a la audiencia), y las sesiones de "vómito" eran momentos en que se dejaba hablar a una persona para que se desahogara sin interrumpirla ni juzgarla. Contó los detalles de sus acciones, aprendidos en la retroalimentación.

Después de decir la última frase dio un gran suspiro. "Fue una charla aterradora. Podías escuchar un alfiler caer", dijo después. Pero tuvo un impacto significativo en la compañía. Gerentes de división empezaron a dedicar tiempo sólo para hablar de "elefantes blancos" y "peces muertos"; de hecho, todavía se usan estos términos. En la actualidad Gebbia recibe correos electrónicos con el siguiente asunto en mayúsculas: LAS MALAS NOTICIAS QUE DEBES ESCUCHAR. En la parte superior del monitor de su computadora tiene pegado un mensaje que dice: "80% equivale a hecho."

Más o menos por esa misma época, Gebbia empezó a trazar una ruta diferente para él, una que lo acercara más a sus raíces diseñadoras y a su pasión por concebir e incubar ideas nuevas. "No estaba usando mis superpoderes —dice—. Me la pasaba dirigiendo gerentes." A finales de 2013 apareció la oportunidad cuando la compañía realizó una reunión ejecutiva en Nueva York. El año anterior los fundadores habían presentado una visión para el futuro de la compañía en un importante proyecto interno llamado Blanca Nieves.

Con ayuda de animadores profesionales hicieron un "guion gráfico" de la experiencia de Airbnb, detallaron "cuadro a cuadro" qué pasaba tanto con el viajero como con el anfitrión, desde el instante en que un cliente iniciaba sesión por primera vez en el sitio hasta el momento de regresar de un viaje. La gran revelación del proyecto fue que Airbnb por sí sola era parte de unos cuantos cuadros (los que involucraban los alojamientos), así que debían trabajar para completar los otros. Meses después los fundadores se dieron cuenta de que no progresaron lo suficiente para lograr esa versión extendida del futuro de la compañía: ser dueño no sólo de los alojamientos, sino de todo el viaje.

Llegó la hora de moverse a los otros "cuadros" y pronto se decidió que Gebbia realizaría el ejercicio de preparar los prototipos para investigar cómo lograrlo. Reunió a seis personas de diseño, producto e ingeniería y se mudaron a Nueva York durante tres meses, siguiendo el programa y el modelo de Y Combinator. (Incluso redactaron sus valores fundamentales.) Vivieron y trabajaron día y noche en un departamento de Airbnb en Brooklyn, truquearon varias herramientas diferentes para la aplicación, le dieron teléfonos que tenían el software improvisado a un grupo pequeño de turistas internacionales y los enviaron a experimentar sus ideas. Al final de los tres meses habría una demostración en las oficinas centrales de Airbnb. Los conceptos que probaron estaban en un mapa: un "rastreador de llegada", una especie de ubicación en el mapa parecido al de Uber que facilitaba saber cuándo llegaría el huésped; un "manual de casa inteligente", y algo llamado "Local Companion" (un asistente virtual al que los viajeros le solicitaban lo que necesitaban, desde una recomendación para un restaurante local o una entrega de alimentos hasta responder preguntas sobre la ciudad). Además, tenía un "botón mágico" para conseguir experiencias desconocidas y ultrapersonalizadas que se ajustaban a los intereses de los usuarios. Un viajero con licencia de piloto consiguió volar un helicóptero sobre Manhattan; otro pidió un servicio de manicure a domicilio. Un tercero solicitó ayuda para planear la entrega del anillo a su novia, un reto que el equipo de Local Companion aceptó con gusto. Organizaron una cabalgata después de la propuesta matrimonial en Central Park con un arpista, cena y todo; en el almuerzo del día siguiente el mesero les llevó un álbum de fotos con toda la experiencia, en vez de la cuenta del restaurante.

De vuelta a San Francisco, la operación del prototipo se transformó en un equipo llamado Home to Home, dirigido por Gebbia, para explorar y probar más ideas. Una en particular se veía prometedora: la Experiencia, una plataforma donde los anfitriones con alguna habilidad o conocimiento particular ofrecían a los huéspedes experiencias en la ciudad por una tarifa. Algunos anfitriones ya hacían esto: un joven en Park City promocionaba en sus alojamientos paseos a esquiar en senderos locales; en Boston había otro que les daba un *tour* personal por Kendall Square. El equipo piloteó San Francisco y París para conseguir más experiencias como éstas. Un anfitrión en París, Ludovic, les dijo que había ganado tres mil dólares alojando gente en su casa, pero 15 mil dando *tours* a pie por Le Marais.

El proyecto funcionó casi todo 2014 y tuvo cierta adherencia, pero fue justo antes de que Gebbia topara con pared y se diera cuenta de que tenía problemas para escalar y "operacionalizar" las ideas. Gracias a esta experiencia, Gebbia descubrió que le gustaba más crear ideas nuevas que implementar las existentes. Poco a poco empezó a concebir una nueva división de Airbnb que estaría dedicada sólo a la investigación y el diseño. En 2016 la compañía lanzó Samara, un estudio de diseño interno, supervisado por Gebbia, que explora conceptos a gran escala, incluido el futuro del alojamiento compartido y nuevos modelos de arquitectura y turismo que ayudan a crear cambio social. Su primer proyecto fue Yoshino Cedar House, una mezcla de centro comunitario con hostal ubicado en una zona rural de Japón. Los viajeros de Airbnb se quedan ahí, los locales pueden vender sus artesanías y ambos interactúan en formas que traen beneficio económico a un área rural en declive. Otras exploraciones incluyen iteraciones en el "botón mágico" que adivinarían lo que más le "gustaría" a cada usuario.

A la par de Samara está The Lab (El Laboratorio), un pequeño equipo concentrado en la iteración breve de productos e ideas más experimentales, pero que se pueden probar rápido.

A mediados de noviembre de 2016 ambos equipos salieron de la casa de Gebbia, un departamento industrial a una cuadra de las oficinas centrales de Airbnb, y se mudaron a un espacio nuevo detrás del edificio de Airbnb. Este tipo de operación independiente tipo Skunk Works es común en otras compañías grandes y es el punto exacto de Gebbia. Le recuerda los días en la calle Rausch, cuando él y Chesky inventaban nuevas ideas durante sus juegos feroces y sudorosos de ping pong. "Quiero ser un creador de espacio seguro para la invención de ideas", dice Gebbia.

"EL INSPECTOR"

Aunque Brian Chesky y Joe Gebbia han recibido casi toda la atención de los medios a lo largo de los años (y ha sido mucha), el camino de Nate Blecharczyk es el más interesante en varias formas. Primero que nada, es un genio en tecnología y codificación. En los primeros días Chesky decía que tener a Blecharczyk a bordo era como tener tres ingenieros. Él creó todas las formas gratuitas para crecer: el truco de Craigslist al principio, las campañas publicitarias dinámicas enfocadas en ciudades específicas y la tecnología especial para interactuar con Google AdWords. El sistema de pago que construyó es legendario en la comunidad de ingenieros. Con una persona menos talentosa a cargo de la tecnología, quizá AirBed & Breakfast no habría despegado.

Pero Blecharczyk siempre ha tenido una mente más enfocada en los negocios que cualquier ingeniero promedio. Hizo el examen oficial GMAT después de la universidad y pensó en entrar a la Facultad de Negocios. También avanzó mucho en el camino tratando de empezar su red de publicidad para redes sociales antes de comprometerse con Chesky, Gebbia y AirBed & Breakfast. Un pensador metódico y disciplinado es bueno para razonar problemas complejos y simplificar las ideas. "Soy una persona muy analítica. Si tengo una habilidad importante… es tomar las cosas complejas y desmenuzarlas", afirma. Cuando el equipo ejecutivo realizó el indicador de tipo de Myers-Briggs (MBTI, por sus siglas en inglés), Blecharczyk sacó personalidad tipo ISTJ, la cual se correlaciona con el "inspector" del cuestionario de Keirsey Temperament Sorter. La descripción hizo reír al equipo ejecutivo porque lo identificaron de inmediato. "Así me reconocen, como alguien que investiga los detalles."

Con el tiempo, Blecharczyk desarrolló interés en la estrategia, sobre todo cuando, como CTO, observó más a fondo los conocimientos que surgían del departamento de ciencia de datos, el cual le reportaba de forma directa. En el verano de 2014, después de que el equipo ejecutivo se dio cuenta de que la compañía no estaba alineada por completo a sus objetivos e iniciativas, Blecharczyk empezó un "mapa de actividad" para documentar cada proyecto en el que trabajara toda la compañía. Identificó 110, pero estaban demasiado fragmentados y tenían diferentes ejecutivos supervisando varios proyectos en la misma área. Después hizo un profundo estudio analítico del crecimiento de la compañía, el cual lo volvió más consciente del desequilibrio entre la oferta limitada (anfitriones) y la demanda de rápido crecimiento (huéspedes). "A corto plazo esto no es un problema, pero a la larga sí."

Le atrajo la idea de inventar formas para subir la tasa de crecimiento de la oferta. Muchos de los 110 proyectos disparados involucraban a los anfitriones; entonces, a partir de 2015 Blecharczyk tuvo un papel más amplio, convirtiéndose en el responsable de estrategia y operaciones de casas y hospedajes. "Aprovecho mi conocimiento de nuestros sistemas tecnológicos, teniendo el contexto de los últimos ocho años y la autoridad moral de cofundador", dice, para reunir equipos de proyectos dispares de anfitriones por toda la compañía y pensar en su estrategia general de manera más amplia. El cargo de CTO de Blecharczyk no ha cambiado hasta el momento de este escrito, pero dice que es "un poco anticuado y a estas alturas puede ser engañoso".

La prueba Myers-Briggs también reveló otra cosa: que Blecharczyk era el más diferente del equipo. "La competencia general del equipo es inversa a lo que soy", dice. Los asesores que dirigieron las sesiones aseguraron que él era importante y avisaron al grupo que la perspectiva de Blecharczyk era tan diferente que debía ser parte de cualquier conversación importante de la compañía. Ya estaba bastante enterado como cofundador, pero se volvió más evidente que representaba un punto de vista diferente e importante. Como él dice: "Esto fue muy importante para sentar las bases de mi actual rol de estrategia."

Blecharczyk también se apoyó en libros como *Empresas que sobresalen*, de Jim Collins; *Las cinco disfunciones de un equipo*, de Patrick Lencioni, y *Cruzando el abismo*, de Geoffrey Moore. Aprendió cómo ser más visible. "Soy introvertido", dice, pero la retroalimentación que recibió a lo largo de los años es que los empleados valoran escuchar a los tres fundadores de manera individual (no sólo a Chesky). "Ser visible fue una lección importante de liderazgo que tuve que aprender", confiesa Blecharczyk.

La gente a su alrededor dice que es una fuerza tranquila y estable. "Él nos mantiene con los pies en la tierra más que ningún otro del equipo de liderazgo", dice Mike Curtis, un ingeniero ejecutivo de Facebook a quien Blecharczyk contrató como VP de ingeniería de Airbnb en 2013. "Como grupo somos muy ambiciosos y Nate es el pensador metódico y disciplinado que absorbe las ideas de todas las personas, las junta, las analiza y las regresa de manera que podamos tomar decisiones."

Las diferencias entre los tres fundadores no pasaron inadvertidas. "Pregúntale a quien quieras en la compañía y te dirán que tenemos personalidades muy diferentes", dice Gebbia. Mike Curtis está de acuerdo: "Los tres están en diferentes puntos del espectro. La forma en que se equilibran es bastante salvaje. ¡Y claro que discuten entre sí!" Hace algunos años los fundadores realizaron otro test de personalidad que los colocaba en un círculo. Cuando los asesores plasmaron los resultados, cada uno aterrizó en una sección diferente, perfectamente equidistantes uno del otro. Gebbia recuerda que les dijeron: "Nunca habíamos visto algo así. Es como un triángulo perfecto."

Dicen que estas diferencias son las que los llevaron al éxito. Gebbia lo explica así: "Uno solo no habría logrado esto. Dos tampoco.

Pero la mezcla de lo que aportamos Nate, Brian y yo nos hizo perseverar a través de todos los retos que aparecieron en nuestro camino en los últimos años." Los inversionistas de Airbnb por lo general señalan al equipo fundador, en especial a la combinación de los tres, como uno de los factores clave que ayudaron a respaldar la compañía. Chip Conley hace una analogía popular para esto: "Es como los Beatles. Los cuatro grabaron discos de forma individual, pero nunca fueron tan buenos como cuando estaban juntos."

"No destruyas la cultura"

La cultura de la compañía podría ser un personaje individual en cualquier historia sobre Airbnb. Es una fijación común entre las *startups* de Silicon Valley. Desde que salieron del programa Y Combinator, la cultura fue un enfoque obsesivo de los tres fundadores. Pero para Chesky no tuvo éxito de verdad hasta 2012, después de que la compañía cerró su Serie-C de financiamiento, una ronda de 200 millones dirigida por el Founders Fund de Peter Thiel. El trío de Airbnb invitó a Thiel a la oficina y Chesky le pidió un consejo. Él sólo respondió: "No destruyas la cultura." Dijo que ésta era una de las razones por las que había invertido, pero que, cuando la compañía pasara cierto tamaño, sería casi inevitable que se arruinara. Chesky adoptó esto como un desafío y desde entonces tiene una especie de enfoque maniático sobre la cultura de Airbnb. "Si destruyes la cultura, arruinas la máquina que hace tu producto", escribió en un blog sobre el tema. Entre más fuerte sea la cultura, más confianza tendrán los empleados para hacer lo correcto y menos necesidad de que les impongas reglas formales y procesos. Y entre menos procesos haya y más suave sea la supervisión, mejores serán las condiciones para la innovación.

Según Chesky, la forma de no destruir la cultura de una empresa es doble: convertirla en una prioridad y (obvio) diseñarla. Esto ha sido un área de enfoque muy grande para Airbnb. Por eso Chesky se paró en el escenario en la reunión de toda la compañía y les dijo a los trabajadores que lo que matará a Airbnb no serían los reguladores, la competencia ni nada por el estilo, sino perder su habilidad de estar "locos"; por eso escribe de manera obsesiva correos electrónicos los domingos en la noche y por eso entrevistó, de manera personal, a cada uno de los candidatos hasta que la compañía estuvo formada por más de 300 personas.

El lugar de trabajo de Airbnb es un pilar importante para esa cultura. En 2013 la compañía se mudó a las oficinas centrales que ocupa en la actualidad, un espacio de 250 mil metros cuadrados en los cinco pisos de una antigua fábrica de baterías en el vecindario SoMa de San Francisco. Dependiendo de con quién hables, las oficinas son una obra de arte o casi un santuario (como lo describió una persona cercana a la compañía). La mayoría de las salas de conferencias (más de dos docenas) es una réplica exacta, hasta el último tapiz y recuerdo, de los alojamientos de Airbnb alrededor del mundo. Está la sala del departamento de la calle Rausch, el famoso domo de Mushroom Dome en Aptos, California, y la edición reciente es un salón vienés con una pianola que empieza a tocar cuando mueves un libro secreto de uno de los estantes ("sólo invertimos en las necesidades", dice Chesky con ironía cuando nos sentamos en esta sala para una reunión y se entera del libro secreto por primera vez).

Hay alacenas y minicocinas en cada piso que guardan café, otras bebidas y botanas de algas sin nueces. Existe el Eatrium (Alimentarium), un oasis donde encuentras toda la comida que esperarías en una compañía de Silicon Valley valuada en miles de millones de dólares. Además, tienen innovaciones como una fila de 48 grifos plateados que sirven agua mineral, vino, cerveza, kombucha y Redbnb (un Red Bull artesanal hecho de jamaica, té verde y yerba mate).

El colectivo de empleados de Airbnb se llama "Airfamilia" o, de manera más corta, "Airfam", y tiene muchos eventos y beneficios especiales. Éstos incluyen sesiones de "Air Shares", donde los empleados comparten y aprenden habilidades como fotografía, técnica *tie-dye* para pintar y demás. Hay un programa de Toastmasters y un grupo de atención plena. En Airbnb se disfrazan mucho, ya sea para el concurso de Halloween, los días de Mad Men o la fiesta anual del Oktoberfest donde Blecharczyk usa unos tradicionales shorts de cuero llamados *lederhosen*. Muchas de estas actividades se replican en las oficinas de todo el mundo.

Y otra vez aparece el idealismo. Empleados de todas las disciplinas, desde planeación financiera hasta gestión de proyectos, usan la misión de "pertenecer" de manera espontánea. En fechas recientes el director de comunidad global, Douglas Atkin, desarrolló una versión del "viaje de transformación para pertenecer a cualquier lugar" (la metamorfosis de Airbnb destinada a sus huéspedes) que se aplica a su cultura interna, llamándola el "viaje de transformación para pertenecer *aquí*". El objetivo es el mismo: llegas como un extraño, te editas, eres bienvenido, te sientes en un espacio seguro y puedes ser tú. Como le dijo una empleada a Atkin en Portland: "Aquí puedo ser yo de forma entera, no semidescremada."

Parece exagerado (la forma llena de grasa de exagerado), pero la mayoría de la gente lo cree. "Airbnb sacó lo mejor de mí y una parte que ni sabía que existía", afirma el VP de producto Joe Zadeh. El VP de ingeniería Curtis comenta: "Todos mis trabajos anteriores me guiaron a éste." Jonathan Golden, el primer gerente de producto en la compañía, veterano de Dropbox y HubSpot, que laboró en finanzas antes de esto, dice que Airbnb es "la cultura más expansiva e iterativa en la que he estado. Siempre aparece la pregunta ¿por qué no?" También asegura que es, "por mucho, la cultura más colaborativa en la que he trabajado". La parte negativa, según Golden, es que no es tan eficiente (muchas personas se involucran en correos electrónicos y reuniones porque todo el mundo está muy comunicado), aunque piensa que la apertura provoca que la gente aspire a hacer más.

"Yo creo que echan algo en el aire —dice Jeff Jordan de Andreessen Horowitz—. ¿Cómo construyes una cultura completa donde todos creen que están cambiando el mundo?" En 2016 la compañía estuvo en el lugar número 1 de los premios Glassdoor's Employee's Choice Awards, superando a Google, Facebook, Twitter, Salesforce y otros.

Este tipo de ambiente ayuda a suavizar las cosas cuando hay casi desastres internos como el que le ocurrió a Mike Curtis una tarde a principios de 2015. Por accidente, uno de los ingenieros de la compañía metió un comando erróneo en una consola y, con un "aceptar" del teclado, borró casi toda la base de datos de Airbnb "de un solo golpe", dice Curtis. Mucho del potencial futuro estaba en el enorme banco de información que se había acumulado sobre la manera en que la gente viaja alrededor del mundo. Y en un instante… se había ido.

"Fue una masiva, enorme pérdida de datos", dice Curtis. Fue como la botella de tequila sobre la tecla "borrar" en el famoso episodio de la serie *Silicon Valley* de HBO, sólo que más grande, real, peor y tecleado por un ingeniero (una de las estrellas, por cierto). "Sudaba sangre", recuerda Curtis. Después de trabajar 24 horas diarias, durante los siguientes días, un pequeño equipo descubrió una solución y, al final, lograron recuperar todo, un proceso que duró dos semanas (pero antes de eso tuvieron muchas horas de total incertidumbre). "Fue un día aterrador", afirma Curtis y explica que la reacción de Chesky fue darle el espacio que necesitaba para encontrar la solución: "Pudo ponerse como loco… pero no lo hizo." El resto del equipo apoyó al ingeniero culpable (quien, por cierto, todavía trabaja en la compañía) y le hizo una playera con el comando correcto que sigue colgada en el departamento.

Claro, también hay problemas. Los mismos elementos de la cultura de Airbnb que la hacen tan sensible y cercana entre sí provocan la no confrontación, lo que llevó al elefante blanco/pez muerto/vómito de Gebbia. Es un ambiente de mucho trabajo duro y Chesky puede ser muy demandante. Cuando el grupo encargado de la entrada de Airbnb a Cuba trabajó de manera incansable para reclutar anfitriones e identificar 500 alojamientos en cuestión de semanas, los miembros del equipo presentaron los resultados a su CEO, quien les dijo que estaba maravilloso, pero quería que duplicaran los resultados a mil alojamientos en tres semanas. Hace algunos años, cuando la empresa creció más rápido de lo esperado, Zadeh dijo: "Me maté trabajando", y terminó con neumonía.

Conforme Airbnb crecía, contrató nuevos empleados y ejecutivos de alto nivel que no siempre mostraban los mismos valores que sus primeros trabajadores, muchos de los cuales todavía se identifican con las raíces de la compañía. En aquellos días los empleados casi siempre tenían que describirles a sus amigos qué era Airbnb, la gente nunca lo había escuchado y esto jugó un papel importante en las primeras personas que se unieron. Pero con los años, como la compañía se volvió muy grande, empezó a atraer a más gente con MBA y estudios que se unían sólo porque se había convertido en algo exitoso y veían oportunidades para subirse a un cohete y construir sus carreras. Las encuestas Glassdoor tienen secciones de "pros" y "contras"; una queja frecuente del lado de los contras fue que había nuevos gerentes que no tenían experiencia y que la cultura de la compañía no se extendió a todos los equipos. Un empleado escribió: "Existe la gente tóxica." Otros contras fueron que no había un sistema de pensiones y que la comida no se podía llevar a casa.

Chesky piensa que asegurar que la compañía siga siendo transparente mientras se ajusta a su nuevo sitio ayudará a escalar su cultura. Implementando una idea que sacó de Stanley McChrystal para mejorar la comunicación de arriba abajo de la organización, la compañía instituyó la nueva convocatoria semanal para miembros ejecutivos del personal, más cada uno de sus subordinados directos (alrededor de 100 personas).

Al escribir este libro, los fundadores estaban trabajando juntos en un nuevo esfuerzo, dirigidos por Douglas Atkin, para renovar los estatutos sagrados de la Airbnb, los seis valores fundamentales que instituyeron en 2013. (Entre ellos: "Ser un anfitrión", "Luchar por la misión", "Abrazar la aventura" y "Ser un emprendedor 'cereal'.") Estos principios funcionaron bien mientras la compañía era pequeña, pero con el tiempo se volvió claro que eran demasiados, algunos estaban en conflicto con otros y eran muy "lindos y enigmáticos", dice Atkin. Peor, algunos empleados los usaban en su beneficio; por ejemplo, si alguien no estaba de acuerdo con la sugerencia de un empleado o empleada, éste lo acusaba de no "abrazar la aventura".

Trabando durante meses, Atkin y los fundadores ("los chicos", como él los llama) redujeron los valores a tres, los cuales todavía no están terminados en este momento, pero se están fusionando en torno a ser "anfitrionoso" o empático, forjar el camino propio y ser poco convencional y (sorpresa) poner la misión ante todo. Atkin planea el día del relanzamiento, cuando los empleados serán "sumergidos en los valores fundamentales como una bolsita de té" y les quedarán inculcados por completo. Me dijo que la próxima One Airbnb, la reunión de todos los empleados, será el "clímax del proceso de introducción".

También se está trabajando en otro aspecto de su cultura: Airbnb es demasiado blanca (igual que muchas empresas de Silicon Valley). Éste es un problema de todas las compañías de tecnología, pero además Airbnb tiene el conflicto del comportamiento de discriminación por parte de los anfitriones en su plataforma. Muchas personas (incluyendo los fundadores, tres hombres blancos) dicen que la falta de diversidad es una de las razones por las que fracasaron en anticipar que su plataforma podría permitir tal comportamiento.

En el verano de 2016, cuando Chesky y Belinda Johnson aparecieron juntos en el escenario de la conferencia Brainstorm Tech de la revista *Fortune*, la última pregunta de la audiencia vino de Kimberly Bryant, la fundadora de la organización sin fines de lucro Black Girls Code: "Me pregunto, ¿no se dan cuenta de que algunos de los problemas en el diseño del producto [se] deben a que no es un diseño inclusivo? Quizá es porque sólo 2% de la gente que trabaja en Airbnb es de raza negra, 3% hispanos, y si vamos más a fondo, en los puestos de tecnología sólo es 1%." La sala se quedó en silencio. "Así que, aunque aprecio los esfuerzos por rediseñar la compañía, en verdad los reto a observar cuál es la conformación de sus empleados."[4] Según el informe de diversidad más reciente de Airbnb, los porcentajes de empleados son los siguientes: 2.9 negros, 6.5 hispanos o latinos y 57 varones. Estas cifras colocan a Airbnb por encima de Facebook (porcentajes: 2 negros, 4 hispanos y 67 hombres) y Google (porcentajes: 2 negros, 3 hispanos y 69 hombres). Pero las cifras de Airbnb para empleados negros, hispanos o latinos y mujeres bajaron un poco desde el año pasado (aunque aumentó el porcentaje de mujeres en puestos ejecutivos). La compañía reconoció este problema y trabaja en él: tiene una nueva dirección de diversidad, el objetivo de aumentar el porcentaje de minorías subrepresentadas entre sus empleados de base estadounidenses de 10 a 11% y un conjunto de políticas nuevas para contratar (por ejemplo, que todos los grupos de candidatos para los puestos de nivel superior incluyan mujeres y minorías subrepresentadas). "Debemos hacerlo mejor", dijo Chesky.

Al momento de escribir este libro, Chesky, Gebbia y Blecharczyk tenían un nuevo reto: hacer que Airbnb, una compañía de un producto, se convierta en una de varios productos. Estaban preparando el lanzamiento del siguiente capítulo en la historia de su compañía, la entrada al mercado de las otras partes del viaje, más allá de los alojamientos. Fue un proyecto que tardó dos años en prepararse y, como veremos, un despegue significativo. En Stanford, en el curso "Blitzscaling" de Reid Hoffman, Chesky le dijo a la audiencia: "Sé cómo empezar un producto; de hecho, ya lo hice. Pero ¿cómo empiezas un producto nuevo dentro de un negocio ya exitoso?"[5]

Chesky supuso que sería como la primera vez, pero descubrió que era mucho más complicado: quizá tienes más fondos y más recursos, pero la gente no entiende por qué la presionas para hacer algo más; quiere seguir enfocada en su misión original. "Pasar una compañía de un solo producto a una dual… es un cambio grande", dijo Chesky. Para ayudarla, acudió a una "fuente" nueva: Geoffrey Moore, un consultor de gestión con una especialidad particular en ayudar a ejecutivos a hacer crecer compañías de un producto y convertirlas en compañías multiproductos.

Pero en la mente de Chesky la expansión también fue crítica para el futuro de Airbnb. La mayoría de las compañías de tecnología que eran muy grandes, señaló, tenían más de un producto. Apple primero tuvo computadoras, después teléfonos y luego el reloj. Amazon empezó con libros, luego todo lo demás. "Pienso que todas las compañías duraderas deben hacer eso —dice—. Porque si eres una compañía de tecnología, no puedes confiar en que seguirás vendiendo tu invento original durante muchos años."

Ahora, Airbnb empezará a vender el resto del viaje.

8

¿Qué sigue?

Al momento de escribir este libro, la compañía finalizaba los últimos detalles de sus planes para el Open de Airbnb, el festival de tres días que organiza para sus anfitriones cada año, para reunirse y convivir con sus tropas, empaparlos en la misión de la compañía y rociar con polvo de hadas de "pertenencia" a miles de sus discípulos más apasionados. Es una mezcla a pequeña escala de Woodstock, una conferencia TED y la Reunión Anual de Berkshire Hathaway para el mundo de la economía colaborativa. Es un espectáculo de hospitalidad y una oportunidad para que la compañía predique, instruya y rinda homenaje a sus seguidores más fervientes. El evento de 2016 será en Los Ángeles, a mediados de noviembre. Cualquier persona registrada como anfitrión en Airbnb recibe una invitación, pero el evento, por lo general, atrae a unos cinco mil de los miembros más involucrados en la comunidad. Los participantes llegan de todo el mundo pagando sus gastos, es decir: vuelos, alojamiento (en Airbnb, claro) y entradas que van desde los 25 dólares por cada evento hasta los 300 dólares por el paquete completo. En 2016 los huéspedes también estarán invitados y siempre hay unos cuantos inversionistas, miembros de la junta, amigos y parientes de los fundadores, pero el Open de Airbnb en realidad es para los anfitriones. Los críticos pueden decir que es la ejecución magistral de un festejo de la compañía para su grupo de accionistas más importante, envuelto en la confortable calidez de la hospitalidad, y no se equivocan. Airbnb usa su megáfono en el Open para promover la movilización de la audiencia con el fin de apoyar cambios en las leyes de todo el país y transmitir sus principios de hospitalidad a las personas que son responsables de ejecutarlos.

Pero este año el Open será más grande que nunca. Será el foro para introducir la tan planeada Airbnb 2.0, una "nueva" dirección que marcará el segundo acto en la joven vida de la compañía disruptiva y controvertida. (También será el primer Open desde el evento de 2015 en París, interrumpido por ataques terroristas.) Los oradores programados incluyen a Gwyneth Paltrow, Ashton Kutcher, la autora de *Comer, rezar y amar*, Elizabeth Gilbert, el productor de cine Brian Grazer *(Una mente maravillosa),* el chef y empresario Danny Meyer y una variedad de otros personajes reconocidos. Las pláticas y reuniones se distribuirán en diferentes sitios del centro de Los Ángeles y uno de los momentos destacados serán los Premios Bélo, los Oscares anuales para anfitriones de la compañía (llamados así por el logo "Bélo") presentados por el comediante James Corden.

Durante meses, quienes observaban de cerca dedujeron que algo nuevo se cocinaba. Varios meses antes, en un evento de lanzamiento de la campaña "Vive como un local", Chesky aseguró que la nueva aplicación de la compañía ayudaría a la comunidad de usuarios a escapar del masivo turismo moderno, sin vida y vacío. Al terminar sus comentarios dijo de forma bromista: "Entonces la pregunta es ¿y si Airbnb *en verdad* fuera más allá del alojamiento?", cerró con un "nos vemos en noviembre" y soltó el micrófono con estilo. Poco después, invitaron a los viajeros de algunos mercados clave a hacer una prueba beta de un nuevo programa llamado de forma tentativa City Host (Anfitriones de la Ciudad), una colección de excursiones de varios días con gente local, disponible para los huéspedes en ciertas ciudades.

El Open de Airbnb en Los Ángeles marcaría el anuncio del proyecto, llamado en clave Magical Trips (Viajes Mágicos), que se planeaba lanzar sólo como Trips (Viajes), en el que Airbnb trabajó desde finales de 2014. Para este momento, si fuera por Airbnb, ya habrían hablado mucho sobre el nuevo negocio. Pero como adelanto previo al evento de noviembre Chesky me mostró un demo. Aún no estaba terminado (la compañía todavía hizo muchos cambios después de que charlamos), pero marcaría el lanzamiento de una nueva categoría de productos, servicios y experiencias de viajes, todo empacado en una nueva aplicación que albergaría tanto al "viejo" como al "nuevo" Airbnb.

Al momento de escribir este libro el elemento más significativo de la expansión era el nuevo negocio de City Host, al que se le cambió el nombre por Experiencias y que se pensó como actividades fuera del circuito de turismo, que los viajeros no pueden hacer de otra manera. Personas locales ofrecen las actividades con curaduría y aprobación de Airbnb, y está diseñado para aprovechar la experiencia y la personalidad únicas de quienes las ofrecen. En el lanzamiento beta, las opciones incluyeron "Viktoria, la perfumista", una "nariz" profesional que ofrece un *tour* por las casas de perfumes escondidas de París, y "Willy, corredor de élite", que brinda una estancia de cuatro días en un centro de entrenamiento donde viven y entrenan los corredores de élite de Kenia. En Miami un acróbata de fuego experto te introduce en el arte de "controlar el fuego". En Italia puedes ir a buscar trufas con un cazador profesional de tercera generación. Y más.

Por la manera en que iban a organizarse las cosas, estas experiencias costarían alrededor de 200 dólares, incluirían tres o cuatro actividades diferentes distribuidas en unos cuantos días y se ofrecerían a varias personas a la vez, de manera que podrías llegar a tu cacería de trufas y encontrarte a otros usuarios entusiastas de Airbnb con mentalidad y gustos parecidos a los tuyos. Los anfitriones recibirían 80% de la tarifa, los huéspedes tendrán una experiencia única que contar a sus amigos al volver a casa y, si todo sale como Chesky espera, de nuevo comenzará una expansión viral de Airbnb. También hay planes para un mercado paralelo más pequeño de experiencias a la carta, como surfeo o escalada, que los usuarios pueden aprovechar cuando viajen o en sus ciudades de origen.

La idea general no es nueva: en los últimos años emergió una pequeña industria de *startups* que ofrecen experiencias entre pares, pero ninguna floreció. Según Chesky, esto se debe a que la calidad no es muy buena y las actividades son demasiado turísticas, no exclusivas. Además ninguna tiene una plataforma integrada por millones de usuarios comprometidos. Las opciones de Airbnb están pensadas para ser excursiones únicas, hiperlocales, que permitan ver un segmento pequeño, un conocimiento o un área. Chesky dice: "Son inmersiones locales, profundas, en el mundo de alguien. Creemos que es algo único que no existe hoy en día."

Estas cosas sólo serán una parte del lanzamiento: otras áreas de enfoque incluyen una nueva incursión hacia el mundo de los eventos, una herramienta para que los huéspedes reserven boletos tanto para espectáculos grandes en la ciudad como para una colección de conciertos espontáneos exclusivos de Airbnb, fiestas y demás en las salas de los anfitriones de Airbnb o en el bar de la esquina. Y un ascenso de categoría que ofrece acceso a las guías de turistas e incluye recomendaciones locales de *influencers* y sugerencias de los anfitriones con la ubicación en el mapa. Habrá un "itinerario inteligente", un tipo de calendario digital para reunir todas estas nuevas reservaciones que Airbnb espera que hagan sus huéspedes. Otra sección de la aplicación proveerá servicios usuales como renta de equipo, tarjetas SIM, conectividad y demás. La compañía también quiere entrar con fuerza al contenido de viajes, porque, como dice Chesky: "Es la parte más alta del embudo de ventas." Todas las cosas nuevas se podrán navegar en internet, pero las reservaciones sólo se harán en dispositivos móviles y todos estos elementos se presentarán con más énfasis en los videos que en las fotos. "Creemos que los viajes en el futuro se venderán mediante videos y experiencias inmersivas."

Chesky espera que estas nuevas opciones pondrán al turismo convencional de cabeza de la misma manera en que sus casas en renta trastornaron la hospitalidad. Cuando Chesky quiere describir algo que considera una innovación del siguiente nivel, usa la frase: "Lo que le *sigue*". La nueva herramienta de guías es "lo que les *sigue* a las guías de turistas". La nueva verificación con identificación pronto será "lo que le *sigue* a la verificación con identificación". La economía colaborativa es "lo que le *sigue* a la producción en masa". "Espero que al final de este lanzamiento todo lo que sabías sobre viajes se vea diferente —dice—. Puede que aún lo llames 'viaje', quizá todavía digas 'viajar', pero hará que todo lo que hiciste antes se vea muy diferente."

De muchas maneras, su plan es una extensión lógica del negocio central de la compañía. Replica su enfoque de "vivir como un local", la perspectiva "antiguía turística" que Airbnb adoptó en los últimos años. Durante el proceso de iteración, la compañía eligió a un turista llamado Ricardo en el barrio Fisherman's Wharf y lo siguió con un fotógrafo durante unos cuantos días, documentando su visita a la isla de Alcatraz, sus esfuerzos por ver entre la bruma que cubre el puente Golden Gate y su almuerzo en Bubba Gump Shrimp Company. Airbnb contabilizó sus recibos y encontró que la mayor parte de sus gastos los hizo en cadenas de franquicias que tienen sucursales en otras ciudades. El equipo de Magical Trips rediseñó lo que podría ser el viaje perfecto para ese mismo turista, lanzándolo a una cena ambientada en la década de 1920, mandándolo a un *tour* caminando por el barrio Bernal Heights de la ciudad con un guía local y dándole instrucciones para que acudiera a una rodada "misteriosa" espontánea a medianoche, donde 60 ciclistas decoraron sus bicicletas con luces neón y rodaron por toda la ciudad hasta las dos o tres de la mañana. "En este momento, los viajes se orientan a ser algo extraño y tener acceso limitado a espacios públicos —dice Chesky—. En cambio, esto se tratará de ser un local y sumergirse en una comunidad. Y ése es un cambio profundo."

Más allá de las experiencias de viajes, los eventos y las guías, también señalan un esfuerzo por lograr que los clientes usen Airbnb en sus ciudades de origen. "Será el inicio de convertir Airbnb en una parte integral de tu vida cotidiana. De cierta manera, no es sólo una nueva forma de viajar sino de vivir", dice Chesky. La nueva iniciativa se llama Trips, pero espera que un día la compañía elimine esa distinción y que todos los productos y servicios que ofrezca en su plataforma se conozcan simplemente como Airbnb. Comenta que, al final, puede que rentar casas represente menos de la mitad de los ingresos de la compañía.

El argumento de negocios para involucrarse en estas nuevas iniciativas es que, si Airbnb ofrece una variedad de experiencias a lo largo de un viaje, puede capturar ingresos adicionales de todas esas actividades (incluso en nuestra propia ciudad). Lo más importante es profundizar su relación con el cliente de manera significativa. Las nuevas opciones también harán la plataforma más grande, pero siempre replicando la misión de la marca de ofrecer experiencias únicas y reunir a personas normales. "Hacemos esto porque creemos que Trips es el final del juego —dice Chesky—. Es más o menos donde tenemos el corazón puesto."

Todo esto asumiendo que la nueva iniciativa funcione. Con todo lo mágica e inventiva que es, puede que pedirle a alguien que dedique la mayor parte de su escapada de fin de semana a una actividad dirigida por alguien más, con otros extraños pegados a los talones y que paguen algunos cientos de dólares por ello sea demasiado. Airbnb está poniendo su toque particular a los viajes, pero está entrando en un mercado concurrido, enfrentándose a una variedad de jugadores existentes a lo largo de todo el espectro: operadores de *tours* tradicionales, Yelp, Foursquare, TripAdvisor, incluso Lonely Planet y Condé Nast Traveler al mismo tiempo. Cuando Airbnb prendió fuego a su camino disruptivo en el alojamiento compartido fue por accidente, haciendo algo que resultó maravilloso, gigante y viral de manera inesperada. Con este lanzamiento intenta lo opuesto: es una idea concebida, fabricada, probada y ajustada por el equipo de especialistas de Airbnb antes de su introducción al mercado de manera formal. Quizá el éxito no sea tan sencillo como la primera vez. Provoca una pregunta interesante: ¿es posible planear y diseñar de manera estratégica las verdaderas disrupciones o éstas son más poderosas cuando ocurren por accidente?

Ésta también es una incursión significativa y nueva para una compañía cuyo negocio central sigue creciendo muy rápido. Pero

Chesky está ansioso por dar un giro desde hace tiempo. Él y los fundadores están conscientes de que los gigantes de la tecnología que una vez fueron poderosos y se apegaron demasiado a su negocio central se volvieron irrelevantes con el paso del tiempo (BlackBerry, Blockbuster, TiVo... los anales de la historia de la tecnología están llenos de esos ejemplos). Chesky estudió algunas de las compañías tecnológicas grandes y duraderas, como Google, Apple y Amazon y llegó a dos conclusiones: la supervivencia de una compañía tecnológica depende de su disposición a expandirse a nuevas categorías y el CEO debe tener la disciplina para poner los negocios nuevos por delante del negocio existente y encargarse del nuevo proyecto de manera personal y directa. Durante cerca de dos años Magical Trips fue la tarea principal de Chesky y consumió entre una tercera parte y la mitad de su tiempo.

Para resolver cómo daría Airbnb este salto, Chesky se inspiró en compañías que hicieron algo similar y tuvieron éxito (Disney en particular). Modeló el proceso operativo para Magical Trips a partir de la creación de Walt Elias Disney Enterprises, WED, la compañía independiente que se formó en la década de 1950 para crear Disneylandia (y que al final fue adquirida por la empresa que la engendró y renombrada Walt Disney Imagineering). "Nadie vio venir a Disneylandia —dice Chesky—. Disneylandia salvó a la compañía en la década de 1980. No habría Disney sin Disneylandia." Se reunió con el CEO Bob Iger, con Jay Rasulo, el antiguo CEO que después dirigió todos sus parques temáticos, y con el ex presidente de los parques temáticos y resorts Paul Pressler (que después fue CEO de Gap Inc.). "Este producto fue diseñado a partir de los principios de Disneylandia", afirma Chesky. También se reunió con sus fuentes de otras compañías: Jony Ive, de Apple, y quizá el mejor modelo de lo que Chesky trata de hacer, aunque sólo sea como aspiración, Jeff Bezos, que convirtió a Amazon de una librería en internet en un megaminorista.

También recibió algunos consejos de Elon Musk de Tesla. Musk le advirtió de los riesgos de convertirse en una compañía que se vuelve tan grande que entra a lo que él llama la "era de administración": una fase de 10 o 20% de crecimiento con la que la compañía se conforma después de la "era de creación" y de la "era de construcción" y que indica la madurez del negocio. "Airbnb nunca estará en la era de administración —promete Chesky—. Siempre estará en la era de construcción. Siempre estará en un ciclo de fase 1, fase 2. Y por eso vamos a presentar varias cosas en noviembre y luego muchas más después de eso."

"Este lanzamiento significará algo muy diferente para Airbnb", dice.

También hay otra cosa muy diferente que viene pronto para Airbnb: una OPV (oferta pública de venta). Al momento de escribir este libro, la compañía aún niega que una OPV esté en el horizonte cercano. En la primavera de 2016 Chesky le dijo a Bloomberg West que no tenía planes de entrar a la bolsa en los siguientes dos años y que no necesitaba capital. En otoño, cuando se lo pregunté, respondió que una OPV no estaba en los planes del futuro próximo. Asegura que la compañía tiene suficiente dinero: al momento de escribir este libro, había recaudado cuatro mil millones de dólares (incluyendo 555 millones en septiembre de 2016) e implementó acciones específicas para eliminar la presión de entrar a la bolsa, tomó un préstamo de mil millones para financiar sus deudas e incluyó una oferta secundaria de 200 millones en su última ronda de recaudación de fondos para proveer liquidez a sus empleados más antiguos. Chesky reiteró que los inversionistas de Airbnb son pacientes. Muchos invirtieron al inicio y ya han obtenido beneficios significativos (desde que hizo su primera inversión, en 2009, Sequoia participó en todas las rondas de recaudación de fondos, excepto en la última, y eso porque la compañía quería concentrarse en inversionistas estratégicos. Su 15% vale más o menos cuatro mil 500 millones al día de hoy). Aunque quisiera entrar a la bolsa, Airbnb necesita que sus asuntos legislativos y regulatorios en Nueva York y San Francisco se resuelvan.

Pero sin importar cuándo suceda, al final la compañía llegará a una OPV. En 2015 contrató como CEO a Laurence Tosi, antiguo CEO de Blackstone Group, una firma de capital privado.

Chesky dice que tiene menos presión de sus inversionistas para entrar a los mercados públicos de lo que la gente piensa, porque la compañía está controlada por los fundadores y elige con cuidado a los inversionistas que comparten la visión de ellos tres. "Al final del día tú eliges a quién escuchas y qué tan valiente serás. Construir el tipo de compañía que queremos depende de nosotros. Hay riesgos involucrados." Dice que durante las reuniones con los inversionistas en la ronda más grande, en 2015, pasó 90 minutos explicando la cultura y la visión de Airbnb y su compromiso con un horizonte a largo plazo. "Un grupo de gente lo rechazó —dice—. No era el tipo de compañía que quería. Deseaban saber que entraríamos a la bolsa en un par de años. No pude darles esa perspectiva." Confiesa que hace muchas cosas que en realidad bajarán la velocidad de Airbnb, como gastar buena parte de 2016 en rediseñar sus aplicaciones móviles, en lugar de optimizar su sitio web, e incubar el proyecto Magical Trips durante dos años con una inversión considerable.

Chesky explica, citando una teoría que aprendió de Reid Hoffman, que quiere que Airbnb se convierta en una compañía tecnológica de "Grado 1" (una compañía cuyo valor de mercado sea de varios cientos de miles de millones de dólares, como Apple, Google, Facebook y Amazon) en vez de una compañía de "Grado 2" (las valuadas en 10 000 a 80 000 millones, como es Airbnb en la actualidad). "Creo que es difícil ser un 2" en el mercado público. "Debes crecer al Grado 1." Así que quiere escalar lo suficiente como para convertirse en ese tipo de empresa. "Creo que casi todos nuestros inversionistas dirán que mis ambiciones son bastante mayores que las suyas." Los inversionistas que están familiarizados con Airbnb dicen que tiene objetivos a 10 años para convertirse en la primera compañía de viajes en internet que tenga un valor de mercado de 100 mil millones de dólares.

Pero los inversionistas de riesgo y los mercados públicos son animales diferentes, los segundos se preocuparán mucho más por la habilidad de la compañía para mantener sus niveles altos de crecimiento y tal vez no quieran pensar en ciclos de 10 años. También es probable que se preocupen más por los riesgos regulatorios, que a sus inversionistas de riesgo les preocupan mucho menos. Otros conflictos incluyen la competencia: aunque Airbnb es dominante, HomeAway tiene más de 1.2 millones de alojamientos y un nuevo dueño con bolsillos grandes: Expedia. En 2015 HomeAway anunció que entraría a los mercados urbanos (el segmento de Airbnb) con su nueva Cities Initiative, que incluirá una colección de guías de la ciudad con recomendaciones locales. "Airbnb ayudó a crear el mercado del alojamiento alternativo, pero eso no quiere decir que ellos ganen la mayor economía de ese mercado", dice el analista de RBC Capital Markets, Mark Mahaney. "Priceline y Expedia son dos operadores muy buenos y ya tienen muchísimo tráfico."

Pero el consenso general es que hay mucho espacio para Airbnb. Incluso con todo lo que creció, la compañía aún tiene que incrementar su difusión entre el público general. Las encuestas de firmas de investigación como Cowen y Goldman Sachs encontraron que menos de la mitad de los participantes saben de Airbnb.[1] Cowen encontró que menos de 10% la ha usado y esto sugiere que Airbnb podría duplicar o triplicar su tamaño sólo con la difusión de la marca. La firma también descubrió que entre los que conocen Airbnb, pero nunca la han usado, más de 80% estaría dispuesto a probarlo y 66% dijo que planeaba hacerlo el próximo año. "Esperamos que Airbnb se vuelva mucho más grande de lo que es ahora y que se convierta en uno de los dos o tres jugadores más grandes en la industria del alojamiento a nivel global", dijeron los investigadores de Cowen. Además, hay oportunidades significativas en China, ya sean los viajeros domésticos o los que salen de su país, un grupo que en 2015 creció 700% en Airbnb. Las ciudades más pequeñas de Estados Unidos y los mercados de vacaciones también son áreas de crecimiento importantes. "Es evidente que todas las compañías alcanzan algún punto de saturación —dice Reid Hoffman—. Y rentar el departamento de otra persona no es para cualquiera. Pero en términos numéricos podría crecer varios órdenes de magnitud respecto al tamaño actual."

Ese punto de saturación aún está lejos: al momento de escribir este libro, se decía que la empresa añadirá 1.4 millones de huéspedes y 45 mil ubicaciones por semana. Se proyectaba que su cifra de 140 millones de huéspedes totales a finales de 2016 alcanzaría los 160 millones para febrero de 2017 y que rebasaría esa cantidad poco después. Airbnb no publica sus finanzas, pero las estimaciones de los inversionistas colocan las ganancias en mil 600 millones en 2016, con los ingresos antes de intereses, impuestos, depreciación y amortización (EBITDA, por sus siglas en inglés) en 156 millones. Para 2017 las estimaciones son dos mil 800 millones y con EBITDA 450 millones. Y para 2020 hasta de ocho mil 500 millones en ganancias y tres mil 500 millones con EBITDA.

Los inversionistas siguen involucrados en Airbnb por la combinación de estas cifras, su eficiente modelo de negocios, la ventaja que tiene en una categoría con barreras de entrada altas, su fuerte equipo administrativo, sus fundadores y el tamaño de la industria de los viajes (7.2 millones de millones). "Lo que hace [a Airbnb] interesante en la actualidad es que quizá son los más exitosos de toda la cosecha", dice Maz Wolff, estratega de mercado de 55 Capital Partners. Afirma que la compañía "es más inteligente y madura [que algunos de sus hermanos tecnológicos] y tiene potencial para ser un transformador absoluto y arrasar en la hospitalidad".

¿LA ECONOMÍA "COLABORATIVA DE ACCIONES"?

Hay un grupo de personas fuera de Wall Street que estará al pendiente del momento en que Airbnb decida entrar a los mercados públicos: los anfitriones de Airbnb. No hay duda de que muchos de los millones de anfitriones verán la ocasión como una victoria y un parteaguas importante para la compañía que les ha dado un ingreso constante. Pero algunos empiezan a sentir que también les corresponde tener acciones. Después de todo, ayudaron a construir el negocio y controlan el producto y la experiencia que hace posible que la plataforma exista.

Hans Penz y su esposa rentan dos habitaciones de su casa en Staten Island, Nueva York. Penz, de 38 años, es panadero y al principio comenzó a recibir huéspedes para reunir dinero y hacer crecer su negocio. Ahora la pareja lo hace porque le gusta tener un ingreso extra y recibir personas de todo el mundo. A Penz le encanta ser anfitrión y es una de esas personas que creen de forma genuina que Airbnb "hace que el mundo sea un lugar mejor". También siente que los anfitriones, o al menos los más involucrados, deberían poder comprar participaciones antes de la OPV. "Los anfitriones son la compañía", afirma. Él dice que ha hablado de esto con otros anfitriones y con la empresa. Dice que si fuera uno de los inversionistas actuales de la compañía, "en definitiva le preguntaría a la empresa cómo se asegurarán de que los anfitriones se queden con Airbnb y no decidan iniciar su propio negocio".

Cuando le pregunté a Chesky sobre este asunto, dijo que la compañía lo analizó y lo discutió de forma interna. Explica que es difícil darle acciones a un millón de personas en el mercado privado, donde cada inversionista debe tener acceso a las finanzas de la compañía. "No está libre de complicaciones." Este mismo tema surgió hace tiempo cuando eBay entró a la bolsa, pero al final esa compañía no les otorgó participaciones a sus vendedores. Hay muchos problemas potenciales con la idea; por ejemplo, los anfitriones podrían terminar insatisfechos si las acciones tienen un mal desempeño. Dicho esto, si Airbnb no encuentra una manera de recompensar a sus anfitriones, podría convertir el espectáculo y la celebración de una OPV en un momento de resentimiento potencial para una de las partes interesadas más importante de la compañía.

Preguntas más grandes son: ¿qué sucederá con el espíritu de la compañía si se convierte en una empresa pública? ¿Qué sucederá con la misión de "pertenecer"? ¿Qué sucederá con eso de cambiar el mundo? ¿Qué sucederá con lo de "la ONU en la mesa de la cocina"? ¿Puedes tener una misión social y ser un monstruo de Wall Street? Claro, muchos gigantes de la industria tecnológica dicen tener sus misiones. La de Facebook es "Hacer al mundo más abierto y conectado". La de Google es "No ser maligno", hasta que su nuevo padre, Alphabet, lo cambió a "Hacer lo correcto." Pero balancear una misión social y las expectativas de Wall Street es complicado.

"Me gustan mucho estos tipos… son genuinos", dice Jessi Hempel, directora editorial de la publicación de tecnología en internet *Backchannel*, sobre los fundadores de Airbnb. "Pero la mayor pregunta es si se trata de una compañía de internet que quiere escalar un proyecto. Si crees en una misión, abre una organización sin fines de lucro. Sé Wikipedia o Craigslist", dice, refiriéndose al modelo de Wikipedia y a lo que Craigslist llama su naturaleza no comercial de servicio público (es una empresa lucrativa pero no recibe inversiones de riesgo). El argumento de Hempel es que en el momento en que una compañía tecnológica acepta su primer dólar de capital de riesgo se vuelve rehén del deseo de sus inversionistas de maximizar sus ganancias. "El parámetro particular de las *startups* basadas en riesgo es que la demanda de crecimiento es tan importante que se antepone a todo", dice ella.

Chesky reconoce el conflicto. (Durante un momento fugaz en 2008, cuando no sabía nada del negocio, el mismo Chesky sintió que una organización sin fines de lucro era la dirección correcta.) Pero dice que, como compañía privada, sus fundadores la controlan y la administran: "Si controlas la junta directiva, la decisión es tuya." Ser una empresa pública es otro asunto por completo. "Creo que hay un problema que aún no resolvemos. El mandato de una compañía pública es actuar en el mejor interés de tus accionistas." Sus intereses pueden ser retornos a la inversión a corto plazo. "Es difícil de reconciliar." Destaca a los CEO con voluntades fuertes como Steve Jobs y Jeff Bezos: "No creo que Steve escuchara nunca a un inversionista. Y quizá Bezos pudo callarlos. Pero muchos CEO no lo han hecho."

Jeff Jordan, inversionista y miembro de la junta directiva de Airbnb, tiene una perspectiva más radical. "La gente piensa que es el diablo [volverse pública o recibir inversiones de riesgo], pero para construir una compañía duradera a largo plazo donde tu invento se perpetúe por grandes periodos, casi todas lo hacen —dice—. Google, Facebook, Alibaba son compañías que están cambiando el mundo. Si quieres construir algo que dure y controlar tu propio destino, volverse público es la manera de lograrlo."

Está claro que Airbnb creció muy rápido. Nadie la confundiría con una organización sin fines de lucro en la actualidad. Pero como cualquier compañía que alcanza ese tamaño, llega el momento de la reacción adversa, cuando sus usuarios iniciales comienzan a quejarse de que creció demasiado y perdió la esencia que la hacía tan especial en sus orígenes. Algunos de los primeros usuarios de Airbnb, que se enorgullecían de estar en la vanguardia de un nuevo paradigma y formar parte de un tipo de movimiento contracultural, no están contentos con que la plataforma de la compañía se haya vuelto tan grande y tan *mainstream*.

Rochelle Short, una anfitriona de Seattle, comenzó a usar el sitio en 2013, se convirtió en una Superhost y comenzó el popular blog *Letting People In* (*Dejar entrar a la gente*). Pero, como narró en un artículo en *The Verge*, dejó de recibir huéspedes en 2015 porque la gente que lo utiliza se volvió, desde su perspectiva, demasiado convencional. "Creo que la población comenzó a cambiar." En 2013 sentía que era un verdadero experimento social: "Pionero en un nuevo territorio, atraía gente de mente abierta, sencilla, que no se preocupaba si el espejo del baño tenía marcas." Dice que para 2016 la población "se convirtió en el turista ordinario que quiere la experiencia de un motel barato. No me gustan estos viajeros tanto como los de los inicios." Phil Morris, un anfitrión en Barcelona que creó la página web de anfitriones *Ourbnb*, expresó un sentimiento similar en una historia oral sobre Airbnb que los productores de *Get Paid for Your Pad* publicaron. "De cuando en cuando sentimos que el viejo Airbnb era mucho más divertido y atractivo", dice.

Chesky espera que la nueva incursión en los viajes ayude a traer de vuelta algo de esa sensación de experimentación social de los primeros usuarios. Afirma que el producto Trips ayudará a acercarse más a las raíces de la compañía. Al segmentar mejor su negocio, diferentes partes del sitio atraerán a distintos tipos de viajeros al mismo tiempo. Blecharczyk también siente que es una oportunidad para innovar: "¿Cómo nos aseguramos de tener la experiencia adecuada para los miembros iniciales (que aman la hospitalidad personal que un anfitrión ofrece) y también de atender a la persona que quiere tener una experiencia de lujo? Ése es el reto y la oportunidad." Pero la compañía aún tiene que resolver el problema sin parecer demasiado corporativa o convencional. El Open de Airbnb de 2016 tuvo a un "socio presentador" por primera vez, American Express, y también patrocinadores secundarios, incluyendo a Delta.

De hecho, el moverse a Trips puede sorprender a los críticos de Airbnb. Contradice el argumento de que la compañía busca en secreto a los clientes corporativos que gastan más dinero mientras se encamina a una OPV. No es una apropiación mala de más casas o propiedades comerciales. Chesky dice que si la compañía quisiera ser grande a cualquier precio, podría hacerlo con facilidad con la plataforma actual. "Tenemos una penetración tan baja en la vivienda y la hospitalidad que si sólo quisiéramos ser grandes, lo seríamos", afirma. En cambio, la expansión a los viajes de negocios es un movimiento que redobla el factor de ser "único" de Airbnb, al menos por ahora (aunque la compañía puede enfrentar un problema similar con los operadores de *tours* profesionales que busquen ofrecer sus experiencias en la plataforma de Trips; por ahora, Airbnb revisa y aprueba todas las experiencias). Si éste es el futuro de Airbnb, parece que enfrentará menos resistencia de industrias atrincheradas.

De cualquier manera, los opositores a Airbnb no han hecho más que aumentar. Cuando hablé con varios grupos involucrados en los esfuerzos de oposición mientras este libro iba a la imprenta, me dijeron que creían que Airbnb sigue encubriendo las cifras reales de propiedades dedicadas a la renta y los llamados hoteles ilegales en su sitio. Airbnb sigue diciendo que la información divulgada es falsa, que no quiere tener vínculos con ese negocio y que hace todo lo posible para detenerlo, incluyendo la publicación de su información. Chesky dice que el tiempo le dará la razón. "Creo que la verdad saldrá a la luz. La historia siempre es más sabia y más veraz que el presente, porque el presente es nublado y brumoso." Pero conforme la compañía y su plataforma siguen creciendo, los problemas respecto a la forma en que Airbnb afecta a algunas comunidades seguirán intensificándose con toda probabilidad. "Incluso para los que aman Airbnb, lo que sucede en Reykjavík es devastador", comenta Hempel de *Backchannel*, refiriéndose a los problemas de vivienda que trajo el rápido crecimiento de alquileres a corto plazo en ese mercado y que la compañía y sus pares propiciaron.

Chesky aprendió una gran lección de esa experiencia: planeó el próximo capítulo del negocio de Airbnb suponiendo que enfrentará enemigos. Cuando los fundadores comenzaron Airbnb, no asumieron que se convertiría en algo tan grande, tan polarizado y tan odiado. Esta vez Chesky dice que diseñó Trips con esa idea incorporada y con los "ojos bien abiertos" a todas las posibles consecuencias que el negocio puede tener para las colonias y las personas establecidas. "En el tema de las casas llevamos ocho años de protestas y críticas; seguramente esta vez será igual." Ahora, con acceso a las mejores mentes legales y de política, el diseño tomó en cuenta la posible reacción adversa. Las experiencias de "bien social", concebidas en conjunción con organizaciones sin fines de lucro locales, representan 10% de las experiencias que Airbnb ofrecerá. La compañía tiene una alianza ambiciosa con la fundación Make-A-Wish para ofrecer *wish trips* y ayudar a crear experiencias. Chesky y su equipo eligieron las ciudades para lanzar el negocio de las experiencias de Airbnb de manera deliberada seleccionando a las que piensan que se beneficiarán más y lo recibirán mejor, como Nairobi, Detroit, La Habana y Ciudad del Cabo. "No lo abriremos en Nueva York", dijo (en el lanzamiento incluyeron a San Francisco, uno de sus mercados conflictivos, sólo porque la compañía necesitaba probar el producto en su patio trasero).

La incertidumbre regulatoria que rodea el producto central de Airbnb no evita que los negocios planeen un futuro que incluye al gigante del alquiler de casas. En algunos mercados los dueños ya empiezan a establecer los precios de la renta con la expectativa de un ingreso de Airbnb. Los constructores planean complejos de departamentos con diseños que se puedan compartir y con menos espacios de estacionamiento (por no mencionar zonas de aterrizaje para los drones de Amazon en el techo). KB Home, una de las constructoras de vivienda más grandes de Estados Unidos, diseñó un prototipo con habitaciones "inspiradas en Airbnb", con camas y escritorios que se doblan y paredes móviles para convertir, digamos, media sala en una habitación adicional. Los suscriptores de revistas de diseño de interiores seguramente notaron el aumento en el espacio que se dedica a la exhibición de productos como sofás cama diseñados para albergar huéspedes de manera más fácil.

De regreso en la nave nodriza de Airbnb, los empleados trabajan en las próximas iteraciones grandes. Los equipos de ingeniería y productos volvieron a mejorar la tecnología de emparejamiento de la compañía, usando aprendizaje automático e inteligencia artificial para predecir mejor no sólo los patrones de comportamiento de huéspedes y anfitriones a partir de sus reservas previas en el sitio, sino también sus preferencias personales y estéticas individuales (si prefieres arquitectura ultramoderna o clásica, si tus gustos musicales tienden hacia Rachmaninoff o The Weeknd). Existe una nueva herramienta que permite a los anfitriones enlistar a un "coanfitrión" para ayudarlo a administrar su propiedad y compartir las ganancias. Mientras tanto, los equipos de innovación de Gebbia se concentran en crear más conceptos nuevos dentro de la unidad Samara, como un proyecto actual que intenta desarrollar un método de comunicación fuera de red, diseñado para grandes grupos de migrantes como los refugiados que tienen teléfonos pero pierden el acceso a la corriente eléctrica.

Chesky y Gebbia también trabajan en crear nuevas medidas del desempeño de la compañía. En la actualidad, su "estrella del norte" es la cantidad de noches que se reservan, pero como la calidad de esas estancias es muy diversa, esperan llegar a algo que mida mejor, sí, la pertenencia. Cuando le pregunté cómo encajaba el producto Trips en los objetivos de negocio de la compañía, Chesky volteó y me dijo: "El objetivo de negocio final, nuestra misión, es crear un mundo donde puedas pertenecer a cualquier lugar".

No existe una compañía como Airbnb. Su valor creció de cero a 30 mil millones de dólares en nueve años. Tomó una idea vieja y la popularizó en una escala que no se veía desde que eBay creó una versión en internet de un mercado de pulgas. Pocos líderes han llegado a la cima del mundo de los negocios con tan poca experiencia previa de administración como Chesky, Gebbia y Blecharczyk. Y todo mientras hacen crecer un negocio que es mucho más complejo de lo que aparenta: por algo Doug Leone, de Sequoia, le dijo a Chesky que tiene el trabajo más difícil de cualquier CEO del portafolio de su firma. Aunque muchas otras compañías tecnológicas disruptivas arrasaron en caminos polarizados, es difícil pensar en un conflicto moderno entre negocios y reguladores (o entre industrias viejas y nuevas) que se haya calentado tanto y vuelto tan visceral como el de Airbnb. Todo por un negocio que se construyó a partir de un concepto que, de primera impresión, la mayoría pensó que era muy extraño.

La empresa tuvo efectos más allá de su propio ámbito. Ahora los inversionistas de riesgo que buscan la siguiente cosa de moda consideran deseables a los CEO con formación en diseño, igual que dos doctorados de Stanford o un emprendedor de redes sociales de Harvard se convirtieron en el modelo *de facto* en los inicios del éxito de Google y Facebook. Muchos de los inversionistas que los rechazaron (o que por poco dicen que no) reformularon la manera en que evalúan las presentaciones.

Por donde se vea, Airbnb nunca debió suceder. Eran tres tipos que tuvieron una idea de negocio por accidente mientras buscaban otra cosa con la esperanza de que fuera un éxito. Tenían poca experiencia de mercados y fueron autodidactas. Hicieron cosas que, de acuerdo con los estándares convencionales, resultaban contraintuitivas: en lugar de concentrarse en que su negocio creciera tan rápido como pudiera en los inicios, dedicaron toda su atención y sus recursos a un pequeño grupo de usuarios a cinco mil kilómetros de distancia. Invirtieron en el costoso y engorroso servicio de fotografía profesional individual para cualquier cliente que lo quisiera. Convirtieron algo que parecía inusual y extraño y cargado de todo tipo de riesgos en algo que no sólo fue aceptable, sino que se volvió viral. Es una historia de Cenicienta a gran escala.

Hicieron todas estas cosas con una combinación extraña de habilidades que les permitió superar obstáculos enormes y conquistar problemas que tal vez serían demasiado complejos para otro trío: crear una plataforma global de pagos, construir una metodología de búsqueda y emparejamiento, diseñar sistemas que, si no eliminan el riesgo, al menos albergan toda la seguridad posible (estas innovaciones después se incorporaron como estándares en otras plataformas similares). La idea estrafalaria acompañada de un sitio simple, rápido, amigable y fácil de navegar pronto encontró una audiencia ávida. Y luego tomaron todo esto y lo escalaron. Con frecuencia se pierde de vista que Airbnb fue y sigue siendo una máquina de ejecución.

Claro, los tres fundadores pasaron dificultades, no se rindieron cuando su negocio no funcionó después de tres lanzamientos y por eso emboscaron a sus primeros asesores como Michael Seibel y Paul Graham para pedirles tiempo, consejo y retroalimentación. Tuvieron bastantes agallas y sangre fría, ya fuera para colarse en un congreso de diseño en 2007 diciendo que eran blogueros, para entrar a mercados donde su negocio era ilegal y para enfrentar fuerzas que otros podrían considerar demasiado amenazantes. (Negándose a la petición de los hermanos Samwer de comprarlos o resistir al fiscal general del estado de Nueva York cuando les envió un citatorio.)

Cometieron muchos errores en el camino y en ocho años aprendieron las lecciones de toda una vida. Sin duda vendrán más errores y lecciones más grandes. Más cosas malas ocurrirán en Airbnb. Al mismo tiempo, la competencia se acerca: HomeAway le pisa los talones al mercado principal de Airbnb, la industria hotelera tradicional se dirige poco a poco hacia la categoría de los "alojamientos alternativos" (de la que una vez se burlaron) y una nueva cosecha de arribistas está generando ideas de híbridos experimentales y giros al concepto. Muchas cosas pueden suceder a partir de aquí.

Chesky, Gebbia y Blecharczyk también tuvieron una enorme ventaja para que Airbnb tomara vuelo al entrar al mercado en el momento correcto y encontrar un público consumidor listo para una idea poco ortodoxa. La Gran Recesión debilitó el poder de gasto de los clientes a nivel global al tiempo que la vida en las ciudades se volvía más cara. El auge de los millennials y su sistema de valores tan diferente representó una base fértil de consumidores que preferían experiencias auténticas antes que materiales; son adversarios de las corporaciones y las instituciones, tienen hambre de cualquier cosa que proclame tener un propósito o una misión y desean vincularse a una comunidad dondequiera que la encuentren. La oportunidad de conectar el espíritu aventurero, el producto extravagante y los precios bajos que Airbnb ofreció hicieron fácil la elección. Y gracias a las redes sociales y a que esta generación creció condicionada para pensar que cualquiera puede ser tu "amigo" de manera inmediata, también están acostumbrados a la intimidad instantánea. Para ellos no fue extraño usar las mismas plataformas para reservar una habitación en la casa de alguien más.

Hay razones específicas por las que Airbnb tuvo éxito también entre nosotros, los no millennials: el declive lento, prolongado y general de la conexión humana en el complicado mundo actual. Una creciente distancia con la sociedad ya había empujado a la gente a cajas solitarias, ya sea en grandes casas en los suburbios, en agotadores trayectos diarios en auto o en nuestros trances solitarios en los teléfonos inteligentes. Esto es aún más profundo, como señala

Sebastian Junger en su libro *Tribu*: somos la primera sociedad humana moderna en la historia en la que las personas viven solas en departamentos y los niños tienen su propia habitación.[2] Por otra parte, el declive gradual de la confianza en las instituciones sociales con el paso de los años, desde los negocios hasta el gobierno, acelerada en los inicios de la Gran Recesión, hizo que las personas fueran más receptivas a una idea "alternativa" que en otras circunstancias (sólo ve a Bernie Sanders y Donald Trump). A esto agrega el sentimiento creciente de intranquilidad respecto a los riesgos geopolíticos y la sensación de que cosas horribles e impredecibles están ocurriendo en el mundo… y la necesidad de conectar con otros se convierte en un deseo no dicho en todos nosotros. Pienses lo que pienses sobre la "pertenencia", estas fuerzas en verdad fueron gran parte de lo que hizo que más personas estuvieran dispuestas a probar esta experiencia de viaje nueva, estrafalaria y económica. Airbnb tocó tantas cosas diferentes a la vez que es difícil imaginar que funcionara de la misma manera en cualquier otro momento.

Por lo extraña y loca que es esta historia, y considerando por todo lo que han pasado, los fundadores no se ponen muy nostálgicos. "¿Quién tiene tiempo para eso?", me respondió Gebbia cuando se lo pregunté. Chesky lo reflexiona mucho, aunque cuenta que un momento significativo para él fue cuando sus padres lo visitaron en el departamento de la calle Rausch por primera vez y vieron que eso de lo que su hijo hablaba desde hacía tanto tiempo era una compañía real, con muchas sillas alrededor de una mesa. El padre de Chesky, que no estaba convencido de que fuera una buena jugada, vio la primera prueba de que tenían un negocio verdadero. "Fue un momento bastante conmovedor", dice Chesky, al relatarlo a un grupo de empleados nuevos de Airbnb.

En la actualidad hay demasiado con qué mantenerse ocupado. Los fundadores están acomodándose a sus nuevos puestos y preparándose para la siguiente etapa del viaje salvaje en el que se embarcaron con el gran giro de la compañía. Comienzan a aceptar el tipo de responsabilidad que acompaña a la riqueza que reunieron (se dice que cada uno vale tres mil 300 millones).[3] Todos se unieron a un grupo de multimillonarios de élite que firmaron el Giving Pledge, la campaña creada por Warren Buffet y Bill y Melinda Gates para promover que los ultrarricos se comprometan a entregar la mayor parte de su riqueza a lo largo de su vida. Y aparte de su nuevo puesto en la compañía, Blecharczyk tiene otra responsabilidad, como padre: él y su esposa tienen un bebé. Además de inaugurar el laboratorio experimental Samara, Gebbia ha dedicado mucho tiempo a involucrar a la compañía en resolver la crisis global de refugiados. Eso incluye proveer alojamiento para trabajadores de asistencia en Grecia y Serbia; también lanzar un programa de "sustento" en Jordania que ayuda a que los refugiados que viven en campos ganen ingresos dando *tours* y ofreciendo "experiencias locales" a los viajeros que visitan ese país. En otoño de 2016 Gebbia se unió a un grupo de líderes del sector privado (que incluye a George y Amal Clooney) en una mesa de discusión con el presidente Obama para dar soluciones a la crisis (Gebbia aún recibe de vez en cuando un pedido de sus cojines para asiento CritBuns. En esos momentos va a su garaje, saca un rollo de cinta de embalaje, arma una caja con cuidado y los envía).

En años recientes, Chesky afirma que aprendió a dar un paso atrás y encontrar más equilibrio. Mucho se debe a su relación con Elissa Patel, su novia desde hace cuatro años. Se conocieron en Tinder en 2013 (su primera cita casi no sucede por una falla de iMessage) y comenta que ella lo hizo cambiar algunos hábitos. Su compulsión por contestar correos electrónicos, por ejemplo (le ha señalado que ese comportamiento con los correos se parece a la manera en que los perros se comportan con las croquetas: "Me dice: 'Te comerías el paquete entero si pudieras'", confiesa).

Chesky, Gebbia y Blecharczyk están muy conscientes de que les sucedió algo contra todo pronóstico. "No éramos visionarios —asegura Chesky en una de nuestras primeras conversaciones—. Éramos chicos comunes. Y ésta no era una idea tan loca."

Pero también es cierto que no cualquier trío de tipos comunes y corrientes habría logrado lo que ellos lograron. "Teníamos instintos

y valentía", indica Chesky. Pero cree que una de sus mayores fortalezas fue precisamente lo poco que sabían. "Creo que si hubiéramos
tenido más idea es probable que no lo intentáramos. Porque, en
retrospectiva, todo tenía que encajar. Fue como una extraña oportunidad en un millón. Y si viviéramos otras mil vidas, sería difícil
imaginar que todo se ajustara otra vez de la misma manera."

Epílogo

Noviembre de 2016

El teatro Orpheum, en el centro de Los Ángeles, está lleno cuando Chesky sube al escenario. Está parado frente a unos dos mil anfitriones, huéspedes, prensa y empleados de Airbnb. En un discurso inaugural muy estilizado, guía a la audiencia a la gran revelación de la compañía: un amplio menú de 500 experiencias nuevas y reservables que van desde un espectáculo *burlesque* hasta la astrofotografía, pasando por bordados coreanos, todo ofrecido por locales. Chesky muestra muchas cosas: reuniones, reservaciones en restaurantes, herramientas de recomendaciones organizadas por gustos (¿alguien quiere comida libre de gluten en Los Ángeles?), caminatas audioguiadas y más. Bromea con que pronto vendrán las rentas de autos, servicios complementarios y algo relacionado con vuelos. Todo estará en la nueva plataforma Trips, en ella las casas sólo serán una parte. "Todo lo que hacemos y haremos será impulsado por personas", dice.

El público aplaudió de pie. Eran los miembros más comprometidos de la comunidad de Airbnb: estos anfitriones que hicieron la peregrinación a Los Ángeles han alojado a un colectivo de 745 mil huéspedes y durante los siguientes tres días se sumergieron en todo lo relacionado con Airbnb. Escucharon al CMO Jonathan Mildenhall hablar sobre construir la "primera supermarca de comunidad del mundo". Aprendieron sobre los esfuerzos sociales de la compañía, recibieron consejos de diseño de interiores y tuvieron contacto con el equipo de ciencia de datos en el Dashboard & Insights Bar. Durante los premios Bélo, James Corden aprovechó al máximo el concepto de Airbnb e hizo bromas como acusar a la audiencia de quedarse en hoteles y asegurar que atrapó a los fundadores tratando de ganar dinero rentando los asientos de primera fila. En la noche hubo una actuación sorpresa de Lady Gaga.

Aunque en medio de todas las festividades estaba el tema de los serios desafíos que sigue enfrentando la compañía. Después de la charla de Chris Lehane en la que se informó que los miembros de la comunidad de Airbnb habían formado más de 100 clubes de compartir casa y enviado 350 mil correos electrónicos a los funcionarios electos en 2016, numerosos anfitriones se formaron para hacer preguntas apremiantes en el micrófono: ¿por qué Nueva York instituyó "reglas estrictas"? ¿Qué harán para arreglarlas? Y lo más importante, ¿la compañía *puede* solucionarlas? Un Superhost de Dallas preguntó: ¿cómo podemos ser buenos vecinos cuando la mayor preocupación de los reguladores son las casas de fiestas?

El último día, los miembros del sindicato local de trabajadores hoteleros Unite Here organizaron una protesta fuerte y molesta, marcharon por South Broadway agitando carteles, tocando tambores, haciendo bocinas y gritando con un megáfono. Después, durante la charla entre Chesky y Ashton Kutcher, una manifestante irrumpió en el evento y subió al escenario, denunciando los alojamientos de la compañía en los asentamientos ocupados por israelíes en el West Bank. Kutcher se levantó de su silla, calmó a la manifestante con un saludo amistoso y expresó de manera vehemente: "Si compartimos nuestras casas con los demás, podemos conocernos y formar una unidad pacífica ¡que no tiene fronteras!" La gente aplaudió de pie y él gritó: "¡Esta compañía trata de reunir gente y de amarse los unos a los otros!"

Pero las interrupciones apenas fueron notadas por la mayoría de los asistentes. La sesión final del último día fue una mesa de preguntas y respuestas con los fundadores de Airbnb. El trabajo duro del lanzamiento de la nueva plataforma había quedado atrás y por fin fueron capaces de relajarse, incluso evocaron un poco los primeros días de la compañía. Chesky y Gebbia recordaron que Blecharczyk casi siempre se desesperaba con sus ideas. Contaron la historia de la presentación que hicieron una noche en la que proyectaban sus ingresos de tres años en 200 millones. Cuando Blecharczyk dijo que la cifra era ridícula y que los inversionistas se darían cuenta, Chesky y Gebbia acordaron cambiarla a 20 millones. Pero al día siguiente, cuando apareció la diapositiva decía dos mil 500 millones. (Gebbia dijo: "Me gustaría tener una foto de la cara de Nate sentado frente al vicepresidente diciendo que el tamaño del mercado era de dos mil millones." Blecharczyk señaló que el número no se refería al mercado, sino a los ingresos de la compañía: "Hay una gran diferencia.")

Hubo un momento de nostalgia cuando se adentraron en el futuro. Pero el pasado siempre estará en esta compañía. Sin importar lo grande que se volvió Airbnb, la peculiar rareza de la idea original (que extraños duerman en casas de extraños) sigue corriendo por sus venas, es parte de su ADN. Esto también se reflejó en las conversaciones en el escenario. Chesky le dijo a la audiencia: "Ser uno de los primeros innovadores implica ser valiente. Significa sentirse bien cuando te llaman 'raro'." Señaló que cuando se inventaron los automóviles, los reguladores los obligaron a ir a siete kilómetros por hora; incluso el tenedor alguna vez fue considerado "la herramienta del diablo". Por su parte, Lehane comparó la resistencia de Airbnb con la introducción de la luz eléctrica en las calles a finales del siglo XIX.

Esto da lugar a un estudio fascinante en la trayectoria de un disruptor. Airbnb es una de las compañías de tecnología de propiedad privada más grandes de la historia, a la mitad de un paso importante hacia negocios nuevos, con muchos de los nombres más significativos del mundo corporativo como respaldo. Y aun así, en muchos sentidos, la compañía es parte de una contracultura marginal que todavía busca reconocimiento.

El tiempo dirá si los nuevos negocios de Airbnb son un éxito. Después del Open regresarán a la normalidad, lo cual incluye descubrir qué funcionará con la ciudad de Nueva York en temas de aplicación de ley.

Hacerse camino por todo esto es justo el reto que viene con las ideas audaces y los grandes cambios. No es de sorprender que el desafío sólo se vuelve más grande y que entre más altas son las inversiones, mayor disrupción se obtiene. Como señaló Gebbia en su charla: "No hay planos" para lo que la compañía está haciendo. "Estamos descubriendo y trazando nuevos territorios en el tema de la hospitalidad global." Nueve años después Airbnb lo sigue haciendo, con todas las oportunidades y consecuencias que eso implica. Y por esta razón, tan extravagante, compleja, exitosa y tensa como ha sido la historia de la compañía hasta ahora, la leyenda de Airbnb apenas empieza.

Agradecimientos

Este libro se preparó bastante rápido y con un pueblo de ayuda, pero hay dos personas sin las cuales no existiría. La primera es Rick Wolff en Houghton Mifflin Harcourt, con quien estoy en deuda por su pasión por el proyecto, visión, hábil edición y paciencia. La segunda es el editor de *Fortune* y jefe de contenido de Time Inc., Alan Murray, quien de forma generosa e inmediata aceptó darme el tiempo necesario para trabajar con este libro pese a que *Fortune* no tiene recursos de sobra. Que Alan no moviera una pestaña muestra su compromiso por contar historias y estoy en deuda con él por eso.

Mucho tiempo pensé que la historia de Airbnb estaba en espera de ser contada y estoy muy agradecida con Brian Chesky por confiar en mí para narrarla y abrirme las puertas de su compañía. Gracias a Joe Gebbia y Nathan Blecharczyk por lo mismo y por compartir sus perspectivas. Mi más profundo agradecimiento para Kim Rubey, campeón de este proyecto desde el primer día y que trabajó muy rápido para lograr que sucediera. También para Maggie Carr por guiarme con calma y capacidad entre docenas de entrevistas y montañas de preguntas. Muchas gracias al resto del equipo de comunicaciones de Airbnb, a los ejecutivos y a los empleados que pasaron tiempo conmigo. También a Jonathan Mann por la autorización para reimprimir la letra de la canción "Obama O's".

Gracias a Melissa Flashman en Trident Media Group por su entusiasmo y guía y a Lew Korman por su sabio consejo. Estoy agradecida con el equipo talentoso y solidario en Houghton Mifflin Harcourt: Rosemary McGuinness, Debbie Engel, Emily Andrukaitis, Loren Isenberg, Megan Wilson, la gracia y paciencia de Rachael DeShano, Kelly Dubeau Smydra y Tammy Zambo. Un agradecimiento especial para Jamie Joseph de Virgin Books por su gran interés en este proyecto.

Estoy en deuda con Nicole Pasulka por su ayuda y consejo invaluable en la información y por revisar el libro con una rapidez como si fuera suyo. Gracias profundas a High Water Press, es decir, a Brian Dumaine y Hank Gilman por sus ediciones y lecturas hábiles y rápidas, y a Jonathan Chew y Tracy Z. Maleef por su investigación. Un agradecimiento especial a Mary Schein porque siempre hizo que todo fuera más fácil.

Me siento muy agradecida con Clifton Leaf y mis colegas en *Fortune* que prescindieron de mí por un tiempo, en especial Mason Cohn y la talentosa e imperturbable Megan Arnold que mantienen *Fortune Live* en marcha (con la asistencia de Andrew Nusca, Aaron Task y Anne VanderMey). Pattie Sellers, Nina Easton, Jennifer Reingold, Lisa Clucas, Elizabeth Busch, Michal Lev-Ram, Beth Kowitt, Leena Rao, Kristen Bellstrom y Valentina Zarya mantuvieron fuerte el MPW y Leena dirigió los "40 de menos de 40". Gracias adicionales a mis colegas de *Fortune,* incluyendo a Adam Lashinsky, Brian O'Keefe, Nick Varchaver, Matt Heimer, Erin Griffith, Kia Kokolitcheva, Scott DeCarlo, Michael Joseloff, Kelly Champion y Kerri Chyka.

Muchos más contribuyeron con ayuda o guía a lo largo del camino: Bethany McLean, Doris Burke, John Brodie, Peter Kafka, Dan Primack, Joanne Gordon, Kate Kelly, Sarah Ellison, Rana Foroohar, Charles Duhigg, Alison Brower, Laura Brounstein, Todd Shuster, Rimjhim Dey, Dan Roberts, Deb Roth, Davidson Goldin, Verona Carter, Alice Marshall, Irina Woelfle y April Roberts. Arun Sundararajan, Jason Clampet, Bill Hyers, Jessi Hempel, Will Silverman,

Jana Rich, Scott Shatford, Jamie Lane, Maryam Banikarim, Sheila Riordan, Kathleen O'Neill, Raina Wallens, Kathleen Maher y Bethany Lampland fueron muy generosos con su sabiduría y sus perspectivas. Estoy agradecida con Marc Andreessen, Reid Hoffman, Alfred Lin, Jeff Jordan, Paul Graham, Michael Seibel, Kevin Hartz, Sam Angus, Greg McAdoo y otros cercanos a Airbnb por compartir su conocimiento sobre la compañía. Muchas gracias a Neil Carlson, Erin Carney y su Brooklyn Creative League por ofrecerme un lugar para trabajar inspirador y acogedor.

Y por último, gracias a mi familia: a todos los Kreiters, en especial a Gil, Noa y Ava, por aguantar mis ausencias, y a Zeb y Anna por siempre estar interesados. Gracias a Drew y Adrienne por su apoyo a la distancia, y a Jake y Rocky Gallagher por los videos inspiradores y la ternura en general. Gracias a mis padres, Jack y Joan Gallagher, por su apoyo infinito, y el agradecimiento lo extiendo a las familias Gallagher y Pelizoto, en especial a Carl y Daryl. Y a Gil, mi más profundo agradecimiento por tu apoyo, tu perspectiva y todas las cenas de Blue Apron y café fuerte. Te debo unas vacaciones, ya sea en un hotel elegante o en una casa de árbol de Airbnb... Tú eliges.

Notas

A menos que se indique lo contrario, todas las citas del texto fueron tomadas de mis entrevistas directas.

Capítulo 1. El ajetreo

[1] El equipo de hockey de la RISD se llamaba Nads (su grito era: "¡Go Nads!", que suena como gónadas); el equipo de basquetbol se llamaba Balls (su lema era: "Cuando aumenta el calor, las bolas se pegan.") La mascota del equipo era Scrotie.

[2] Austin Carr, "Watch Airbnb CEO Brian Chesky Salute RISD, Whip Off His Robe, Dance like Michael Jackson", *Fast Company*, 17 de febrero de 2012, https://www.fastcompany.com/1816858/watch-airbnb-ceo-brian-chesky-salute-risd-whip-his-robe-dance-michael-jackson.

[3] Sarah Lacy, "Fireside Chat with Airbnb CEO Brian Chesky", *PandoDaily*, video de YouTube publicado el 14 de enero de 2013, https://www.youtube.com/watch?v=6yPfxcqEXhE.

[4] *Ídem*.

[5] *Ídem*.

[6] Reid Hoffman, "Blitzscaling 18: Brian Chesky on Launching Airbnb and the Challenges of Scale", Universidad Stanford, 30 de noviembre de 2015, https://www.youtube.com/watch?v=W608u6sBFpo.

[7] *Ídem*.

[8] Brian Chesky, "7 Rejections", *Medium*, 12 de julio de 2015, https://medium.com/@bchesky/7-rejections-7d894cbaa084#.5dgyegvgz.

9 Brian Chesky y Connie Moore, "Impact of the Sharing Economy on Real Estate", Urban Land Institute Fall Meeting, 6 de octubre de 2015, https://www.youtube.com/watch?v=03kSzmJr5c0.

10 Brian Chesky, "1000 Days of AirBnB", Startup School 2010, video de You-Tube publicado el 12 de febrero de 2013, https://www.youtube.com/watch?v=L03vBkOKTrc.

11 "Obama O's", video de YouTube publicado el 12 de enero de 2012, https://www.youtube.com/watch?v=OQTWimfGfV8.

12 Lacy, "Fireside Chat".

13 *Ídem*.

14 Leena Rao, "Meet Y Combinator's New COO", *Fortune*, 26 de agosto de 2015, http://fortune.com/2015/08/26/meet-y-combinators-new-coo/.

15 Brian Chesky, "1000 Days of AirBnB", Startup School 2010, video de You-Tube publicado el 12 de febrero de 2013, https://www.youtube.com/watch?v=L03vBkOKTrc.

Capítulo 2. Construir una compañía

1 Sam Altman, "How to Start a Startup", conferencia con Alfred Lin y Brian Chesky, video, revisado el 10 de octubre de 2016, http://startupclass.samaltman.com/courses/lec10/.

2 Los seis valores fundamentales establecidos en 2013 eran "Ser un anfitrión", "Luchar por la misión", "Abrazar la aventura", "Ser un emprendedor 'cereal'", "Cada estructura importa" y "Simplifica".

3 "Uber Loses at Least $1.2 Billion in First Half of 2016", *Bloomberg BusinessWeek*, 25 de agosto de 2016, https://www.bloomberg.com/news/articles/2016-08-25/uber-loses-at-least-1-2-billion-in-first-half-of-2016.

4 Owen Thomas, "How a Caltech Ph.D. Turned Airbnb into a Billion-Dollar Travel Magazine", *Business Insider*, 28 de junio de 2012, http://www.businessinsider.com/airbnb-joe-zadeh-photography-program-2012-6.

5 M. G. Siegler, "Airbnb Tucked In Nearly 800% Growth in 2010; Caps off The Year with a Slick Video", TechCrunch, 6 de enero de 2011, https://techcrunch.com/2011/01/06/airbnb-2010/.

6 Tricia Duryee, "Airbnb Raises $112 Million for Vacation Rental Business", AllThingsD, 24 de julio de 2011, http://allthingsd.com/20110724/airbnb-raises-112-million-for-vacation-rental-business/.

[7] "Brian Chesky on the Success of Airbnb", entrevista con Sarah Lacy, Tech-Crunch, video, 26 de diciembre de 2011, https://techcrunch.com/video/brian-chesky-on-the-success-of-airbnb/517158894/.

[8] Alexia Tsotsis, "Airbnb Freaks Out Over Wimdu", TechCrunch, 9 de junio de 2011, https://techcrunch.com/2011/06/09/airbnb.

[9] Reid Hoffman, "Blitzscaling 18: Brian Chesky on Launching Airbnb and the Challenges of Scale", Universidad Stanford, 30 de noviembre de 2015, https://www.youtube.com/watch?v=W608u6sBFpo.

[10] *Ídem.*

Capítulo 3. La nación Airbnb

[1] Francesca Bacardi, "No Resort Necessary! Gwyneth Paltrow Uses Airbnb for Mexican Vacation with Her Kids and Boyfriend Brad Falchuk", E! News, E! Online, 19 de enero de 2016, http://www.eonline.com/news/732247/no-resort-necessary-gwyneth-paltrow-uses-airbnb-for-mexican-vacation-with-her-kids-and-boyfriend-brad-falchuk.

[2] Carrie Goldberg, "Inside Gwyneth Paltrow's Latest Airbnb Villa", *Harper's Bazaar*, 23 de junio de 2016, http://www.harpersbazaar.com/culture/travel-dining/news/a16287/gwyneth-paltrow-airbnb-france/.

[3] Greg Tannen, "Airbnb-Tenant Reviews of the Candidates", *The New Yorker*, 8 de julio de 2016, http://www.newyorker.com/humor/daily-shouts/airbnb-tenant-reviews-of-the-candidates.

[4] Natalya Lobanova, "18 Fairytale Airbnb Castles That'll Make Your Dreams Come True", BuzzFeed, 15 de junio de 2016, https://www.buzzfeed.com/natalyalobanova/scottish-airbnb-castles-you-can-actually-rent?utm_term=.ss2Kvbx6J#.abpLnz0PW.

[5] Brian Chesky, "Belong Anywhere", Airbnb, 16 de julio de 2014, http://blog.airbnb.com/belong-anywhere/.

[6] Ryan Lawler, "Airbnb Launches Massive Redesign, with Reimagined Alojamientos and a Brand New Logo", TechCrunch, 16 de julio de 2014, https://techcrunch.com/2014/07/16/airbnb-redesign/.

[7] Douglas Atkin, "How to Create a Powerful Community Culture", presentación del 30 de octubre de 2014, http://www.slideshare.net/FeverBee/douglas-atkin-how-to-create-a-powerful-community-culture.

[8] Prerna Gupta, "Airbnb Lifestyle: The Rise of the Hipster Nomad", Tech-Crunch, 3 de octubre de 2014, https://techcrunch.com/2014/10/03/airbnb-lifestyle-the-rise-of-the-hipster-nomad/.

[9]   Steven Kurutz, "A Grand Tour with 46 Oases", *The New York Times*, 25 de febrero de 2015, http://www.nytimes.com/2015/02/26/garden/retirement-plan-an-airbnb-travel-adventure.html.

Capítulo 4. Lo malo y lo feo

[1]   Julie Bort, "An Airbnb Guest Held a Huge Party in This New York Penthouse and Trashed It", *Business Insider*, 18 de marzo de 2014, http://www.businessinsider.com/how-an-airbnb-guest-trashed-a-penthouse-2014-3.

[2]   Ron Lieber, "Airbnb Horror Story Points to Need for Precautions", *The New York Times*, 14 de agosto de 2015, http://www.nytimes.com/2015/08/15/your-money/airbnb-horror-story-points-to-need-for-precautions.html.

[3]   *Ídem.*

[4]   Laura Beck, "If You've Ever Stayed in an Airbnb, You Have to Read This Horrifying Tale", Cosmopolitan.com, 15 de agosto de 2015, http://www.cosmopolitan.com/lifestyle/a44908/if-youve-ever-stayed-in-an-airbnb-you-have-to-read-this/.

[5]   "Chris Sacca on Being Different and Making Billions", entrevistado por Tim Ferriss, *The Tim Ferriss Show*, podcast, 19 de febrero de 2016, http://fourhourworkweek.com/2015/05/30/chris-sacca/.

[6]   Zak Stone, "Living and Dying on Airbnb", *Medium*, 8 de noviembre de 2015, https://medium.com/matter/living-and-dying-on-airbnb-6bff8d-600c04#.8vp51qatc.

[7]   *Ídem.*

[8]   Gary Stoller, "Hotel Guests Face Carbon Monoxide Risk", *USA Today*, 8 de enero de 2013, http://www.usatoday.com/story/travel/hotels/2012/11/15/hotels-carbon-monoxide/1707789/.

[9] Lindell K. Weaver y Kayla Deru, "Carbon Monoxide Poisoning at Motels, Hotels, and Resorts", *American Journal of Preventative Medicine*, julio de 2007.

[10] Richard Campbell, "Structure Fires in Hotels and Motels", National Fire Protection Association, septiembre de 2015.

[11] Benjamin Edelman y Michael Luca, "Digital Discrimination: The Case of Airbnb.com", Facultad de Negocios de Harvard, Working Paper, no. 14-054, enero de 2014.

[12] Benjamin Edelman, Michael Luca y Dan Svirsky, "Racial Discrimination in the Sharing Economy: Evidence from a Field Experiment", *American*

Economic Journal: Applied Economics, 16 de septiembre de 2016, https://ssrn.com/abstract=2701902.

[13] Shankar Vedantam, Maggie Penman y Max Nesterak, "#AirbnbWhileBlack: How Hidden Bias Shapes the Sharing Economy", *Hidden Brain*, NPR, podcast, 26 de abril de 2016, http://www.npr.org/2016/04/26/475623339/-airbnbwhileblack-how-hidden-bias-shapes-the-sharing-economy.

[14] Elizabeth Weise, "Airbnb Bans N. Carolina Host as Accounts of Racism Rise", *USA Today*, 2 de junio de 2016, http://www.usatoday.com/story/tech/2016/06/01/airbnb-bans-north-carolina-host-racism/85252190/.

[15] Laura W. Murphy, *Airbnb's Work to Fight Discrimination and Build Inclusion*, informe para Airbnb, 8 de septiembre de 2016, http://blog.airbnb.com/wp-content/uploads/2016/09/REPORT_Airbnbs-Work-To-Fight-Discrimination-and-Build-Inclusion-pdf.

[16] "Airbnb Just Hit 100 Million Guest Arrivals", charla con Brian Chesky y Belinda Johnson, moderada por Andrew Nusca, en la conferencia Brainstorm Tech de la revista *Fortune*, Aspen, Colorado, publicado el 12 de julio de 2016, https://www.youtube.com/watch?v=7DU0kns5MbQ&list=PL-S8YLn_6PU1no6n71efLRzqS6lXAZpAuW&index=25.

Capítulo 5. Fuerzas antiairbnb

[1] Ron Lieber, "A Warning for Hosts of Airbnb Travelers", *The New York Times*, 30 de noviembre de 2012, http://www.nytimes.com/2012/12/01/your-money/a-warning-for-airbnb-hosts-who-may-be-breaking-the-law.html.

[2] Eric T. Schneiderman, fiscal general del estado de Nueva York, *Airbnb in the City*, Oficina del Fiscal General del Estado de Nueva York, octubre de 2014, http://www.ag.ny.gov/pdfs/Airbnb%20report.pdf.

[3] Scott Shatford, "2015 in Review – Airbnb Data for the USA", Airdna, 7 de enero de 2016, http://blog.airdna.co/2015-in-review-airbnb-data-for-the-usa/.

[4] Jason Clampet, "Airbnb's Most Notorious Landlord Settles with New York City", *Skift*, 19 de noviembre de 2013, https://skift.com/2013/11/19/airbnbs-most-notorious-landlord-settles-with-new-york-city/.

[5] Ben Yakas, "Check Out This 'Luxury' Manhattan 2BR with 22 Beds", Gothamist, 29 de agosto de 2014, http://gothamist.com/2014/08/29/check_out_this_luxury_manhatt.php.

[6] Christopher Robbins, "3-Bedroom Apartment Transformed into 10-Bedroom Airbnb Hostel", Gothamist, 10 de diciembre de 2015, http://gothamist.com/2015/12/10/airbnb_queens_hostel.php.

7   "Meet Carol: AirbnbNYC TV Spot", Airbnb Action, video de YouTube publicado el 16 de julio de 2014, https://www.youtube.com/watch?v=Tni-Q40KeQhY.

8   "Airbnb: A New Resource for Middle Class Families", Airbnb Action, 19 de octubre de 2015, https://www.airbnbaction.com/report-new-resource-middle-class-families/.

9   "The Airbnb Community Compact", Airbnb Action, 11 de noviembre de 2015, https://www.airbnbaction.com/compactdetaileden/.

10 *Growing the Economy, Helping Families Pay the Bills: Analysis of Economic Impacts, 2014*, informe de descubrimientos, Airbnb, mayo de 2015, https://1zxiw0vqx0oryvpz3ikczauf-wpengine.netdna-ssl.com/wp-content/uploads/2016/02/New-York-City_Impact-Report_2015.pdf.

11 BJH Advisors LLC, *Short Changing New York City: The Impact of Airbnb on New York City's Housing Market*, Share Better, junio de 2016, https://www.sharebetter.org/wp-content/uploads/2016/06/NYCHousingReport_Final.pdf

12 "One Host, One Home: New York City (October Update)", Airbnb, octubre de 2016, https://www.airbnbaction.com/wp-content/uploads/2016/11/Data-Release-October-2016-Writeup-1.pdf.

13 Drew Fitzgerald, "Airbnb Moves into Professional Vacation Rentals", *The Wall Street Journal*, 19 de mayo de 2015, http://www.wsj.com/articles/airbnb-signals-expansion-into-professional-vacation-rentals-1432051843.

14 Andrew J. Hawkins, "Landlord Related Cos. Cracks Down on Airbnb", *Crain's New York Business*, 2 de octubre de 2014, http://www.crainsnewyork.com/article/20141002/BLOGS04/141009955/landlord-related-cos-cracks-down-on-airbnb.

15 Mike Vilensky, "Airbnb Wins Big-Name Allies in Albany Battle", *The Wall Street Journal*, 9 de agosto de 2016, http://www.wsj.com/articles/airbnb-wins-big-name-allies-in-albany-battle-1470788320.

16 Rich Bockmann, "Airbnb Is Not Taking It Lying Down", *The Real Deal*, 1º de marzo de 2016, http://therealdeal.com/issues_articles/as-opponents-line-up-airbnb-fights-to-win-legitimacy-in-nyc/.

17 "New Ad Highlights Airbnb's Problem with the Law, from Los Angeles to New York, San Francisco to Chicago and Everywhere in Between", Share Better, revisado el 9 de octubre de 2016, http://www.sharebetter.org/story/share-better-releases-new-ad-airbnb-problems-everywhere/.

18 Rosa Goldensohn, "Council Members Threaten Ashton Kutcher, Jeff Bezos with Airbnb Crackdown", *Crain's New York Business*, 11 de marzo de 2016, http://www.crainsnewyork.com/article/20160311/BLOGS04/160319990/

new-york-city-council-threaten-ashton-kutcher-jeff-bezos-with-airb-nb-crackdown.

19 *Ídem.*

20 Lisa Fickenscher, "Activists Call on Brooklyn Half Organizers to Dump Airbnb as Sponsor", *New York Post*, 20 de mayo de 2016, http://nypost.com/2016/05/20/activists-call-on-brooklyn-half-organizers-to-dump-airb-nb-as-sponsor/.

21 Erin Durkin, "Airbnb Foes Celebrate Win after Gov. Cuomo Signs Ho-me-Sharing Bill, Orders Company to Drop Lawsuit Blocking Legislation", *The New York Daily News*, 1° de noviembre de 2016, http://www.nydai-lynews.com/news/politics/airbnb-foes-win-cuomo-signs-bill-orders-biz-drop-suit-article-1.2854479.

22 David Lumb, "Chicago Allows Airbnb to Operate Under Restrictions", *Engadget*, 23 de junio de 2016, https://www.engadget.com/2016/06/23/chicago-allows-airbnb-to-operate-under-restrictions/.

23 Kia Kokalitcheva, "Inside Airbnb's Plan to Partner with the Real Es-tate Industry", *Fortune*, 13 de semptiembre de 2016, http://fortune.com/2016/09/13/airbnb-building-owners-program/.

24 "Airbnb Just Hit 100 Million Guest Arrivals", charla con Brian Chesky y Belinda Johnson, moderada por Andrew Nusca, en la conferencia Brains-torm Tech de la revista *Fortune*, Aspen, Colorado, publicado el 12 de julio de 2016, https://www.youtube.com/watch?v=7DU0kns5MbQ&list=PL-S8YLn_6PU1no6n71efLRzqS6lXAZpAuW&index=25.

25 Andrew Sheivachman, "Iceland Tourism and the Mixed Blessings of Airbnb", *Skift*, 19 de agosto de 2016, https://skift.com/2016/08/19/ice-land-tourism-and-the-mixed-blessings-of-Airbnb/.

26 Kristen V. Brown, "Airbnb Has Made It Nearly Impossible to Find a Place to Live in This City", *Fusion*, 24 de mayo de 2016, http://fusion.net/story/305584/airbnb-reykjavik/.

27 Tim Logan, "Can Santa Monica -or Anyplace Else- Enforce a Ban on Short-Term Rentals?", *Los Angeles Times*, 13 de mayo de 2015, http://www.lati-mes.com/business/la-fi-0514-airbnb-santa-monica-20150514-story.html.

28 Bockmann, "Airbnb Is Not Taking It".

Capítulo 6. Hospitalidad, trastornada

1 "Holiday Inn Story", Kemmons Wilson Companies, revisado el 9 de octu-bre de 2016, http://kwilson.com/our-story/holiday-inns/.

[2]   Victor Luckerson, "How Holiday Inn Changed the Way We Travel", *Time*, 1° de agosto de 2012, http://business.time.com/2012/08/01/how-holiday-inn-changed-the-way-we-travel/.

[3]   "History and Heritage", Hilton Worldwide, revisado el 9 de octubre de 2016, http://hiltonworldwide.com/about/history/.

[4]   "Meet Our Founders", Marriott, revisado el 9 de octubre de 2016, http://www.marriott.com/culture-and-values/marriott-family-history.mi.

[5]   Chip Conley, "Disruptive Hospitality: A Brief History of Real Estate Innovation in U. S. Lodging", conferencia, Urban Land Institute Fall Meeting, 6 de octubre de 2015, https://www.youtube.com/watch?v=XHlMnK-jH50M.

[6]   "About", Joie de Vivre, revisado el 9 de octubre de 2016, http://www.jdvhotels.com/about/.

[7]   Brian Chesky y Connie Moore, "Impact of the Sharing Economy on Real Estate", Urban Land Institute Fall Meeting, 6 de octubre de 2015, https://www.youtube.com/watch?v=03kSzmJr5c0.

[8]   Shane Dingman, "A Billionaire on Paper, Airbnb Co-founder Feels 'Great Responsibility' to Do Good", *Globe and Mail*, 17 de diciembre de 2015, http://www.theglobeandmail.com/report-on-business/careers/careers-leadership/a-billionaire-on-paper-airbnb-co-founder-feels-great-responsibility-to-do-good/article27825035/.

[9]   Nancy Trejos, "Study: Airbnb Poses Threat to Hotel Industry", *USA Today*, 2 de febrero de 2016, http://www.usatoday.com/story/travel/hotels/2016/02/02/airbnb-hotel-industry-threat-index/79651502/.

[10] Diane Brady, "IAC/InterActiveCorp Chairman Barry Diller's Media Industry Outlook for 2014", *Bloomberg BusinessWeek*, 14 de noviembre de 2013, http://www.bloomberg.com/news/articles/2013-11-14/retail-expert-outlook-2014-iac-interactivecorps-barry-diller.

[11] Gary M. Stern, "Airbnb Is a Growing Force in New York, But Just How Many Laws Are Being Broken?", *Commercial Observer*, 12 de octubre de 2015, https://commercialobserver.com/2015/10/airbnb-is-a-growing-force-in-new-york-but-just-how-many-laws-are-being-broken/.

[12] *Lodging and Cruise US: Lowering Our Outlook to Stable on Lower Growth Prospects in 2017*, Moody's Investors Service, 26 de septiembre de 2016, https://www.moodys.com/.

[13] Jamie Lane, *The Sharing Economy Checks In: An Analysis of Airbnb in the United States*, CBRE, enero de 2016, https://cbrepkfcprod.blob.core.

windows.net/downloads/store/12Samples/An_Analysis_of_Airbnb_in_the_United_States.pdf.

[14] Georgios Zervas, "The Rise of the Sharing Economy: Estimating the Impact of Airbnb on the Hotel Industry", Research Paper Series de la Facultad de Administración de la Universidad de Boston, 7 de mayo de 2015, https://pdfs.semanticscholar.org/2bb7/f0eb69a4b026bccb-687b546405247a132b77.pdf.

[15] Kevin May, "Airbnb Tipped to Double in Size and Begin Gradual Impact on Hotels", *Tnooz*, 20 de enero de 2015, https://www.tnooz.com/article/airbnb-double-size-impact-hotels/.

[16] Alison Griswold, "It's Time for Hotels to Really, Truly Worry about Airbnb", *Quartz*, 12 de julio de 2016, http://qz.com/729878/its-time-for-hotels-to-really-truly-worry-about-airbnb/.

[17] Greg Oates, "Airbnb Explains Its Strategic Move into the Meetings and Events Industry", *Skift*, 29 de junio de 2016, https://skift.com/2016/06/29/airbnb-explains-its-peripheral-move-into-the-meetings-and-events-industry/.

[18] "Airbnb and Peer-to-Peer Lodging: GS Survey Takeaways", Goldman Sachs Global Investment Research, 15 de febrero de 2016.

[19] Susan Stellin, "Boutique Bandwagon", *The New York Times*, 3 de junio de 2008, http://www.nytimes.com/2008/06/03/business/03boutique.html.

[20] "VRBO/HomeAway Announcement", Timeshare Users Group, 6 de junio de 2005, http://www.tugbbs.com/forums/showthread.php?t=35409.

[21] Scott Shatford, "2015 in Review - Airbnb Data for the USA", Airdna, 7 de enero de 2016, http://blog.airdna.com/2015-in-review-airbnb-data-for-the-usa/.

[22] Greg Oates, "CEOs of 5 Leading Hotel Brands on Their Hopes and Fears in 2016", *Skift*, 7 de junio de 2016, https://skift.com/2016/06/07/ceos-of-5-leading-hotel-brands-on-their-hopes-and-fears-in-2016/.

[23] Greg Oates, "Hyatt Hotels Launches Its New Brand: The Unbound Collection", *Skift*, 2 de marzo de 2016, https://skift.com/2016/03/02/hyatt-hotels-launches-a-new-brand-the-unbound-collection/.

[24] Craig Karmin, "Hyatt Invests in Home-Rentals Firm", *The Wall Street Journal*, 21 de mayo de 2015, http://www.wsj.com/articles/hyatt-invests-in-home-rentals-firm-1432232861.

[25] Nancy Trejos, "Choice Hotels to Compete with Airbnb for Vacation Rentals", *USA Today*, 23 de febrero de 2016, http://www.usatoday.com/story/travel/roadwarriorvoices/2016/02/23/choice-hotels-compete-airbnb-vacation-rentals/80790288/.

26 Deanna Ting, "AccorHotels CEO: It's Foolish and Irresponsible to Fight Against the Sharing Economy", *Skift*, 6 de abril de 2016, https://skift.com/2016/04/06/accorhotels-ceo-its-foolish-and-irresponsible-to-fight-against-the-sharing-economy/.

27 Michelle Higgins, "Taking the Work out of Short-Term Rentals", *The New York Times*, 19 de junio de 2015, http://www.nytimes.com/2015/06/21/realestate/taking-the-work-out-of-short-term-rentals.html.

28 Christina Ohly Evans, "The Many Sides of Marriott's Arne Sorenson", *Surface*, 5 de agosto de 2016, http://www.surfacemag.com/articles/power-100-hospitality-arne-sorenson.

29 Sarah Lacy, "Fireside Chat with Airbnb CEO Brian Chesky", *PandoDaily*, video de YouTube publicado el 14 de enero de 2013, https://www.youtube.com/watch?v=6yPfxcqEXhE.

30 Sam Biddle, "Love Note from an Airbnb Billionaire: 'Fuck Hotels' ", *Valleywag*, 4 de abril de 2014, http://valleywag.gawker.com/love-note-from-an-airbnb-billionaire-fuck-hotels-1558328928.

31 Muchas veces esta cita se le atribuye a Ghandi, pero se cree que en realidad surgió en 1918 en el discurso del activista Nicholas Klein, cuando se dirigió a los trabajadores de la Amalgamated Clothing Workers of America: "Primero te ignoran, luego te ridiculizan, después te atacan y quieren quemarte. Pasa el tiempo y construyen un monumento de ti. Así les pasará a los trabajadores de Amalgamated Clothing Workers of America". Eoin O'Carroll, "Political Misquotes: The 10 Most Famous Things Never Actually Said", *Christian Science Monitor*, 3 de junio de 2011, http://www.csmonitor.com/USA/Politics/2011/0603/Political-misquotes-The-10-most-famous-things-never-actually-said/First-they-ignore-you.-Then-they-laugh-at-you.-Then-they-attack-you.-Then-you-win.-Mohandas-Gandhi.

Capítulo 7. Aprender a liderar

1 "Remarks by President Obama at an Entrepreneurship and Opportunity Event - Havana", Comunicado de prensa del Secretario de la Casa Blanca, 21 de marzo de 2016, https://www.whitehouse.gov/the-press-office/2016/03/21/remarks-president-obama-entrepreneurship-and-opportunity-event-havana.

2 J. P. Mangalindan, "Meet Airbnb's Hospitality Guru", *Fortune*, 20 de noviembre de 2014, http://fortune.com/2014/11/20/meet-airbnb-hospitality-guru/.

[3] Max Chafkin, "Can Airbnb Unite the World?", *Fast Company*, 12 de enero de 2016, https://www.fastcompany.com/3054873/can-airbnb-unite-the-world.

[4] Kia Kokalitcheva, "Fixing Airbnb's Discrimination Problem Is Harder than It Seems", *Fortune*, 12 de julio de 2016, http://fortune.com/2016/07/12/airbnb-discrimination-hiring/.

[5] Reid Hoffman y Brian Chesky, "Blitzscaling 18: Brian Chesky on Launching Airbnb and the Challenges of Scale", Universidad Stanford, 30 de noviembre de 2015, https://www.youtube.com/watch?v=W608u6sBFpo.

Capítulo 8. ¿Qué sigue?

[1] Julie Verhage, "One Wall Street Firm Expects Airbnb to Book a Billion Nights a Year Within a Decade", Bloomberg, 11 de abril de 2016, http://www.bloomberg.com/news/articles/2016-04-11/one-wall-street-firm-expects-airbnb-to-book-a-billion-nights-a-year-within-a-decade; *Airbnb: Survey Says...It Is Having a Bigger Impact; Consumers Like It*, Goldman Sachs Global Investment Research, 2 de mayo de 2016.

[2] Sebastian Junger, *Tribu: sobre vuelta a casa y pertenencia*, Capitan Swing, 2017.

[3] "Forbes 400: The Full List of the Richest People in America, 2016", *Forbes*, 4 de octubre de 2016.

La historia de Airbnb de Leigh Gallagher
se terminó de imprimir en octubre de 2018
en los talleres de
Litográfica Ingramex, S.A. de C.V.
Centeno 162-1, Col. Granjas Esmeralda, C.P. 09810
Ciudad de México.